Z 33021

Dijon
1800-1803
Bacon, François
Œuvres

janvier   Tome 3

Z. 2610
E-3.

Ⓐ

à Commenter

33009

ŒUVRES

DE

FRANÇOIS BACON,

CHANCELIER D'ANGLETERRE.

TOME TROISIÈME.

A PARIS,

CHEZ ANT. AUG. RENOUARD, LIBRAIRE,
RUE ANDRÉ-DES-ARCS, N°. 42.

OEUVRES

DE

FRANÇOIS BACON,

CHANCELIER D'ANGLETERRE,

TRADUITES PAR Ant. LASALLE;

Avec des notes critiques, historiques et littéraires.

TOME TROISIÈME.

A DIJON,

DE L'IMPRIMERIE DE L. N. FRANTIN.

AN 8 DE LA RÉPUBLIQUE FRANÇAISE.

DE LA DIGNITÉ
ET
DE L'ACCROISSEMENT
DES SCIENCES.

CHAPITRE III.

Des fondemens et de l'office de la rhétorique; trois appendices de la rhétorique, qui n'appartiennent qu'à l'art de s'approvisionner; savoir: les teintes du bien et du mal, tant simple que comparé; le pour et le contre et les petites formules du discours.

Nous voici arrivés à la doctrine de l'*embellissement du discours*; c'est celle qui prend le nom de *rhétorique* ou d'*art oratoire*. C'est une science éminente par elle-même, et d'ailleurs éminemment cultivée par les écrivains. Or, aux yeux de qui sait attacher aux choses leur véritable prix, l'éloquence le cède de beaucoup à la sagesse ; et nous voyons à quelle distance celle-ci laisse l'autre derrière elle, si nous en jugeons par les paroles qu'employa Dieu même en parlant à Moyse, lorsque celui-ci refusa l'emploi qu'il lui avoit conféré ; alléguant la difficulté de sa prononciation : *tu as sous ta main, Aaron, qui te servira d'orateur ; et toi, tu seras pour lui comme un Dieu.* Mais si nous parlons des fruits et de l'estimation populaire, la sagesse le cède de beaucoup à l'éloquence ; et c'est ainsi que s'exprime Salomon à ce sujet : *celui dont l'esprit est sage, sera qualifié d'homme prudent. Quant à celui dont l'éloquence est douce, son rôle sera encore plus brillant* : paroles par lesquelles il fait entendre assez clairement que la sagesse peut bien procurer une certaine réputation, exciter une certaine admiration ; mais que dans les affaires et dans la vie commune, c'est l'éloquence qui a plus de pouvoir. Quant à la culture de *cet art,* l'émulation d'Aristote contre les rhéteurs de son temps, et le génie tout-à-la-fois ardent et infatigable de Cicéron, de ces deux hommes qui n'épargnèrent rien pour donner du relief à leur art; ces deux choses unies à une longue expérience, ont été cause que dans les livres qu'ils ont publié sur ce sujet, ils se sont surpassés eux-mêmes; puis les riches exemples en ce genre que nous avons dans les *oraisons de Démosthène et de Cicéron,* réunis à la profondeur et à la justesse des préceptes, ont doublé ses progrès. Aussi trouvons-nous que ce qui *peut manquer dans cet art,* regarde plutôt *certaines collections,* qui devroient être comme autant de suivantes à leur ordre, que la méthode même et l'usage de l'art; car lorsque dans la *dialectique* nous avons fait mention d'un certain *magasin,* nous avons promis d'en donner, dans la *rhétorique,* un plus grand nombre d'exemples.

Cependant pour fendre un peu la motte, et remuer un peu la terre autour des racines de cet art, suivant notre coutume, disons que la rhétorique est au service de l'*imagination*, comme la *dialectique* est au service de l'*entendement*; et si l'on pénètre un peu profondément dans ce sujet, l'on trouve que l'office et l'emploi de la *rhétorique* n'est autre que d'*appliquer et de faire agréer à l'imagination les suggestions de la raison, afin d'exciter l'appétit et la volonté*. Car le gouvernement de la raison peut être attaqué et troublé de trois manières; savoir : par l'*enlacement des sophismes*, ce qui appartient à la *dialectique*; ou par les prestiges des *mots*, ce qui regarde la *rhétorique*; ou par la violence des *passions*, ce qui est l'objet de la *morale*. Et de même que dans les affaires que l'on traite avec les autres, on peut être subjugué et mené plus loin qu'on ne veut, par la *ruse*, l'*importunité*, ou la *violence*; de même aussi dans ces affaires que nous traitons avec nous-mêmes, nous sommes, ou menés par les *supercheries* et les artifices des *argumens*, ou sollicités et inquiétés par la *fréquence des impressions*, et par *ces idées qui passent et repassent dans notre esprit* ; ou enfin ébranlés et entraînés par le *choc des passions*. Or, la condition de la nature humaine n'est pas si malheureuse que ces arts et ces facultés qui ont tant de pouvoir pour troubler la raison, n'en aient point pour la fortifier et l'affermir. Disons au contraire que c'est pour produire cet effet même qu'elles en ont le plus ; car la fin de la *dialectique* étant d'enseigner la forme des argumens pour secourir l'entendement, et non pour lui dresser des embûches, la fin de la *morale* est aussi de régler les passions, de manière qu'elles militent pour la raison au lieu de l'attaquer. Enfin, le but de la *rhétorique* est de remplir l'imagination d'objets et d'images qui prêtent secours à la *raison*, et non de fantômes qui l'oppriment. Car l'abus de l'*art* n'y intervient qu'indirectement, et en tant que c'est un inconvénient à éviter, non en tant que c'est un précepte à observer.

Ainsi c'est avec une souveraine injustice que *Platon* (quoiqu'il ne le fît qu'en haine des rhéteurs de son temps, haine bien méritée); que Platon, dis-je, classoit la *rhétorique* parmi les arts voluptueux, l'assimilant *à l'art de la cuisine*, et prétendant qu'elle n'a pas moins l'effet de corrompre les alimens salutaires, que de donner aux alimens pernicieux une saveur agréable; en abusant du talent qu'elle a de varier les assaisonnemens, et de tous les rafinemens qu'elle a imaginés : mais à Dieu ne plaise que l'éloquence s'occupe moins à orner les choses honnêtes, qu'à vernir les choses basses et honteuses, ce qui, en effet, n'arrive que trop souvent. *Car il n'est personne qui ne mette plus d'honnêteté dans ses discours que dans ses opinions et ses actions.* Thucydide a judicieusement observé qu'on reprochoit quelque chose de semblable à Cléon, en disant de lui que, comme il épousoit toujours le plus mauvais parti, c'étoit pour cette raison là même qu'il se donnoit tant de peine pour devenir éloquent, et donner à ses discours toute la grace possible ; ne sachant que trop qu'il n'est pas donné à tout homme de bien parler sur des sujets bas et odieux ; au lieu que sur les choses honnêtes, il n'est personne qui ne le puisse. Rien de plus élégant que ce mot de Platon à ce sujet, quoiqu'il soit déja devenu trivial. *Si la vertu*, dit-il, *pouvoit devenir visible, à l'instant tous les hommes en deviendroient éperdument amoureux.* Or, c'est la *rhétorique* qui a vraiment le talent de peindre la vertu ; c'est elle qui sait la rendre visible. En effet, comme il est impossible de la montrer sous une image corporelle, reste donc à employer la magie du discours pour la représenter à l'imagination le plus vivement qu'il est possible, et la rendre perpétuellement présente. Car c'est avec raison que Cicéron tourne en ridicule les Stoïciens, qui se donnoient des peines infinies pour faire entrer la vertu dans les ames, à l'aide de sentences concises et fines, genre d'élocution qui n'a que très peu d'affinité avec l'imagination et la volonté.

Certes, si l'on pouvoit bien ordonner les affections, et les rendre tout-à-fait dociles à la raison, tous ces moyens de persuasion, toutes ces voies d'insinuation qui servent à se frayer un chemin dans les ames, ne seroient plus d'un grand usage; il suffiroit alors de présenter la vérité toute nue, et dans le style le plus simple; malheureusement il n'en est rien: quelles dissensions au contraire n'occasionnent pas les affections, et quels troubles, quelles séditions n'excitent-elles pas dans les ames! et c'est ce que disent ces vers si connus:

Je vois le meilleur, et je le goûte; mais c'est le pire que je choisis.

Ensorte que la raison, réduite à elle seule, seroit bientôt entraînée dans la servitude, et tout-à-fait captive : mais la déesse de persuasion empêche l'imagination d'épouser la cause des passions, et par son entremise ménageant une alliance entre la raison et l'imagination, les ligue toutes deux contre les passions ; car il est bon d'observer que les affections elles-mêmes se portent toujours vers le bien apparent, et c'est en cela qu'elles ont quelque chose de commun avec la raison ; mais il y a entre elles cette différence, que *les affections envisagent principalement le bien présent; au lieu que la raison portant ses regards plus au loin, envisage aussi l'avenir, et en tout considère la somme.* Ainsi, tant que les objets présens remplissent l'imagination, et la frappent plus fortement, la raison succombe, et est comme subjuguée; mais dès que par la magie de l'éloquence, et par la force de la persuasion, les objets futurs et éloignés sont rendus visibles et comme présens, alors enfin l'imagination passant du côté de la raison, la raison demeure victorieuse.

Concluons donc que nous ne devons pas plus faire un crime à la *rhétorique* du talent qu'elle a de donner une apparence d'honnêteté à la plus mauvaise cause, qu'à la *dialectique ;* d'enseigner à fabriquer des sophismes. En effet, qui ne sait que la marche des contraires est la même, quoique leurs usages soient bien opposés. De plus, la *dialectique* ne diffère pas seulement de la *rhétorique*, en ce que (comme on le dit communément), l'une ressemble au poing, et l'autre à la paume de la main ; ce qui signifie que le style de l'une est plus serré, et celui de l'autre, plus développé; mais beaucoup plus encore, en ce que la *dialectique* considère la raison dans son état naturel, au lieu que la *rhétorique* l'envisage telle qu'elle est dans les opinions vulgaires. Ainsi, c'est avec sagesse qu'Aristote place la *rhétorique* entre la *dialectique* et la *morale,* jointe à la *politique,* attendu qu'elle participe de l'une et de l'autre ; car les preuves et les démonstrations de la *dialectique* sont communes à tous les hommes, au lieu que les preuves et les moyens de persuasion de la *rhétorique* doivent être variés à raison des auditeurs ; ensorte que, semblable en cela, à un musicien, s'accommodant aux oreilles diverses, elle soit *un Orphée dans les bois, et un Arion parmi les dauphins.*

Or, ce soin d'approprier et de varier le discours (pour peu qu'on soit jaloux de s'élever au plus haut degré de perfection), doit être porté au point que si l'on a précisément les mêmes choses à dire à différens hommes, il faut employer tels mots avec l'un, tels autres mots avec l'autre, et les varier pour chaque individu. Mais cette partie de l'éloquence (je veux parler de celle qui est d'usage en *politique*, dans les affaires, dans les entretiens particuliers), manque presque toujours aux plus grands orateurs; parce que, courant toujours après les ornemens et les formes élégantes (1), ils n'acquièrent point ce tact fin

---

(1) Ils haranguent lorsqu'il ne faudroit que *causer*. La conversation d'un *avocat* est une perpé-

et prompt qui met en état d'ajuster sur-le-champ ses expressions à chaque individu, ce qui vaudroit mieux que leurs grandes phrases. Ainsi, sur ce sujet même dont nous parlons ici, il ne sera rien moins qu'inutile d'établir une recherche expresse, et de la désigner sous le nom de *prudence, dans les entretiens particuliers,* et de la placer parmi *les choses à suppléer.* Plus on réfléchira sur le mérite d'un traité de cette nature, plus on y attachera de prix ; mais faut-il le placer dans la *rhétorique* ou dans la *politique* ? c'est ce qui au fond est assez indifférent.

Il est temps de descendre à ces *choses à suppléer,* qui, comme nous l'avons dit, sont de nature à devoir être regardées plutôt comme des *appendices,* que comme des *portions* de cet *art* même, et qui appartiennent *à l'art de s'appro-*

---

tuelle *amplification.* S'il vous échappe quelque mot heureux, il le paraphrase aussi-tôt ; il vous en offre le commentaire, et vous l'explique à vous-même qui l'avez dit.

visionner. 1°. donc nous ne trouvons personne qui, jaloux d'imiter la prudence et la sollicitude d'Aristote en ce genre, ait continué son travail comme il l'eût fallu, ou l'ait suppléé. Ce philosophe avoit commencé à rassembler les *signes les plus ordinaires* ou *les couleurs du bien et du mal apparent,* tant *absolu* que *comparé;* couleurs qui sont les vrais sophismes de la *rhétorique,* et dont la connoissance fournit les plus utiles directions dans les affaires, et les entretiens particuliers. Mais le travail d'Aristote sur ces *couleurs* pèche en trois choses. 1°. Il n'en dénombre que *fort peu,* quoiqu'elles soient en grand nombre ; 2°. il n'y joint pas les *réfutations;* 3°. il semble avoir ignoré en partie leur *véritable usage,* qui n'est pas tant de servir de *preuve,* que *d'affecter* et *d'émouvoir;* vu qu'il est bien des formes d'élocution qui signifient la même chose, et qui ne laissent pas d'affecter très différemment. Car ce qui est aigu, pénètre beaucoup plus avant que ce qui est obtus ; en supposant même que l'un et l'autre frappent avec des forces égales. Certes il n'est personne qui ne soit plus ému, lorsqu'on lui dit : *ce sera un grand sujet de triomphe pour vos ennemis ;*

C'est ce que l'Ithacien souhaiteroit fort, et ce que les Atrides acheteroient bien chèrement ;

Que si on lui disoit simplement : *cela nuira à vos affaires.* Ainsi ces pointes, ces aiguillons du discours ne sont nullement à négliger. Mais comme nous rangeons cette partie parmi les *choses à suppléer,* nous l'appuierons d'exemples, suivant notre coutume ; car de simples préceptes l'éclairciroient moins bien.

Exemple des couleurs du bien et du mal apparent, tant absolu que comparé.

SOPHISME.

I. *Ce que louent et vantent les hommes, est un bien ; ce qu'ils blâment et critiquent, est un mal.*

RÉFUTATION.

Ce sophisme trompe de quatre manières; savoir : ou à cause de l'*ignorance* de ceux qui portent de tels jugemens; ou à cause de leur *mauvaise foi;* ou à cause de leur *partialité* et des *factions* dont ils sont membres; ou enfin à cause de leur *naturel.* A cause de l'*ignorance :* qu'importe le jugement du vulgaire, quand il s'agit de juger du bien et du mal? Croyons-en plutôt Phocion qui, voyant que le peuple l'applaudissoit contre son ordinaire, dit à ses voisins : *eh, me seroit-il par hazard échappé quelque sottise?* A cause de la *mauvaise foi :* car et les panégyristes et les détracteurs n'ont en vue que leur propre intérêt, et ne disent rien moins que ce qu'ils pensent. *Celui qui veut débiter sa marchandise, la vante tant qu'il peut. Cela ne vaut rien, rien du tout, dit l'acheteur; mais lorsqu'il aura acheté, il ira par-tout vantant son emplette.* A cause des *factions :* car qui ne sait que la plupart des hommes élèvent jusqu'aux cieux ceux de leur parti, et dépriment autant qu'ils peuvent ceux du parti contraire. A cause de leur *naturel*: il est des hommes que la nature semble avoir composés et organisés tout exprès pour la servile adulation; et d'autres qui sont naturellement railleurs et caustiques. Ensorte que les uns en louant, et les autres en blâmant, ne font que suivre la pente de leur naturel, s'embarrassant peu de la vérité.

SOPHISME.

II. *Ce qui est, pour les ennemis mêmes, un sujet d'éloge, est un grand bien; et ce qui est, pour les amis mêmes, un sujet de critique, est un grand mal.*

Ce sophisme paroît s'appuyer sur ce fondement: que ce que nous disons malgré nous et contre notre inclination, semble nous être arraché par la force de la vérité.

RÉFUTATION.

Ce sophisme nous fait illusion, en ce que ces éloges des uns et ces critiques des autres ne sont qu'une ruse. Car nos ennemis nous donnent quelquefois des louanges, non pas malgré eux et contraints à cela par la force de la vérité; mais en choisissant cette espèce d'éloges dont tout l'effet est d'exciter la jalousie contre nous et de nous mettre en danger. Aussi chez les Grecs régnoit je ne sais quelle superstition qui faisoit croire que, lorsqu'une personne en louoit une autre à mauvaise intention et en vue de lui nuire, il *venoit une pustule au nez de celle-ci.* Il trompe encore en ce que ces éloges que nous donnent quelquefois nos ennemis, sont comme autant de petites préfaces à la faveur desquelles ils nous calomnient ensuite en toute liberté et en donnant carrière à leur malignité.

D'un autre côté, ce sophisme trompe aussi, parce que certaines critiques de nos *amis* ne sont qu'une *ruse.* Car s'ils reconnoissent et publient de temps en temps les vices de leurs amis, ce n'est point du tout qu'ils y soient contraints par la force de la vérité; c'est au contraire qu'ils le font à dessein, et en choisissant cette espèce de critiques qui ne peuvent faire aucun tort à ceux qu'ils censurent, et pour faire croire qu'à tout autre égard, ce sont des hommes parfaits. Ce sophisme trompe encore en ce que ces *critiques* de nos amis (semblables en cela à ces éloges que nous donnent nos *ennemis*, et dont nous avons parlé) sont comme autant de préfaces à la faveur desquelles ils peuvent aussi-tôt après se répandre en éloges à notre sujet.

Sophisme.

III. *Ce dont la privation est bonne, est par cela même un mal; et par la même raison, ce dont la privation est mauvaise, est, par cela même, un bien.*

Réfutation.

Le faux de ce sophisme consiste en deux choses : en ce que le *bien et le mal* sont *susceptibles de plus et de moins;* et en ce que le *bien* peut succéder *au bien*, et le mal, au mal. Quand on accorderoit qu'il a été utile au genre humain d'être privé de l'usage du gland, il ne s'ensuit pas que cet aliment soit mauvais; mais il *se peut que* DODONE *soit* EXCELLENTE, *et que Cérès soit encore meilleure*. Et quoique ç'ait été un mal pour le peuple de Syracuse d'être privé de Denys l'ancien, il ne s'ensuit point du tout qu'il ait été bon, mais seulement qu'il étoit moins méchant que Denys le jeune. Enfin à cause de la *succession;* car la privation d'un bien ne donne pas toujours lieu à un mal, mais quelquefois à un bien encore plus grand; par exemple : lorsque la fleur tombe, le fruit lui succède. Et la privation d'un mal ne donne pas toujours lieu à un bien, mais quelquefois à un mal plus grand. Car Milon, en se débarrassant de son ennemi, perdit en même temps une abondante source de gloire.

SOPHISME.

IV. *Ce qui est voisin du bon ou du mauvais, est, par cela même, bon ou mauvais. Ce qui est éloigné du bon, est mauvais; et ce qui est éloigné du mauvais, est bon.*

Car il n'est rien de plus ordinaire dans la nature, que de voir les choses qui se rapprochent par leur nature, se rapprocher aussi par le lieu. Au lieu que les choses contraires sont aussi séparées par de grandes distances, vu que chaque chose tend à s'associer ce qui lui est ami, et à écarter ce qui lui est ennemi.

Réputation.

Mais ce sophisme trompe de trois manières: 1°. à cause de l'*appauvrissement;* 2°. à cause de l'*obscurcissement;* 3°. à cause de la *protection.* A cause de l'*appauvrissement;* car ce qu'il y a de plus excellent, de plus grand, en chaque genre, attirant tout à soi, autant qu'il est possible, appauvrit ainsi tout ce qui l'avoisine, et le fait, en quelque manière, mourir d'inanition. Aussi voit-on rarement les arbrisseaux prospérer dans le voisinage des grands arbres. C'est encore avec beaucoup de justesse que quelqu'un a dit que *les valets des riches sont souverainement valets.* Et c'est une assez bonne plaisanterie que celle de cet homme qui les comparoit aux *vigiles* qui touchent de fort près aux fêtes, et qui pourtant sont consacrées aux jeûnes. A cause de l'*obscurcissement*; en effet, on peut dire aussi que ce qu'il y a de plus éminent en chaque genre, en supposant même qu'il n'exténue et n'appauvrisse pas ce qui l'approche, ne laisse pas de l'*obscurcir* et de le mettre dans l'*ombre*. C'est également ce qu'observent les astronomes par rapport au soleil, lorsqu'ils prétendent que son aspect est bénin; mais que sa conjonction et son approche est maligne. Enfin à raison de la *protection*; car ce n'est pas toujours en vertu de leur analogie et de la similitude de leur nature, que certaines choses se rapprochent et se réunissent; c'est quelquefois par la raison contraire. Car l'on voit aussi (surtout dans les relations civiles) le mauvais se réfugier près du bon, afin de se cacher et de jouir de sa protection. Aussi voit-on les plus grands scélérats chercher un asyle dans les temples des dieux et se réfugier à l'ombre de la vertu.

Souvent le vice, en s'approchant de la vertu, parvient à se cacher.

Au contraire, le bon s'agrège quelquefois au méchant, non à cause de leur *analogie*, mais afin de le convertir et de le changer en mieux. Aussi voyons-nous que les médecins fréquentent plus les malades que les hommes sains; et qu'on reprochoit à notre Sauveur de fréquenter les publicains et les gens de mauvaise vie.

Sophisme.

V. *L'homme à qui ses concurrens, et le parti auquel les autres partis défèrent unanimement le second rang (tandis que chacun réclame le premier pour soi-même), paroît l'emporter sur les autres. Car c'est par intérêt que chacun s'arroge la première place; au lieu qu'en assignant la seconde, on a égard à la vérité et au mérite.*

C'étoit à l'aide d'un semblable raisonnement que Cicéron tâchoit de prouver que la secte des académiciens qui tenoit l'acatalepsie, étoit la première des philosophies. *Demandez*, dit-il, *à un stoïcien quelle est la première de toutes les sectes ? il ne manquera pas de vous dire que c'est la sienne. Mais si vous lui demandez quelle est la seconde ? il conviendra que c'est la secte académique. Faites la même question à un épicurien qui oseroit à peine envisager un stoïcien ; et après avoir placé sa secte au premier rang, il mettra l'académie au second.* De même, lorsqu'une charge vient à vaquer, si le prince interrogeoit chacun des compétiteurs à part, en lui disant : *quel est celui qu'après vous-même, vous voudriez me recommander plus que tout autre ?* Selon toute apparence, leurs seconds vœux seroient tous pour le personnage le plus digne de cet emploi.

Réfutation.

Ce sophisme *trompe* à cause de l'*envie*. En effet, la plupart des hommes, après eux-mêmes et leur faction, donnent la préférence à ceux qui leur paroissent avoir le moins de nerf et de courage, et dont ils ont eu le moins à se plaindre; en haine de ceux qui les ont souvent insultés ou incommodés (1).

Sophisme.

VI. *Toute chose qui, dans son plus haut degré, et même dans son excès, est meilleure qu'une autre, doit être regardée comme meilleure dans tous ses degrés.*

C'est à ce principe que se rapportent toutes ces formules si usitées : *ne nous perdons pas dans les vagues généralités; comparons plutôt tel sujet particulier à tel autre sujet particulier*, etc.

---

(1) Deux causes contribuent à élever les hommes médiocres. 1°. Cette guerre perpétuelle que se font les gens de mérite, dont chacun, lorsqu'il ne peut occuper lui-même la place à laquelle il aspire, tâche d'en chasser tous les gens d'esprit, en la faisant occuper par un sot; puis le désir commun et aux sots, et aux gens d'esprit, de voir dans cette place un homme nul qu'ils espèrent gouverner.

Réfutation.

Ce sophisme paroît assez nerveux, et sent plus la *dialectique* que la *rhétorique*. Cependant il trompe quelquefois. 1°. Il est bien des choses dont le succès est fort incertain, et qui cependant, lorsqu'elles réussissent, l'emportent sur toutes les autres ; ensorte qu'à envisager leur *genre*, elles sont pires, parce qu'elles réussissent plus rarement et trompent souvent l'attente ; mais à ne considérer que l'individu, lorsqu'elles s'y rencontrent, elles n'en ont que plus d'éclat. De ce nombre est le *bouton de Mars*, au sujet duquel les Français ont ce proverbe : *enfant de Paris et bouton de Mars, si un seul vient à bien, il en vaudra dix autres*. C'est ainsi qu'on observe que ce sont les climats les plus chauds qui produisent les esprits les plus pénétrans; mais que ceux qui, dans les climats froids, se distinguent, l'emportent sur les génies les plus pénétrans des pays chauds. Il trompe, en second lieu, parce que la nature des choses est plus égale et plus uniforme dans certains genres et dans certaines espèces, que dans d'autres. De même, dans bien des armées, si l'affaire se décidoit par autant de combats d'homme à homme, qu'il s'y trouve de couples, la victoire se porteroit d'un côté; mais si l'on combattoit d'armée à armée, elle se porteroit de l'autre. En effet, il entre bien du hazard dans les degrés émmens et dans les extrêmes; au lieu que les genres sont gouvernés par la nature ou la méthode. Il y a plus : en général, le métal est plus précieux que la pierre; cependant le diamant est plus précieux que l'or.

Sophisme.

VII. *Ce qui conserve une chose en son entier, est bon; ce qui est sans retraite, est mauvais; car ne pouvoir se tirer d'une affaire où l'on est engagé, est un genre d'impuissance, et la puissance est un bien.*

C'est à ce sujet qu'Ésope a inventé

cette fable de deux grenouilles qui, durant une grande sécheresse, ne trouvant d'eau nulle part, délibéroient sur ce qu'elles avoient à faire pour trouver une dernière ressource. *Descendons dans ce puits si profond,* dit l'une ; *il n'est pas probable que l'eau y manque : oui,* lui répartit l'autre sur-le-champ ; *mais si par hazard il ne s'y trouve point d'eau, comment ferons-nous pour remonter ?* Le fondement de ce sophisme est que les actions humaines sont si incertaines et si hazardeuses, que le moyen qu'on regarde comme le meilleur, est celui qui ménage le plus de retraites. C'est à quoi ont trait ces formules si usitées : *vous serez tout-à-fait lié, vous ne pourrez plus vous tirer de là : quand il s'agit de la fortune, on n'en prend pas autant que l'on veut* (1).

---

(1) Sertorius, ayant tellement resserré Pompée, capitaine très jeune encore et très présomptueux, que celui-ci fut forcé de laisser brûler, à sa vue, une ville de ses alliés ; ajouta avec mé-

RÉFUTATION.

Ce *sophisme* trompe en ce que, dans les actions humaines, souvent la nécessité force à prendre une résolution quelconque. Car, comme quelqu'un l'a dit élégamment : *ne point prendre de parti, cela même est en prendre un* (1). Ensorte que souvent cette irrésolution nous jette dans de plus grands embarras que si nous nous fussions décidés à quelque chose. Or, c'est une sorte de maladie de l'ame, qui nous semble avoir quelque analogie avec celle qu'on observe dans

---

pris : *j'apprendrai à ce jeune écolier de Sylla, qu'un général doit plus regarder derrière lui que devant lui.* Ce mot s'applique à toutes les actions humaines et à toutes les relations sociales ; car la vie entière est un combat. En toute entreprise, outre les mesures nécessaires pour réussir, il est deux inconvéniens à parer après l'événement ; savoir : l'envie, au cas qu'on réussisse ; et le mépris, au cas qu'on échoue.

(1) Un fort mauvais ; car tandis que vous attendez, l'ennemi n'attend pas, et il vous prévient.

les avares; mais en la transportant du désir de retenir son bien au désir de rester maître de ses résolutions. Car, si l'avare ne veut pas jouir, c'est de peur de diminuer sa somme; et de même, si cette espèce de sceptique dont nous parlons, ne veut rien exécuter, et ne se décide point, c'est afin de rester maître de sa volonté. Le *sophisme* trompe, en second lieu, parce que la nécessité même et ce caractère décidé qui fait dire, *le dez est jeté*, aiguillonne le courage, comme le pensoit celui qui a dit : *égaux à vos ennemis à tout autre égard, vous avez de plus la nécessité qui vous rend supérieurs.*

Sophisme.

VIII. *Toute disgrace qu'on s'attire par sa faute, est plus grande que celle qui vient de la faute d'autrui.*

La raison de cette maxime est que le repentir double notre malheur; au lieu que, lorsqu'on peut se dire à soi-même qu'on n'est pas malheureux par sa faute, cela seul est un grand sujet de consolation. Aussi voyons-nous les poëtes exagérer et peindre, comme très voisin du désespoir, l'état d'angoisse d'un homme qui s'accuse lui-même, et dont le sentiment de sa faute fait le supplice.

Il n'accuse que lui-même, et il s'écrie qu'il est l'unique auteur de ses propres maux.

Au lieu que les malheurs d'un grand personnage sont fort allégés et fort adoucis par le sentiment qu'il a de son innocence et de son propre mérite. De plus, lorsque notre malheur vient des autres, nous sommes libres de nous plaindre; ce qui nous met à portée d'exhaler notre douleur, et la rend moins suffocante. En effet, lorsqu'on peut imputer son malheur à l'injustice des autres hommes, l'on est indigné, l'on rêve aux moyens de se venger, on implore la justice divine, ou on l'attend. Et même si c'est un coup de la fortune, on peut, jusqu'à un certain point, se soulager en accusant le destin.

Cette mère infortunée accuse les dieux et les astres cruels.

Mais lorsque c'est par sa faute qu'on est tombé dans le malheur, alors les pointes de la douleur se tournent vers le dedans ; elles fouillent plus avant dans notre ame, et y font des blessures plus profondes.

Réfutation.

Ce *sophisme* trompe, 1°. en ce qu'on n'y a point égard à *l'espérance*, qui est le grand antidote de tous les maux. En effet, il est souvent en notre pouvoir de réparer nos fautes ; quant à celles de la *fortune*, nous n'en sommes pas les maîtres. Aussi Démosthènes, parlant à ses concitoyens, leur tient-il souvent ce langage : *ce qui vous décourage, lorsque vous envisagez le passé, est ce qui doit vous encourager, si vous tournez vos regards vers l'avenir. De quoi s'agit-il donc ? de cela même que c'est votre propre faute, votre propre incurie qui a ruiné vos affaires ; car si, en tout, vous eussiez fait ce qu'on avoit droit d'attendre de vous, et que, malgré tous vos efforts, vos affaires fussent dans le triste état où elles sont*, ce seroit alors véritablement que vous auriez d'autant plus lieu de vous décourager, que vous n'auriez pas même l'espoir d'un mieux. Mais, attendu que ce sont vos propres fautes qui ont causé tous vos malheurs, soyez donc pleins de confiance, et espérez qu'en les réparant, vous recouvrerez cet état dont vous êtes déchus. De même *Epictète*, parlant des différens degrés de tranquillité d'ame, assigne le dernier rang à ceux qui *accusent les autres*; place immédiatement après, ceux qui s'*accusent eux-mêmes*; et met au premier rang, *ceux qui n'accusent ni eux-mêmes ni les autres*. En second lieu, ce *sophisme* trompe à cause de l'*orgueil inné* dans le cœur humain; orgueil tel qu'il est difficile d'amener les hommes à reconnoître leurs propres fautes. Et c'est pour s'épargner la honte d'un tel aveu, que ces maux où ils sont tombés par leur faute, sont quelquefois ceux qu'ils endurent avec le plus de patience. En effet, de même que nous voyons que, lorsqu'une faute ayant été commise, l'auteur est encore inconnu, tout le monde est excessivement irrité, et l'on fait grand bruit. Que si l'on vient à découvrir que le coupable est, ou un fils, ou une épouse, ou quelqu'autre personne aussi chère, à l'instant tout ce bruit cesse, et l'on ne dit mot. C'est ce qui nous arrive aussi lorsque quelque disgrace méritée nous met dans la nécessité d'en rejeter la faute sur nous-mêmes ; et ce qu'on observe sur-tout dans les femmes, lorsque, contre l'avis de leurs parens ou de leurs amis, elles ont pris quelque parti qui ne leur réussit point ; quelque disgrace qui en soit la suite, elles la dissimulent avec le plus grand soin (1).

―――――――――

(1) Sur-tout celles qui, dans le choix d'un époux, s'en sont plus rapportées à elles-mêmes qu'à leurs parens et à leurs amis. Cet époux ensuite a beau être un tyran, elles endurent sa tyrannie avec une patience admirable ; afin qu'on n'ait jamais la *démonstration* de la sottise qu'elles ont faite, et ce

SOPHISME.

IX. *Le degré de la privation semble plus grand que celui de la diminution*; et par la raison des contraires, *le degré d'une chose qui commence, paroît plus grand que celui de son accroissement.*

C'est une règle en *mathématique*, que *la raison de rien à quelque chose égale zéro*. Ainsi les degrés du néant et de l'être paroissent plus grands que les degrés de *l'accroissement* et du *décroissement*. De même que c'est pour un borgne un plus grand malheur de perdre le seul œil qui lui reste, que pour un homme qui a deux yeux, d'en perdre un ; de même aussi un homme qui a eu plusieurs enfans, est plus affligé de la perte du dernier qui lui reste, que de la perte des premiers. Aussi la Sybille ayant brûlé deux de ses livres, doubla-t-elle le prix

---

mari qui apperçoit très bien la raison de cette patience, ne manque guère d'en abuser, et de lui fournir les occasions de s'exercer.

du troisième. Car la perte de ce dernier eût été un degré de *privation*, et non *diminution* (1).

RÉFUTATION.

Ce sophisme fait illusion en ce qu'il n'a pas égard aux choses dont toute l'utilité dépend *d'une certaine quantité suffisante, d'une certaine proportion convenable;* c'est-à-dire, consiste en une *quantité déterminée.* En effet, si vous êtes obligé, sous telle peine, de payer telle somme à une certaine échéance, vous serez plus affligé s'il ne vous manque qu'un seul écu, que si, en supposant que vous n'eussiez pu vous procurer ce même écu, il vous en manquoit encore dix autres. De même lorsqu'on se ruine, le premier acte par lequel on commence à s'obérer et à entamer sa fortune, est plus préjudiciable que celui qui réduit à l'indigence. C'est à quoi se rap-

---

(1) C'est aussi parce que la rareté d'une chose en augmente le prix.

portent ces maximes si connues : *il est bien temps d'économiser, quand on voit le fond de sa bourse ; n'avoir rien du tout, ou avoir quelque chose qui ne sert à rien, c'est tout un.* 2°. Ce sophisme trompe à cause de ce principe dont on voit tant d'exemples dans la nature, *que la corruption d'une chose est la génération de l'autre :* ensorte que le degré de dernière privation est quelquefois moins préjudiciable, parce qu'il nous excite à changer de conduite, et nous fait trouver de nouvelles ressources, ou nous force à les chercher. C'est de ce même principe que part Démosthène, dans cette plainte qu'il adresse si souvent à ses concitoyens : *Ces conditions si peu utiles et si peu honorables*, leur dit-il, *que Philippe vous impose et auxquelles vous vous soumettez, ne sont autre chose qu'un aliment de paresse et de lâcheté. Mieux vaudroit qu'une telle ressource vous manquât ; car alors la nécessité même où vous seriez, éveilleroit votre industrie, et vous forceroit à chercher d'autres ressources*. Un médecin de notre connoissance, lorsque certaines femmes délicates se plaignoient à lui de leur mauvaise santé, en lui témoignant beaucoup d'aversion pour tous les remèdes, leur répondoit plaisamment, quoiqu'avec un peu d'humeur : *vous auriez besoin, mesdames, d'être tout-à-fait malades; car alors vous n'auriez plus de répugnance pour aucun remède.* Il y a plus : le dernier degré de la privation ou de l'indigence peut être salutaire, non-seulement pour éveiller l'industrie, mais aussi pour inspirer la patience (1).

Quant au *second membre* de ce *sophisme*, il porte sur le même fondement

---

(1) Quand les disgraces commencent, on ne s'est pas encore arrangé pour souffrir; on est *surpris*, et le *sentiment du mal* se proportionne à cette *surprise;* mais ensuite on voit bien qu'il faut apprendre à souffrir. L'on bande pour ainsi dire par degré l'arc de sa patience, et l'on trouve en soi plus de courage qu'on ne croyoit: or, ce que nous disons ici n'est pas une traduction de l'expérience d'autrui, c'est un texte original.

que le premier; savoir, sur les degrés du *néant* et de l'*être*. C'est d'après ce principe qu'on attache tant d'importance aux commencemens en toutes choses.

Celui qui a bien commencé, a fait la moitié de la besogne.

De là aussi cette superstition des astrologues, qui jugent de la disposition et de la destinée d'un homme, par le moment précis de la naissance et de la conception.

RÉFUTATION.

Ce sophisme trompe, 1°. par la raison que, dans certains cas, les *commencemens* ne sont autre chose que ce qu'Epictète, dans sa philosophie, appelle des *essais*, c'est-à-dire, *des premières ébauches*, qui ne sont rien par elles-mêmes, si on ne les réitère et si on ne continue. Ainsi, dans ce cas, le second degré est plus important et plus puissant que le premier. C'est ainsi que, dans les charriots, nous voyons que le dernier cheval contribue plus que le premier au mouvement de la voiture. Et ce n'est pas une sentence inepte que celle qui dit que *c'est l'invective rendue qui est cause du combat.* En effet, sans la replique, la première injure tomberoit d'elle-même. Ainsi c'est la première qui a donné naissance au mal ; mais c'est la dernière qui en a ôté toute mesure (1). Ce *sophisme* trompe encore à cause du mérite de la *persévérance* qui est dans la *continuation*, et non dans *le premier acte*. Le hazard ou la nature peuvent enfanter le premier élan ; mais il n'est qu'une affection bien mûre et un jugement solide qui puissent produire la constance. 2°. Il trompe par

---

(1) Cette maxime nous paroît fausse : de ce que la replique est, quant au temps, plus voisine du premier coup porté ; il conclut qu'elle en est la *cause* : mais si la dernière injure est cause du combat, la première est cause de la seconde ; et partant, la première cause du combat : et en dépit de tous les sophistes, en toute querelle, le plus coupable est l'agresseur. Mais lorsque l'offensé, en usant de représailles, fait plus que n'exige sa sûreté, alors il partage le délit.

rapport aux choses dont la nature et le cours ordinaire est en sens contraire de la chose commencée; ensorte que l'effet des premiers actes est perpétuellement détruit, si l'on n'emploie perpétuellement les forces qu'on employa d'abord; c'est ce que dit cette maxime si connue : *ne pas avancer, c'est reculer; ne pas gagner, c'est perdre;* comme il arrive à ceux qui courent en gravissant une montagne, ou qui rament dans la direction contraire à celle des eaux qui se portent vers un gouffre. Au contraire, si celui qui court, suit la pente de la montagne; et celui qui rame, le cours de l'eau; c'est alors le premier acte qui joue le plus grand rôle : or, cette couleur-là ne s'étend pas seulement *de ce degré conçu comme allant de la puissance à l'acte, comparé avec le degré conçu comme allant de l'acte à l'accroissement; mais aussi au degré qui va de l'impuissance à la puissance, comparé au degré qui va de la puissance à l'acte : car le degré de l'impuissance à la puissance, est plus grand que le degré de la puissance à l'acte.*

Sophisme.

X. *Ce qui se rapporte à la vérité, est plus grand que ce qui ne se rapporte qu'à l'opinion. Or, la manière et le signe des choses qui ne tiennent qu'à l'opinion, consistent en ce que si l'on ne se croyoit vu, on ne les feroit pas.*

C'est ainsi que les Épicuriens prononçoient sur cette *félicité* que les Stoïciens plaçoient dans la vertu; qu'elle ressembloit à la *félicité* dont jouit un histrion sur la scène; lequel, si les yeux et les applaudissemens des spectateurs l'abandonnent, perd aussi-tôt courage; aussi, pour avilir la vertu, la qualifioient-ils de *bien théâtral.* Il en est autrement des richesses, au sujet desquelles certain homme s'exprimoit ainsi: *le peuple me siffle, je le sais; mais moi, je m'applaudis.* Il en faut dire autant de la volupté.

Renfermant sa douce joie dans le fond de son cœur, et ne laissant paroître sur son visage que la honte.

RÉFUTATION.

Le prestige de ce sophisme est un peu subtil, quoiqu'il soit facile de répondre à l'exemple qu'on allègue pour l'appuyer; car ce n'est pas simplement en vue du souffle et de l'approbation populaire, qu'on préfère la vertu, attendu qu'il est un précepte qui dit, *qu'il faut se respecter soi-même plus que tout autre.* Ensorte qu'un homme de bien sera le même dans la solitude et sur le théâtre; quoiqu'il se puisse que les louanges tendent un peu plus les ressorts de sa vertu, de même que la chaleur est augmentée par la réflexion; mais si cette observation suffit pour infirmer la supposition, ce n'est pas assez pour démêler le *faux* du sophisme : or, voici en quoi consiste ce *faux*. En accordant même que la vertu, sur-tout celle qui a des travaux et des combats à soutenir, ne soit préférée qu'en vertu des éloges et de la réputation qui l'accompagnent, il ne s'ensuivroit nullement, par rapport à cet appétit et à ce mouvement qui porte vers elle, qu'on ne la recherche pas pour elle-même; car la réputation pourroit n'être qu'une simple cause *impulsive*, ou *sine quâ non* (1), et non une cause *efficiente* ou *constituante*. Par exemple, supposons qu'on ait deux chevaux, dont l'un, sans qu'on fasse usage de l'éperon, exécute tous les mouvemens qu'on lui demande; et l'autre, moyennant l'éperon, surpasse de beaucoup l'autre : ce dernier, je pense, emportera la palme, et passera pour le meilleur cheval; et il n'est point d'homme d'un jugement sain qui fût porté à changer d'opinion sur ce point par cette formule : *fi de ce cheval dont l'ame est dans les éperons du cavalier!* Car l'éperon étant un instrument dont un cavalier ne manque guère, instrument qui d'ailleurs n'est ni d'un grand poids ni fort embarrassant, quoiqu'un cheval ait besoin d'être piqué, il n'en devra pas

---

(1) Expression scholastique, qui signifie une condition sans laquelle l'effet n'auroit pas lieu.

être moins estimé; et cet autre qui, sans le secours de l'éperon, fait merveilles, n'en est pas meilleur pour cela; on peut dire seulement qu'il est plus fin. C'est ainsi que la gloire et l'honneur sert à la vertu d'aiguillon et d'éperon; et quoique la vertu, sans ce mobile, en devînt peut-être un peu plus languissante, néanmoins, comme il est toujours sous sa main, sans même être appellé, rien n'empêche qu'on ne souhaite d'aimer et rechercher la vertu pour elle-même. C'est donc avec raison qu'on relève cette assertion : *la preuve que dans le choix d'une chose on est déterminé par l'opinion, et non par des motifs de vertu, c'est que, si l'on n'étoit pas vu, on ne la feroit pas.*

SOPHISME.

XI. *Ce qu'on a acquis par son propre travail et sa propre vertu, est un plus grand bien; ce qu'on doit aux bienfaits d'autrui, ou à la faveur de la fortune, est un moindre bien.*

Voici les raisons sur lesquelles on peut appuyer cette maxime : 1°. l'*espérance* par rapport à l'*avenir*. Car la faveur des autres et le vent favorable de la fortune sont des choses sur lesquelles on ne peut guère compter; au lieu que notre propre industrie et notre propre vertu sont toujours en notre disposition, ensorte que lorsque nous avons acquis quelque bien par ce moyen, il nous reste le même instrument tout prêt pour de nouveaux usages ; instrument que l'habitude et d'heureux succès rendent d'un meilleur service. En second lieu, lorsque nous devons quelque avantage au bienfait des autres, nous contractons en cela une dette envers les autres ; au lieu que ce que nous avons acquis par nous-mêmes, ne porte avec soi aucune charge ; et même si la bonté divine répand sur nous quelque grace, cette faveur exige aussi de notre part quelque rétribution, genre d'obligation qui pèse aux impies et aux hommes dépravés ; au lieu que par rapport au premier genre de succès, ils éprouvent ce sentiment que le prophète leur attribue, lorsqu'il dit : *ils se réjouissent, ils triomphent, rendant hommage à leurs piéges, et sacrifiant à leurs filets. En troisième lieu, ce qui n'est point le fruit de notre propre vertu, ne produit pour nous aucun éloge, aucune marque d'estime.* Quant aux succès que nous devons à la fortune, ils peuvent bien exciter une certaine admiration, mais ils ne nous procurent aucun éloge; et c'est ce que Cicéron fait entendre à César, lorsqu'il lui dit : *nous avons assez de choses à admirer, nous en attendons que nous puissions louer.* En quatrième lieu, ce que nous devons à notre propre industrie, ce n'a pas été sans travail et sans contention que nous l'avons acquis; ce qui a en soi je ne sais quoi de suave, comme l'observe Salomon : *bien doux est l'aliment qu'on doit à sa chasse.*

RÉFUTATION.

Mais on trouve *quatre couleurs contraires,* qui font pencher la balance du côté opposé, et qui peuvent être regardées comme autant de *réfutations des premières*. 1°. Les succès que nous ne devons qu'à notre bonheur, sont une sorte de *signe et de caractère de la faveur divine.* Or, ce bonheur embrasse également ces choses fortuites auxquelles la vertu peut à peine aspirer. Nous en voyons un exemple dans ce mot de César au patron de barque dont il vouloit raninner le courage. *Tu portes César et sa fortune,* lui dit-il. S'il lui eût dit : *tu portes César et sa vertu,* c'eût été une bien froide consolation pour un homme que la tempête mettoit dans le danger le plus imminent. En second lieu, *ce qui procède de notre propre vertu et de notre propre industrie, peut être imité,* et est ainsi à la portée des autres; mais le bonheur est une chose inimitable, et c'est en quelque manière une prérogative de l'individu. Aussi voyons-nous qu'on préfère ce qui découle de la seule *nature* à ce qui n'est que l'effet de l'*art,* parce que les productions du premier genre ne sont pas susceptibles d'être imitées. Car ce qui est imitable est au pouvoir de tout le monde. En troisième lieu, ces avantages que nous ne devons qu'à notre bonheur, semblent être *des biens gratuits, et non achetés par le travail;* au lieu que ce que l'on doit à sa propre vertu, semble avoir coûté. Et c'est avec beaucoup d'élégance que Plutarque parlant des exploits de *Timoléon* (mortel singulièrement heureux dans ses entreprises), et les comparant avec ceux d'*Agésilas* et d'*Épaminondas*, ses contemporains, dit *qu'ils ressembloient aux vers d'Homère, lesquels, outre qu'en eux-mêmes ils étoient excellens, avoient de plus cela de propre qu'ils couloient de source, et sentoient le génie*. En quatrième lieu, *les succès qu'on n'avoit pas espérés, et qui trompent l'attente, sont plus agréables, et répandent dans notre cœur une joie plus vive et plus douce:* or, c'est ce qu'on ne peut dire des succès qu'on ne doit qu'à ses propres soins et à sa propre peine.

SOPHISME.

XII. *Ce qui est composé d'un grand nombre de parties divisibles, paroît plus grand que ce qui a peu de parties, et se rapproche davantage de l'unité; car tout ce que l'on considère par parties, semble plus grand. Ainsi, la pluralité de parties porte avec elle une idée de grandeur. Or, cette pluralité de parties fait encore plus d'effets, lorsque ces parties sont sans ordre; car ce désordre fait que le tout semble infini, et qu'on ne peut l'embrasser.*

Le prestige de ce *sophisme* est visible au premier coup d'œil et comme palpable; car ce n'est pas seulement la *pluralité de parties*, c'est aussi la *grandeur* de ces mêmes parties qui peut faire paroître le tout plus grand. Néanmoins ce *sophisme* ne laisse pas d'entraîner l'imagination; il y a plus, il tend un piège aux sens. En effet, un chemin situé dans une plaine où l'on ne rencontre aucun objet qui puisse rompre la vue, paroît, au premier coup d'œil, plus court qu'un chemin de même longueur, situé dans un canton où l'on voit en même temps des arbres, des édifices et d'autres objets, qui peuvent mesurer et diviser l'espace : c'est ainsi que lorsqu'un homme qui a du comptant, a une fois séparé et mis en ordre ses coffres et ses sacs, cette distribution impose à son imagination, et il lui semble qu'il est plus riche. C'est aussi un moyen pour amplifier les choses, que de les diviser en plusieurs portions et de les traiter chacune à part. Mais ce qui remplit encore davantage l'imagination, c'est de les placer *confusément* et *sans ordre;* car cette confusion fait naître une idée de *multitude*, vu que, lorsqu'on montre, on propose ces choses avec ordre, cela même a le double effet de les faire paroître plus limitées, et d'assurer qu'on n'a rien oublié. Au lieu que celles qu'on présente confusément, outre qu'alors elles paroissent en plus grand nombre, donnent de plus lieu de soupçonner qu'il reste encore bien des choses qu'on a supprimées.

Réfutation.

Ce *sophisme* trompe de plus d'une manière. 1°. Lorsque, par l'effet d'une certaine prévention, une chose paroît plus grande qu'elle n'est réellement; car alors la distribution même détruit cette fausse opinion, elle fait paroître la chose telle qu'elle est et sans exagération. Aussi voyons-nous que, lorsqu'on est malade ou souffrant, les heures paroissent plus longues si l'on est sans horloge ou sans clepsidre, que si l'on avoit des instrumens pour mesurer le temps. Car si l'ennui et la douleur occasionnés par la maladie, nous font paroître le temps plus long qu'il n'est réellement, la mesure de ce temps corrige cette erreur et le fait paroître plus court (1). C'est ainsi que, dans

---

(1) Voici un principe plus général et plus conforme à la pratique : le temps nous paroît court, lorsque nous désirons qu'il soit long ; et il nous paroît long, lorsque nous désirons qu'il soit court ; et cette augmentation ou cette diminution de la *durée apparente* est proportionnelle à l'intensité du désir qui en est la cause principale.

une plaine, il arrive quelquefois le contraire de ce que nous disions ; car, quoique cette route, faute d'objets qui la divisent, paroisse plus courte qu'elle n'est réellement ; cependant, si, d'après cette idée, s'étant d'abord imaginé qu'on avoit moins de chemin à faire, l'on vient ensuite à découvrir son erreur, le chemin alors paroîtra beaucoup plus long qu'il n'est réellement, il semblera ne jamais finir. Ainsi, lorsque quelqu'un se fait une idée exagérée de la grandeur d'un objet, voulez-vous entretenir cette idée, gardez-vous des distributions, et amplifiez la chose en présentant le tout. Ce *sophisme* trompe encore, lorsque les parties de ce tout qu'on a divisé, sont fort dispersées, et de manière qu'elles ne peuvent frapper la vue toutes ensemble : aussi lorsque, dans un jardin, les fleurs sont distribuées en plusieurs plates-bandes, cette distribution les fait paroître en plus grand nombre, que si elles croissoient toutes ensemble sur une seule plate-bande ; pourvu toutefois que ces plates-bandes se présentent toutes ensemble à la vue ; sans quoi leur réunion feroit plus d'effet que leur morcelement. C'est ainsi qu'un homme dont les terres et les possessions sont réunies dans un seul arrondissement, paroît plus riche ; si elles étoient dispersées, il ne seroit pas si facile de les voir toutes à la fois. Ce *sophisme* trompe en troisième lieu, à cause de la *prééminence* de l'*unité* sur la *multitude*. Car toute composition est de tous les signes d'indigence le plus certain ; et c'est ce qui a fait dire : *telles choses qui, étant prises une à une, ne sont bonnes à rien, ne laissent pas, étant réunies en grand nombre, d'être fort utiles.* Ainsi le premier rôle est celui de Marie. *Marthe, Marthe, vous vous mêlez de trop de choses, c'est assez d'une.* De là cette fable d'Ésope sur le chat et le renard. Le renard se vantoit d'avoir beaucoup d'expédiens et de fauxfuyans pour échapper aux chiens ; à quoi le chat répondoit : *pour moi, je n'en ai qu'un sur lequel je compte beaucoup ;*

c'est quelque peu de facilité à grimper. Et l'événement prouva que ce moyen unique valoit mieux que les mille rubriques du renard. De là ce proverbe : *le renard sait bien des choses; le chat n'en sait qu'une, mais qui les vaut toutes.* C'est ce que fait aussi entendre la moralité de cette fable; car un seul ami fidèle et puissant est une ressource plus assurée que tous les expédiens et toutes les petites ruses.

Ce peu d'observations doivent suffire à *titre d'exemples*, et il nous reste un assez grand nombre de ces *couleurs* que nous rassemblâmes durant notre première jeunesse; mais sans ornemens et sans *réfutations.* Mais pour le moment, nous n'avons pas le loisir de les orner. Or, de présenter ces couleurs-là toutes nues et sans leurs décorations (tandis que celles-ci se présentent, pour ainsi dire, toutes vêtues), ce seroit manquer à la convenance. Au reste, nous observerons que ce genre de composition, quelque idée qu'on puisse s'en faire, ne laisse pas (du moins à notre sentiment) d'être d'un assez grand prix, attendu qu'il participe de la *philosophie première*, de la *politique* et de la *rhétorique*. Mais en voilà assez sur les *signes populaires, ou couleurs du bien et du mal apparent,* tant *absolu que comparé.*

La seconde collection, qui appartient à l'art de *s'approvisionner,* et *qui est aussi à suppléer,* c'est celle que Cicéron, comme nous le disions plus haut dans la *logique,* a en vue, lorsqu'il recommande d'avoir sous sa main des lieux-communs pour et contre, tout médités et tout travaillés. Par exemple, *pour les paroles de la loi, pour l'esprit de la loi* (1), et pour nous, ce précepte, nous

―――――――――――――――――

(1) Lorsqu'on a occasion de composer sur quelque sujet, un discours, par exemple, ou un livre, trop occupé du tout, on ne donne pas assez d'attention à chaque partie; et si ces parties ne sont pas d'avance *presque finies,* on ne fait guère que les *ébaucher :* au lieu que si, de longue main, les pensées dont on a besoin sont *toutes méditées, toutes exprimées, et bien familières,* elles ac-

l'étendons à d'autres genres, et pensons qu'on doit le suivre, non-seulement dans le genre *judiciel*, mais même dans les genres *délibératif* et *démonstratif*. En un mot, ces *lieux*, qui sont d'un si fréquent usage pour les *preuves* et les *réfutations*, les *persuasions* et les *dissuasions*, les *éloges* et les *critiques*, nous voulons absolument qu'on les ait tout prémédités, et qu'avec toutes les forces de son esprit, on s'efforce d'exalter et de rabaisser les choses, et de les exagérer avec une sorte d'adresse quelque peu friponne (1). Et quant à la manière de

---

courront, pour ainsi dire, au besoin, sans être appellées, et viendront se ranger chacune à sa place, ce qui, sans nuire à la profondeur et à la solidité, donnera à l'ouvrage plus de mouvement, de naturel, de grace et de facilité ; car le ton et le mouvement du style se sentent toujours de la manière dont l'ouvrage a été produit, et sur-tout du premier jet.

(1) Il semble, au premier coup d'œil, que si la leçon est un peu friponne, le maître lui-même est aussi quelque peu fripon. Voici pourtant ce

former cette collection, tant pour la rendre d'un usage plus commode, que pour en diminuer le volume, le mieux seroit de la resserrer, en la réduisant à un certain nombre de sentences aiguës et con-

---

qui peut le justifier. Nous sommes naturellement portés à *exagérer* toutes les opinions qui flattent nos passions, et à *atténuer* celles qui les contrarient; ensorte que ces discours qu'on nous tient, nous les retouchons toujours, rognant, pour ainsi dire, ou détirant tout ce qu'on nous présente, jusqu'à ce que nous l'ayons mis à notre mesure. Ainsi, puisque nous ajoutons toujours à ce qu'on nous dit, ou en retranchons, ce seroit, en quelque manière, nous tromper, que de nous dire précisément la vérité ; et le philosophe qui veut que nous donnions aux choses leurs véritables dimensions, est obligé d'*exagérer celles que nous atténuons, et d'atténuer celles que nous exagérons.* C'est ainsi que, dans un concert, où, comme l'on sait, les violons baissent de plus en plus, tandis que les flûtes montent, ce qui finiroit par occasionner entre les instrumens des deux espèces, une sorte de *schisme ;* on a soin de monter les violons un peu plus haut, et les flûtes un peu plus bas que le vrai ton.

cises, qui seroient comme autant de pelotons, dont on pourroit ensuite, dans des discours plus étendus, développer le fil autant qu'on voudroit. C'est un soin que Sénèque aussi n'a pas manqué de prendre, mais seulement par rapport aux hypothèses et aux cas qui peuvent survenir. Comme nous avons beaucoup de matériaux en ce genre, nous avons cru devoir en offrir ici quelques parties à titre d'*exemples*; nous les désignerons sous le nom de *pour et contre*.

Exemple du pour et contre.

NOBLESSE. I.

POUR.

Dire de ceux en qui une haute naissance a comme planté la vertu, qu'ils ne veulent pas être méchans, ce n'est pas dire assez; il faut dire qu'ils ne le peuvent.

La noblesse est un laurier dont le temps couronne les hommes.

Nous qui révérons si fort l'antiquité

dans des monumens tout-à-fait morts, à combien plus forte raison devons-nous la révérer dans les monumens vivans?

Si vous méprisez la noblesse des familles, quelle différence après tout restera-t-il entre la race des hommes et celle des brutes?

La noblesse soustrait la vertu à l'envie et la livre à la faveur.

CONTRE.

Rarement la noblesse dérive de la vertu; et plus rarement encore la vertu découle de la noblesse.

Les nobles se font plus souvent de leur naissance une *excuse*, qu'un *titre* pour parvenir aux honneurs.

L'industrie des hommes nouveaux est si supérieure, que les nobles auprès d'eux semblent autant de statues.

Dans la carrière, les nobles regardent trop à droite et à gauche; ce qui est le propre d'un mauvais coureur.

BEAUTÉ. II.

POUR.

Les personnes laides se vengent ordinairement sur les autres du tort que leur a fait la nature.

La vertu n'est autre chose qu'une beauté intérieure, et la beauté n'est autre chose qu'une vertu extérieure.

Les personnes laides tâchent, à force de malignité, de se garantir du mépris.

La beauté fait briller les vertus, et rougir les vices.

CONTRE.

La vertu, semblable à un diamant précieux, a plus de jeu, lorsqu'elle est montée sans or et sans ornement.

Ce qu'un habit élégant est pour un homme laid, la beauté l'est pour un méchant.

On observe la même légèreté de caractère dans ceux que décore la beauté, et dans ceux qu'elle séduit.

JEUNESSE. III.

POUR.

Les premières pensées et les résolutions des jeunes-gens tiennent plus de l'inspiration divine.

Les vieillards sont plus sages sans doute ; oui, pour leur propre compte ; mais pour les autres et pour la république, beaucoup moins.

Si l'on pouvoit pénétrer dans l'intérieur des hommes, l'on verroit que la vieillesse défigure encore plus l'ame que le corps.

Les vieillards craignent tout hors les dieux.

CONTRE.

La jeunesse est le champ du repentir.

Le mépris pour l'autorité de la vieillesse est un sentiment inné dans les jeunes-gens : c'est afin que chacun devienne sage à ses propres dépens.

Ces délibérations auxquelles le temps n'est point appellé, le temps ne les ratifie point.

Chez les vieillards, les plaisirs sont remplacés par les graces (1).

SANTÉ. IV.

POUR.

Ces soins perpétuels qu'il faut prendre pour sa santé, dégradent l'ame et l'assujettissent au corps.

Pour l'ame humaine, un corps bien sain est un hôte; un corps maladif est un geolier.

Rien n'aide à expédier le gros des affaires comme une santé prospère; une santé foible met trop souvent en vacances.

CONTRE.

De fréquentes convalescences sont un fréquent rajeunissement.

Ce prétexte d'une mauvaise santé est une selle à tous chevaux, dont les gens très bien portans font aussi usage.

---

(1) Par *graces*, je crois qu'il faut entendre ici la *décence*, le *décorum*, que les vieillards gardent plus soigneusement que les jeunes-gens.

Une santé inaltérable lie trop étroitement l'ame et le corps.

Tel personnage a, de son lit, gouverné un grand empire; et tel autre a, de sa litière, commandé de grandes armées (1).

UNE ÉPOUSE ET DES ENFANS. V.

POUR.

L'amour de la patrie commence à la famille.

Cette tendresse qu'inspirent une épouse et des enfans, est une leçon continuelle d'humanité : les célibataires sont durs et austères.

Le célibat et la viduité ne sont bons que pour fuir.

Celui qui n'engendre point d'enfans, sacrifie à la mort.

Heureux à tout autre égard, si les gens mariés sont si souvent malheureux par leurs enfans, c'est de peur que le lot d'un

---

(1) C'est ce qu'on peut appliquer à Charles V, roi de France, et au maréchal de Saxe.

mortel n'approche trop du partage des dieux.

CONTRE.

L'homme qui s'est donné une épouse et des enfans, a donné des ôtages à la fortune.

Engendrer, avoir des enfans, sont des œuvres purement humaines; mais créer, agir, voilà les œuvres vraiment divines.

Se perpétuer par ses enfans, c'est l'éternité des brutes; un grand nom, des services éclatans, d'utiles institutions, telle est la seule éternité digne de l'homme.

L'intérêt de la famille ruine presque toujours l'intérêt public.

Il est des gens qui aimeroient le partage de Priam, lequel survécut à tous les siens.

RICHESSES. VI.

POUR.

Si certaines gens méprisent les richesses, c'est qu'ils désespèrent de s'enrichir.

C'est l'envie qu'excitent les richesses,

qui a placé la vertu au rang des déesses.

Tandis que les philosophes perdent le temps à douter s'il faut tout rapporter à la vertu ou à la volupté, tâchez de vous procurer des instrumens pour l'une et pour l'autre.

C'est par les richesses que la vertu tourne au bien commun.

Les autres biens ne gouvernent tout au plus qu'une province ; les richesses gouvernent tout.

CONTRE.

Voici tout le fruit des richesses : la peine de les garder, le soin de les dispenser, ou le plaisir de les étaler, voilà tout ; mais d'utilité, point.

Ne voyez-vous pas qu'on a été obligé d'imaginer un prix à certains cailloux brillans, afin que les richesses fussent bonnes à quelque chose ?

Bien des gens, en se flattant qu'avec leurs richesses ils pourroient tout acheter, se sont eux-mêmes mis en vente.

On peut dire que les richesses ne sont

que le bagage de la vertu ; bagage tout-à-la-fois nécessaire et embarrassant.

L'opulence, bonne servante, mauvaise maîtresse.

HONNEURS. VII.

POUR.

Les honneurs sans doute sont des jettons ; non pas ceux des tyrans, comme on le dit communément, mais bien ceux de la divine Providence.

Les honneurs mettent en vue les vertus et les vices, et c'est ainsi qu'ils aiguillonnent les premieres, et répriment les derniers.

Nul ne peut savoir au juste quels progrès il a faits dans la vertu, si les honneurs ne lui ouvrent un vaste champ.

Il en est de la vertu comme de toute autre chose : lorsqu'elle est hors de son lieu, rien de plus rapide que son mouvement vers ce lieu ; y est-elle, rien alors de plus paisible. Or, le vrai lieu de la vertu, c'est l'honneur.

CONTRE.

Tandis qu'on court aux honneurs, on abandonne sa liberté.

Les honneurs ne donnent guère de pouvoir que par rapport à ces choses que le plus grand bonheur possible est de ne pas vouloir; et le plus grand après celui-là, est de ne pas pouvoir.

Le sentier qui mène aux honneurs, est escarpé; le séjour, glissant; la chûte, rapide.

Ceux qui jouissent des grands honneurs, sont obligés, pour se croire heureux, d'emprunter l'opinion vulgaire.

DU COMMANDEMENT ET DU POUVOIR.
VIII.

POUR.

Jouir soi-même de la félicité, est sans doute un grand bien; mais c'est un plus grand bien encore que de pouvoir la dispenser aux autres.

Les rois ne sont pas seulement une certaine espèce d'hommes, mais une sorte d'astres, tant ils ont d'influence et sur les individus et sur les siècles mêmes.

Oser résister à ceux qui sont ici bas les représentans de Dieu même, n'est pas seulement un crime de lèze-majesté, mais même une sorte de *théomachie* (1).

CONTRE.

Quel état plus misérable que de n'avoir rien à désirer, et d'avoir tout à craindre.

La condition de ceux qui sont dans le commandement, ressemble à celle des corps célestes; beaucoup de respects, et point de repos.

Si quelquefois un mortel est admis au banquet des dieux, ce n'est que pour y servir de jouet.

LOUANGES, ESTIME. IX.

POUR.

Les louanges sont les rayons réfléchis de la vertu.

---

(1) Combat contre la Divinité.

La louange est ce genre d'honneurs auxquels on parvient en vertu de libres suffrages.

Quant aux honneurs, ce sont les gouvernemens divers qui ont le pouvoir de les conférer ; mais les éloges sont partout (1) un présent de la liberté.

La voix du peuple a je ne sais quoi de divin ; autrement comment tant de têtes pourroient-elles être précisément du même avis (2) ?

Si le vulgaire parle avec plus de sincérité que les personnages plus éminens, n'en soyez pas étonné ; c'est qu'il risque moins à dire ce qu'il pense.

---

(1) Par-tout où la crainte ne les dicte jamais, c'est-à-dire, nulle part.

(2) En fait de mœurs, la voix du peuple est la voix de Dieu. Sur ce point, il est juge compétent, et de plus, juge incorruptible. Mais, en fait de génie, la voix du peuple n'est que du bruit ; car les yeux et les esprits ne pouvant se mettre, pour ainsi dire, bout à bout, une seule vue longue découvre plus loin que cent vues courtes ; et comme il ne s'agit point ici d'un combat à coup de poings, le nombre n'y fait rien.

CONTRE.

La renommée est un mauvais courier, et un juge encore pire.

Qu'a de commun l'homme de bien avec le bavardage de la multitude ?

La renommée, semblable à un fleuve, soulève les choses légères, et coule à fond celles qui ont plus de solidité.

Le vulgaire estime les vertus du plus bas étage, et admire les vertus moyennes ; quant aux vertus sublimes, il n'en a pas même le sentiment.

La réputation est plutôt le prix d'un certain étalage, que d'un vrai mérite ; d'une certaine boursoufflure, que d'une grandeur réelle.

LA NATURE. X.

POUR.

L'effet de l'habitude suit une progression arithmétique ; et celui de la nature, une progression géométrique.

Ce que, dans les états, les loix communes sont aux coutumes particulières, dans les individus, la nature l'est à l'habitude.

L'habitude exerce une sorte de tyrannie contre la nature; tyrannie peu durable, et qui est renversée à la plus légère occasion.

CONTRE.

Nous pensons d'après la nature, nous parlons d'après nos maîtres; mais c'est d'après nos habitudes que nous agissons.

La nature est une sorte de pédant; l'habitude, une espèce de magistrat.

LA FORTUNE. XI.

POUR.

Les vertus éclatantes attirent des éloges; les vertus cachées, enrichissent.

Les vertus morales ne procurent que des éloges; ce sont les talens qui mènent à la fortune.

La fortune, semblable à la voie lactée, n'est qu'un assemblage de petites vertus obscures et sans nom.

Il faut honorer la fortune, ne fût-ce

qu'en considération de ses deux filles, la confiance et l'autorité.

CONTRE.

C'est la sottise de l'un qui fait la fortune de l'autre (1).

Ce que je louerois le plus volontiers dans la fortune, c'est que ne choisissant point, elle est, par cela même, impartiale.

Tels personnages, tout en déclinant l'envie qu'excitoient leurs vertus, se sont trouvés être du nombre des adorateurs de la fortune.

LA VIE. XII.

POUR.

C'est une inconséquence que d'aimer l'accessoire de la vie plus que la vie même.

Une vie longue vaut mieux qu'une courte, même pour pratiquer la vertu.

---

(1) Car au grand jeu de la vie, comme à tous les autres, ce que l'un perd, l'autre le gagne.

Sans une vie un peu longue, on n'a le temps ni d'achever, ni d'apprendre, ni de se repentir.

CONTRE.

Les philosophes, avec tout leur appareil contre la mort, n'ont fait que la rendre plus terrible.

Les hommes craignent la mort, par la même raison que les enfans ont peur dans les ténèbres, parce qu'ils ne savent de quoi il s'agit.

Parmi les affections humaines, il n'en est point de si foible qui, pour peu qu'elle soit exaltée, ne surmonte la crainte de la mort.

Pour mépriser la mort, il n'est pas besoin de courage, de malheurs, de sagesse; c'est assez quelquefois de l'ennui de vivre.

SUPERSTITION. XIII.

POUR.

Ceux qui pèchent par excès de zèle, ne méritent certainement pas d'être approuvés ; mais ils méritent du moins d'être aimés.

Dans les choses morales, nous devons tendre au milieu ; mais dans les choses divines, c'est aux extrêmes qu'il faut tendre.

Le superstitieux est, en quelque manière, un homme religieux désigné (1).

J'aime encore mieux ajouter foi à tous les prodiges fabuleux de telle religion que ce soit, que de croire que tout ce que je vois marche sans l'impulsion d'une divinité.

CONTRE.

Cette ressemblance que le singe peut avoir avec l'homme, ne rend cet animal que plus difforme ; il en est de même de la superstition, qui n'est que le singe de la religion.

Autant l'affectation est odieuse dans

---

(1) Un homme qui croit *trop*, il est plus aisé de le faire croire *assez*, que celui qui ne croit point du tout ; car l'*assez* est contenu dans le *trop*, et non dans le *trop peu*, encore moins dans le *rien*.

les choses civiles, autant la superstition l'est dans les choses divines (1); il vaut mieux n'avoir absolument aucune opinion touchant les dieux, que d'avoir d'eux une idée qui leur soit injurieuse.

Ce n'est pas l'école d'Épicure, mais bien celle de Zénon, qui a bouleversé les anciennes républiques.

L'esprit humain est de telle nature, qu'il ne peut exister de véritable athée par principes. Mais les vrais athées, ce sont les grands hypocrites, qui manient sans cesse les choses sacrées, et ne les respectent jamais.

ORGUEIL. XIV.

POUR.

L'orgueil est un vice insociable, même par rapport aux autres vices.

Et de même qu'un poison chasse un

---

(1) Cette sentence nous paroît manquer tout-à-fait de justesse. La superstition n'est point une affectation, mais une sottise de bonne foi; c'est l'hypocrisie qui affecte.

autre poison, il n'est point de vice que l'orgueil ne puisse chasser.

Un homme facile est assujetti aux vices des autres comme à ses propres vices ; l'orgueilleux du moins n'est sujet que des siens.

CONTRE.

Si l'orgueil pouvoit s'élever du mépris pour les autres au mépris pour soi-même, il deviendroit enfin philosophie.

L'orgueil est le lierre de toutes les vertus et de tous les biens (1).

Les autres vices sont simplement contraires aux vertus; l'orgueil est le seul qui soit contagieux.

Ce peu que les autres vices ont de bon, l'orgueil ne l'a pas ; je veux dire qu'il ne sait pas se cacher.

L'orgueilleux, en méprisant les autres, se néglige lui-même.

---

(1) Il serpente autour de tout, et s'attache à tout.

INGRATITUDE. XV.

POUR.

Le crime de l'ingratitude n'est au fond qu'une certaine pénétration, qui fait découvrir le vrai motif du bienfait.

A force de vouloir nous montrer reconnoissans envers certaines personnes, nous oublions d'être justes envers les autres, et de défendre notre propre liberté.

On est d'autant moins obligé de reconnoître un bienfait, que le prix n'en est pas fixé (1).

CONTRE.

Ce n'est point par des supplices qu'on punit le crime de l'ingratitude; mais on en abandonne le châtiment aux furies.

---

(1) Dites-moi au juste combien je vous dois, afin que je voie aussi au juste si j'ai le pouvoir et la volonté de m'acquitter avec vous, pourroit-on dire à certains bienfaiteurs exigeans; car ils portent si haut leur créance, que le débiteur désespérant de pouvoir jamais se liquider à leur gré, prend le parti de faire banqueroute.

Les bienfaits nous lient plus étroitement que les devoirs mêmes : ainsi celui qui est ingrat, est injuste aussi; il est tout.

Telle est la condition humaine, que nul n'est tellement né pour l'utilité publique, qu'il ne se doive tout entier à la reconnoissance et à la vengeance particulière.

ENVIE. XVI.

POUR.

Il est naturel de haïr ceux dont l'élévation semble nous reprocher notre abaissement.

L'envie est dans les républiques une sorte de salutaire ostracisme.

CONTRE.

L'envie n'a point de jours de fête.

Il n'est rien qui puisse réconcilier l'envie avec la vertu, sinon la mort.

C'est l'envie qui force la vertu à travailler sans relâche, témoin les travaux imposés à Hercule par Junon.

IMPUDICITÉ. XVII.

POUR.

Si la chasteté est devenue une vertu, c'est à la jalousie qu'on en a l'obligation.

Il faut être de bien mauvaise humeur pour regarder les plaisirs de l'amour comme une affaire sérieuse.

Eh! pourquoi aussi vous avisez-vous de mettre au rang des vertus un certain régime, un certain genre de propreté, ou la fille de l'orgueil?

Les objets de nos amours, semblables en cela aux oiseaux sauvages, n'ont point de propriétaires, et à cet égard, la simple possession transfère le droit.

CONTRE.

La pire transformation de Circé, c'est l'impudicité (1) : l'impudique a tout-à-

---

(1) Pour entendre ce passage, il faut se rappeller ce qu'il a dit plus haut, en parlant de l'origine de la médecine : Circé, disoit-il, fille du Soleil et sœur d'Esculape, représente les magiciens, les

fait perdu le respect pour soi-même, qui est le frein de tous les vices.

Tous ceux qui, à l'exemple de Pâris, donnent la palme à la beauté, sont punis, comme lui, par la perte de la prudence et de la puissance.

Alexandre rencontra une vérité peu commune, lorsqu'il dit que le sommeil et la génération étoient les arrhes de la mort.

CRUAUTÉ. XVIII.

POUR.

Il n'est point de vertu qui soit aussi souvent coupable que la clémence.

La cruauté, quand elle a pour but la vengeance, est justice; et si elle tend à éloigner le danger, c'est prudence.

Avoir pitié de son ennemi, c'est être sans pitié pour soi-même.

---

jongleurs, les charlatans de toute espèce, qui, en flattant les passions humaines, transforment pour ainsi dire les hommes en brutes : or, de ces animaux, le pire c'est l'animal lascif et impudique.

Les saignées ne sont pas moins souvent nécessaires dans les états que dans le traitement des maladies.

CONTRE.

Marcher ainsi à travers le sang et le carnage, est d'une bête féroce ou d'une furie.

La cruauté, aux yeux d'un homme bon, semble toujours n'être qu'une fable, qu'une fiction tragique.

VAINE GLOIRE. XIX.
POUR.

Celui qui aspire à se faire un grand nom, désire par cela seul l'utilité publique.

Cet homme si discret, qui ne se mêle jamais des affaires d'autrui, j'ai grand peur qu'il ne se mêle pas davantage des affaires publiques, et ne les regarde comme lui étant étrangères.

Les caractères qui ont quelque chose de vain, n'en sont que plus disposés à s'occuper utilement de la République.

CONTRE.

Les glorieux sont tous factieux, menteurs, mobiles, excessifs.

Le glorieux est la proie du parasite.

Il est honteux pour celui qui peut prétendre à la maîtresse, de solliciter la servante. Or, la gloire n'est que la servante de la vertu.

JUSTICE. XX.

POUR.

Tous ces pouvoirs, toutes ces formes de gouvernement établies, ne sont que des supplémens à la justice; et cette justice, si l'on pouvoit l'exercer autrement, l'on n'auroit plus besoin de tout cela.

Si tel homme est, pour un autre homme, un dieu et non un loup, c'est à la justice qu'on en a l'obligation.

La justice, il est vrai, ne peut extirper tous les vices, mais du moins elle empêche qu'ils ne nuisent.

CONTRE.

Si ne pas faire aux autres ce que nous

ne voudrions pas qu'on nous fît, c'est être juste ; la clémence, après tout, est donc justice.

S'il faut rendre à chacun ce qui lui est dû, il faut donc accorder de l'indulgence à l'humanité ; elle lui est bien due.

Que me parlez-vous d'équité, à moi qui sais qu'aux yeux du sage toutes choses sont inégales ?

Voyez avec quelle douceur, chez les Romains, on traitoit les criminels, et dites hardiment que la justice n'est rien moins qu'utile à la République.

Cette justice vulgaire, c'est le philosophe à la cour ; elle ne sert qu'à faire respecter ceux qui commandent.

COURAGE. XXI.

POUR.

Il n'est rien de terrible, si ce n'est la terreur même ; où la crainte porte ses atteintes, il n'est plus ni solidité dans les plaisirs, ni force dans la vertu.

Le même homme qui envisage le péril

les yeux ouverts, et qui sait l'affronter, a, par cela même, la présence d'esprit nécessaire pour l'éviter.

Les autres vertus nous délivrent de la domination des vices; le courage est la seule qui nous affranchisse de la tyrannie de la fortune.

CONTRE.

L'admirable vertu que celle de vouloir se perdre soi-même pour perdre les autres !

La sublime vertu que celle que le vin même peut donner !

Quiconque est prodigue de sa propre vie, menace celle d'autrui.

Le courage est la vertu de l'âge de fer.

TEMPÉRANCE. XXII.

POUR.

C'est presque la même force d'ame qui rend capable de s'abstenir et de soutenir.

L'uniformité, l'accord et les mouvemens mesurés, sont des choses toutes célestes, et des caractères d'éternité.

La tempérance est comme un froid salutaire qui réunit et concentre les forces de l'ame.

Une sensibilité trop fine et trop vague rend nécessaire l'usage des narcotiques ; il en est de même des affections.

CONTRE.

Je n'aime point du tout ces vertus négatives ; elles produisent plutôt l'innocence qu'un mérite effectif.

Toute ame qui est sans excès, est sans force.

J'aime ces vertus qui tendent à renforcer l'action, et non celles dont tout l'effet est d'affoiblir la passion.

Lorsque vous supposez que les mouvemens de l'ame sont d'accord, vous supposez, par cela même, qu'ils sont en petit nombre ; car ce soin de compter son troupeau, est un signe de pauvreté (1).

Ces préceptes : garde-toi de jouir, de

---

(1) Il est plus facile d'accorder quatre cordes que d'en accorder dix.

peur de désirer; garde-toi de désirer, de peur de craindre, sentent trop la défiance et la pusillanimité.

CONSTANCE XXIII.

POUR.

La base des vertus est la constance.

Malheureux qui ne sait pas lui-même ce qu'il sera un jour.

La foiblesse de l'esprit humain le rend incapable de s'accorder avec les choses; qu'il soit du moins d'accord avec lui-même.

La constance donne aux vices mêmes un certain éclat.

Si à l'inconstance de la fortune nous joignons notre propre inconstance, dans quelles ténèbres allons-nous vivre?

Il en est de la fortune comme de Protée; pour peu qu'on persévère, on la force de reparoître sous sa véritable forme.

CONTRE.

La constance, semblable à une portière de mauvaise humeur, chasse beaucoup d'idées utiles.

Il est trop juste que la constance endure de bonne grace l'adversité, attendu qu'elle en est presque toujours la cause.

La folie la plus courte est toujours la meilleure.

MAGNANIMITÉ. XXIV.

POUR.

Si-tôt que l'ame se propose des fins généreuses, elle a pour cortège non-seulement toutes les vertus, mais la Divinité même.

Ces vertus, qui ne sont que le produit de l'habitude et des préceptes, ne sont que des vertus bannales. C'est par la fin seule qu'elles deviennent héroïques.

CONTRE.

La magnanimité est une vertu poétique.

SCIENCE, CONTEMPLATION. XXV.

POUR.

La seule volupté, selon la nature, c'est celle dont on ne se rassasie jamais.

Quoi de plus doux que d'abaisser ses regards sur les erreurs d'autrui!

Qu'il est sage de rendre la sphère de son esprit concentrique à celle de l'univers!

Toutes les affections dépravées ne sont que de fausses estimations. Ainsi, la bonté et la vérité ne sont qu'une seule et même chose (1).

CONTRE.

La contemplation n'est qu'une imposante oisiveté (2). Bien penser ne vaut

---

(1) La vérité morale n'est que l'image de la vertu; la bonté est la chose même, et la beauté en est le signe, l'annonce.

(2) Lorsque, donnant carrière à son esprit, on le laisse se promener dans toutes sortes de sujets, c'est oisiveté; mais si on le force à méditer péni-

guère mieux que faire de beaux rêves.

Quant à l'univers, un Dieu y pense : vous, pensez à votre patrie.

Il est tel qui, par politique, sème aussi des spéculations.

LES LETTRES. XXVI.

POUR.

Si les livres entroient dans les plus petits détails, on n'auroit presque plus besoin d'expérience.

Lire, c'est converser avec les sages ; agir, c'est traiter avec les fous.

Quand une science ne seroit par elle-même d'aucun usage, il ne faudroit pas pour cela la regarder comme inutile, si d'ailleurs elle avoit l'avantage d'aiguiser l'esprit et d'y mettre de l'ordre (1).

---

blement sur des sujets utiles, et à suer, pour ainsi dire, pour l'utilité commune, c'est activité, quoique ce genre de travail soit moins visible que celui des mains.

(1) Exercer à réfléchir, disposer, par des méditations sur des sujets assez frivoles, à bien penser

CONTRE.

Dans les collèges, on n'apprend qu'à croire.

Y eût-il jamais un art qui apprît à faire à propos usage de l'art ?

Cette science qui s'acquiert à l'aide des préceptes, et celle qu'on doit à l'expérience, ont des méthodes si diamétralement opposées, que, qui est accoutumé à l'une, est inhabile à l'autre.

Le plus souvent l'art est de bien peu d'usage, pour ne pas dire tout-à-fait inutile.

Tous ces gens de collège ont cela de propre, que la moindre chose leur suffit pour voir ce qu'ils ont à faire; mais qu'ils ne savent pas apprendre ce qu'ils ignorent (1).

---

sur des sujets utiles, telle est au fond la principale utilité de la plupart des livres.

(1) Ce passage est quelque peu obscur; mais je crois que tel est le sens. Un homme de collège se pique de savoir beaucoup; et s'il est inventif, il peut deviner par lui-même bien des choses, que

PROMPTITUDE. XXVII.

POUR.

Toute prudence qui manque de promptitude, manque d'à-propos.

Qui se trompe vîte, se détrompe aussi vîte.

Celui dont la prudence marche à pas comptés, et qui ne sait rien voir à la volée, ne fait rien de grand.

CONTRE.

Cette prudence, qui est si fort à la main, manque de profondeur.

---

les autres n'apprennent qu'à force d'expérience ou de oui-dires; mais son orgueil l'empêche, sur bien d'autres points, de convenir de son ignorance, et par conséquent d'apprendre ce qu'il ignore, mais sur-tout de l'apprendre des autres. Aussi observe-t-on que les jeunes-gens qui ont le plus brillé au collège, sont ceux qui réussissent le moins dans le monde, faute de sens et de docilité; cette leçon qu'ils devroient y recevoir continuellement, ils ont toujours l'air de la donner, et les femmes ont beaucoup de peine à les décrasser.

Il en est de la prudence comme d'un habit. Or, c'est le plus léger qui est le plus commode.

Si la prudence ne mûrit pas vos délibérations, l'âge ne mûrira pas non plus votre prudence.

Ce qu'on imagine en un moment, ne plaît qu'un moment.

DE LA DISCRÉTION. XXVIII.

POUR.

On ne tait rien à qui sait se taire, parce qu'on sait qu'en lui confiant tous ses secrets, on ne risque rien. Celui qui dit aisément ce qu'il sait, dit tout aussi aisément ce qu'il ne sait pas.

Les secrets doivent aussi être couverts d'un voile comme les mystères.

CONTRE.

Le meilleur moyen pour cacher le fond de son ame, c'est l'instabilité de caractère.

La discrétion est la vertu d'un confesseur.

On tait tout à l'homme qui se tait ; on lui rend son silence.

Un homme couvert et un homme inconnu, c'est à-peu-près la même chose.

LA FACILITÉ. XXIX.

POUR.

J'aime un homme qui sait se plier aux affections d'autrui, mais sans rendre son jugement tout-à-fait esclave du leur.

Être flexible, c'est avoir, par sa ductilité, de l'affinité avec l'or.

CONTRE.

La facilité de caractère est une sorte d'ineptie et de défaut de jugement.

Les bienfaits des gens faciles semblent des dettes, et leurs refus, des injures.

Quand on obtient quelque chose d'un homme facile, on n'en rend graces qu'à soi-même.

Un homme facile est pressé par des difficultés de toute espèce, parce qu'il se mêle de tout.

Il est rare qu'un homme facile se tire sans honte d'une affaire.

LA POPULARITÉ. XXX.

POUR.

Les sages sont tous du même avis; cependant il est bon de se prêter un peu aux variations des fous.

Honorer le peuple, c'est s'honorer soi-même.

Les hommes qui ont une certaine grandeur personnelle, n'adressent pas leurs respects à tel ou tel homme, mais au peuple tout entier.

CONTRE.

Cet homme qui s'entend si bien avec les fous, est lui-même justement suspect.

L'homme qui plaît à la multitude, est ordinairement l'homme qui soulève la multitude.

Rien de modéré ne plaît au vulgaire.

La pire espèce d'adulation est celle qui s'adresse au vulgaire.

DU BABIL. XXXI.

POUR.

Tout homme qui se tait, se défie ou des autres ou de lui-même.

Tout état de veille est un état malheureux; mais la pire garde c'est celle du silence.

Le silence est le talent des sots. Ainsi les sots ont raison de se taire; et l'on peut dire à un homme qui se tait: si tu as de l'esprit, tu es un sot; et si tu es un sot, tu as de l'esprit.

Le silence, ainsi que la nuit, est fort commode pour tendre des embûches.

Les pensées qui coulent de source, sont les plus saines.

Le silence est une espèce de solitude; celui qui se tait, se vend à l'opinion.

Le silence a l'inconvénient de ne point évacuer les mauvaises pensées, et de ne point distribuer les bonnes.

CONTRE.

Le silence donne à tout ce qu'on dit ensuite, de la grace et de l'autorité.

Le silence est une espèce de sommeil qui nourrit la prudence.

Le silence n'est que la fermentation de nos pensées.

Le silence est le style de la prudence.

Le silence vise à la vérité.

DISSIMULATION. XXXII.
POUR.

La dissimulation est une sagesse abrégée.

Nous ne sommes pas obligés de dire toujours précisément la même chose, mais d'avoir toujours le même but.

Toute espèce de nudité est choquante, même celle de l'ame.

La dissimulation impose aux autres, et nous met en sûreté.

La haie qui garantit nos desseins, c'est la dissimulation.

Il est des hommes qui gagnent à être trompés.

Celui qui ne dissimule jamais, trompe tout aussi bien que celui qui dissimule; car les autres ne le comprennent pas, ou ne le croient pas.

Ce caractère si ouvert, cette franchise si outrée, n'est au fond qu'une certaine foiblesse d'ame.

CONTRE.

Dans l'impuissance où nous sommes de rendre nos pensées conformes aux choses mêmes, rendons du moins nos discours conformes à nos pensées.

A ceux dont les moyens vraiment politiques passent la portée, la dissimulation tient lieu de prudence.

Celui qui dissimule, se prive de l'instrument le plus nécessaire pour l'action, de la confiance des autres.

Notre dissimulation excite les autres à dissimuler aussi.

Qui dissimule, n'est pas libre.

L'AUDACE. XXXIII.

POUR.

Celui qui rougit, apprend aux autres à le blâmer.

Ce que l'action est pour l'orateur, l'audace l'est pour un homme du monde:

c'est le premier, le second, le troisième point, c'est tout.

J'aime cette honte qui fait des aveux, et je hais celle qui accuse (1).

Une certaine confiance de caractère aide à gagner les cœurs.

J'aime un visage obscur et un discours clair.

CONTRE.

L'audace est l'appariteur de la folie.

L'effronterie n'est bonne que pour soutenir une imposture.

L'excessive confiance en soi-même est la reine des sots et le jouet des sages.

L'audace n'est qu'un certain défaut de sensibilité uni à la malice de la volonté.

---

(1) Cette sentence est susceptible de plusieurs explications; car il y a la honte du frippon démasqué, et la honte de l'honnête homme, qui avoue sa faute, ou qui craint d'en faire une; ou enfin qui, en présence de gens qui disent ou font quelque chose de honteux, rougit pour eux.

MANIÈRES, PETITES ATTENTIONS, AFFECTATION. XXXIV.

POUR.

Une certaine décence, et une certaine mesure dans le geste et l'air du visage, est le véritable assaisonnement de la vertu.

Si nous avons de la déférence pour le vulgaire par rapport au langage, que doit-ce être par rapport à nos gestes et à tout notre extérieur?

Celui qui, dans les petites choses, dans les choses de tous les jours, ne garde pas le décorum, a beau être un grand homme, sachez qu'il n'est sage qu'à certaines heures.

La vertu et la prudence, sans l'usage du monde, est une sorte de langue étrangère; le vulgaire ne l'entend pas.

Celui qui, à l'aide du seul sentiment de la convenance, ne sait pas découvrir ce que le vulgaire a dans l'ame, et qui ne l'a pas non plus appris par l'observation, est le plus sot de tous les hommes.

Les belles manières sont une traduction de la vertu en langue vulgaire.

CONTRE.

Quoi de plus choquant que de transporter le théâtre dans la vie ordinaire?

Le seul vrai décorum est celui qui dérive de l'ingénuité; celui qu'on ne doit qu'à l'art, est odieux : j'aimerois mieux un visage fardé, ou une coëfure, tirée, comme on dit, à quatre épingles, qu'un caractère fardé et des mœurs si bien peignées.

Quiconque abaissé son esprit à des observations si minutieuses, est incapable de l'élever à de grandes pensées.

L'affectation d'ingénuité ressemble à la lumière du bois pourri.

PLAISANTERIE. XXXV.

POUR.

La plaisanterie est le refuge des orateurs.

Celui qui sait assaisonner tout ce qu'il dit, d'un modeste enjouement, maintient son ame en liberté.

C'est être plus politique qu'on ne pense,

que de savoir passer aisément du badinage au sérieux, et du sérieux au badinage.

Souvent une plaisanterie sert de véhicule à telle vérité, qui, sans cela, n'arriveroit pas.

CONTRE.

Ces gens qui sont toujours à l'affût des ridicules, des jolies choses, qui peut s'empêcher de les mépriser ?

Avilir les plus grandes choses par la plaisanterie, est un artifice condamnable.

Quand vous aurez bien ri, examinez avec un peu d'attention ce qui vous aura fait rire.

Tous ces plaisans de profession ne pénètrent guère au-delà de l'écorce des choses, où est le siége de la plaisanterie.

Lorsque la plaisanterie peut avoir une certaine influence sur les choses sérieuses, c'est alors un enfantillage déplacé.

SUR L'AMOUR. XXXVI.

POUR.

Ne voyez-vous pas que tous se cherchent, et que l'amant est le seul qui se trouve.

Jamais l'ame n'est mieux ordonnée, que lorsqu'elle est gouvernée par une grande passion.

Que tout homme sage ait soin de se procurer des désirs ; car tout homme qui n'est pas animé par quelque désir un peu vif, ne trouve goût à rien, et s'ennuie de tout.

Pourquoi chaque individu, qui ne fait qu'un, ne se contenteroit-il pas de l'unité ?

CONTRE.

Le théâtre doit beaucoup à l'amour, mais la vie ne lui doit rien.

Il n'est rien qui mérite autant de qualifications différentes que l'amour; c'est ou une chose si folle, qu'elle ne sait pas même se connoître ; ou une chose si honteuse, qu'elle est obligée de se cacher sous le fard.

Je n'aime point ces gens qui ne rêvent qu'à une seule chose.

L'amour n'est qu'une spéculation fort étroite (1).

---

(1) A mesure que les chimères sortent de l'esprit, l'amour sort du cœur.

L'AMITIÉ. XXXVII.

POUR.

L'amitié fait les mêmes choses que le courage, mais d'une manière plus douce.

L'amitié est le plus doux assaisonnement de tous les biens.

La pire solitude, c'est celle d'un homme qui n'a point d'amis.

Le châtiment bien mérité de la mauvaise foi, c'est d'être sans amis.

CONTRE.

Celui qui contracte des liaisons fort étroites, ne fait que s'imposer de nouvelles nécessités.

C'est le propre d'une ame foible, que de ne pouvoir porter seul tout le poids de sa fortune.

ADULATION. XXXVIII.

POUR.

Si l'on s'abaisse à flatter, c'est moins pour nuire que pour se conformer à l'usage.

Instruire en donnant des éloges, fut toujours un ménagement dû aux hommes puissans.

CONTRE.

L'adulation est le style des esclaves.

L'adulation est la chaux des vices (1).

L'adulation est une sorte d'appeau qui sert à tromper les oiseaux, en imitant leur voix (2).

L'adulation est d'une laideur vraiment comique ; mais elle a des effets tragiques.

Ce qu'il y a de plus difficile à guérir, c'est le mal d'oreilles.

VENGEANCE. XXXIX.

POUR.

La vengeance particulière est une sorte de justice sauvage.

---

(1) Elle les cimente en les encourageant, et leur faisant accroire qu'ils sont des vertus.

(2) La voix de l'adulateur répète les éloges que nous donne la voix intérieure de notre amour propre. C'est cet unisson qui nous plaît.

Celui qui rend violence pour violence, ne viole que la loi, et non l'homme.

La crainte des vengeances particulières est un frein nécessaire ; car trop souvent les loix sommeillent.

CONTRE.

Celui qui fait une injure, donne naissance au mal ; mais celui qui s'en venge en ôte toute mesure.

Plus la vengeance est naturelle, plus il est nécessaire de la réprimer.

Celui qui rend injure pour injure, vient le dernier, peut-on dire : oui, quant au temps, mais non quant à la volonté.

INNOVATIONS. XL.

POUR.

Tout remède est une innovation.

Qui fuit les nouveaux remèdes, appelle de nouveaux maux.

Le plus grand des novateurs, c'est le temps ; pourquoi ne pas l'imiter ?

Les exemples anciens ne s'appliquent point aux derniers siècles, temps où la corruption et l'ambition ont fait de plus grands progrès.

Permettez aux ignorans et aux hommes contentieux de se régler sur des exemples.

De même que ceux qui introduisent la noblesse dans leur famille, ont en cela plus de mérite que leur postérité ; de même aussi les novateurs l'emportent sur ceux qui ne savent que suivre des modèles.

Cette roideur de caractère qui fait qu'on se tient si fort attaché aux coutumes anciennes, n'excite pas moins de troubles que les innovations.

Les choses allant toujours de pis en pis, si nos méthodes ne vont pas de mieux en mieux, quelle sera la fin de nos maux ?

Les hommes esclaves de la coutume, sont les jouets du temps.

CONTRE.

Les fétus extraordinaires sont des monstres.

Le seul conseiller qui plaise, c'est le temps.

Il n'est point d'innovation qui ne fasse tort à quelqu'un, parce qu'elle arrache ce qui est établi (1).

En supposant même que les choses auxquelles un long usage a fait prendre pied soient mauvaises, elles ont du moins cet avantage qu'elles s'ajustent les unes aux autres (2).

---

(1) C'est un fort grand abus que de vouloir ôter d'un seul coup tous les abus; car souvent en ôtant l'abus, vous déplacez les honnêtes gens qui sont assis dessus; et ce déplacement, vous n'avez pas droit de le faire, si vous n'avez des moyens tout prêts pour remettre dans des places, ou meilleures, ou du moins égales, tous ceux que vous allez déplacer : principe qui s'applique singulièrement aux loix somptuaires. Il est une infinité de choses inutiles en elles-mêmes, et même nuisibles, qui nous sont devenues nécessaires par l'habitude ; et avant de nous les ôter, il faut d'abord nous apprendre à nous en passer, ou savoir les remplacer.

(2) Il en est d'un nouveau régime politique, comme d'un habit neuf : avant qu'il se fasse à la taille, on a long-temps à souffrir ; mais après tout,

Où est le novateur qui sache imiter le temps, lequel insinue les nouveautés avec tant de douceur, qu'on ne s'apperçoit pas du changement.

Toutes les choses qui trompent l'attente, sont moins agréables à ceux à qui elles sont utiles, et plus choquantes pour ceux à qui elles sont nuisibles.

LES DÉLAIS. XLI.

POUR.

La fortune vend à qui se hâte une infinité de choses qu'elle donne à qui sait attendre.

Tandis que nous nous hâtons de saisir les commencemens de chaque chose, nous n'embrassons que des ombres.

Tant que la balance ne fait que vaciller, il faut se tenir attentif ; dès qu'elle commence à trébucher, il faut agir.

Il faut confier à Argus le commencement de toute action ; et la fin, à Briaréé.

---

quand notre habit est usé, il en faut un neuf, et le nôtre étoit vieux, puisqu'il s'est déchiré.

CONTRE.

L'occasion présente d'abord l'anse du vase, puis la panse.

L'occasion, semblable à la Sybille, diminue ses offres en augmentant son prix.

La célérité est le casque de Pluton (1).

PRÉPARATIFS. XLII.

POUR.

Celui qui ne fait que de petits préparatifs pour une grande entreprise, se forge des facilités imaginaires, pour se repaître d'espérances.

En faisant peu de préparatifs, ce n'est pas la fortune qu'on achète, mais la prudence (2).

CONTRE.

Le vrai moment de mettre fin aux préparatifs, c'est celui d'agir.

---

(1) Voyez plus haut l'explication de la fable de Persée.

(2) Car moins on fait d'abord, plus il reste à faire, et plus il faut se tenir attentif.

Vous aurez beau faire des préparatifs, vous ne parviendrez jamais à lier la fortune.

Alterner entre les préparatifs et l'action, est la méthode vraiment politique ; mais à séparer ces deux choses, beaucoup d'étalage et peu de succès.

Les grands préparatifs prodiguent et le temps et les choses.

S'OPPOSER AUX COMMENCEMENS. XLIII.

POUR.

Parmi les maux dont nous sommes menacés, il en est plus qui trompent notre attente, qu'il n'en est qui surmontent nos efforts.

On a moins à faire en remédiant au mal dès qu'il est né, qu'à observer ses progrès et à faire sentinelle pour l'empêcher de croître.

Si-tôt que le péril paroît léger, il cesse d'être tel.

CONTRE.

Tout l'effet de cette vigilance anticipée est d'aider le mal à croître, et de fixer le mal par le remède même.

Toutes ces précautions qu'on prend contre le danger, ne sont pas elles-mêmes sans danger.

Il vaut mieux avoir affaire à un petit nombre de remèdes bien éprouvés, que d'être ainsi à l'affut de chacun des maux qui menacent.

DES CONSEILS VIOLENS. XLIV.

POUR.

Ceux qui aiment ces voies si douces, s'imaginent apparemment que l'accroissement du mal est salutaire.

La même nécessité qui donne les conseils violens, les exécute.

CONTRE.

Tout remède violent est gros d'un nouveau mal.

Qu'est-ce qui donne des conseils violens, sinon la crainte et la colère ?

SOUPÇON. XLV.

POUR.

La défiance est le nerf de la prudence; mais le soupçon est un remède pour la goute (1).

Toute fidélité que le soupçon peut ébranler, est justement suspecte. Le soupçon ne la relâche que lorsqu'elle est foible. Est-elle forte, il lui donne encore plus de force.

CONTRE.

Le soupçon absout la mauvaise foi (2).

La maladie du soupçon est une sorte de manie morale.

---

(1) Il donne plus d'activité que la défiance.

(2) Il doit manquer ici un mot que j'ai suppléé; le texte dit : *suspicio absolvit fidem;* mais on ne peut absoudre que ce qui est accusé ou ce qui s'accuse. L'homme soupçonneux, lorsqu'on le trompe, n'essuie que l'injustice qu'il mérite, et à laquelle il s'attendoit, ce qui semble absoudre un peu ceux qui le trompent.

LES PAROLES DE LA LOI. XLVI.

POUR.

S'écarter de la lettre, ce n'est plus interpréter, mais c'est vouloir deviner.

Lorsqu'on s'écarte de la lettre, le juge devient législateur.

CONTRE.

C'est de l'ensemble des mots qu'il faut tirer le sens, qui, une fois bien saisi, servira ensuite à les interpréter un à un.

La pire tyrannie est celle qui met la loi sur le chevalet (1).

POUR LES TÉMOINS CONTRE LES PREUVES. XLVII.

POUR.

Celui qui se fonde sur les preuves, prononce d'après l'orateur, et non d'après le fond de la cause.

---

(1) La cruauté est l'effet de la colère d'un poltron, qui sacrifie tout pour se mettre en sûreté ; car quiconque sauroit mépriser sa propre vie, ne daigneroit pas attenter à celle d'autrui.

Celui qui s'en rapporte plus aux preuves qu'aux témoins, doit aussi s'en rapporter plus à son esprit qu'à ses sens.

On pourroit s'en fier aux preuves, si les hommes n'étoient jamais inconséquens.

Lorsque les preuves sont contraires aux témoignages, elles font bien que le fait paroît étonnant, mais elles ne font pas qu'il soit vrai.

CONTRE.

S'il en faut croire les témoins plus que les preuves, il suffit que le juge ne soit pas sourd.

Les preuves sont un antidote contre le poison des témoignages.

Il est plus sûr de s'en fier aux preuves, attendu qu'elles mentent plus rarement (1).

Or, ces exemples du *pour* et *contre* que nous venons de proposer, ne sont

---

(1) Attendu que les avocats qui donnent ces preuves, ne mentent jamais.

peut-être pas d'un si grand prix ; cependant comme nous les avions tout préparés et tout rassemblés de longue main, nous n'avons pas voulu que le fruit du travail de notre jeunesse fût perdu ; mais en quoi l'on peut voir que c'est l'ouvrage d'un jeune homme, c'est que, de ces exemples, il en est beaucoup plus dans le *genre moral* et dans le *genre démonstratif*, que dans les genres *délibératif* et *judiciel*.

La troisième collection qui appartient à l'art de s'*approvisionner*, et qui est aussi à suppléer, c'est celle à laquelle nous croyons devoir donner le nom de *petites formules*. Elles sont comme les vestibules, les derrières, les anti-chambres, les cabinets, les dégagemens du discours ; genre d'accessoires qui s'adaptent indistinctement à toutes sortes de sujets. Tels sont les *préambules*, les *conclusions*, les *digressions*, les *transitions*, les *promesses*, les *échappatoires*, et autres choses de cette espèce : car de même que dans les édifices, ce qui contribue tout-à-la-fois à l'agrément et à l'utilité, c'est la commode distribution des *frontispices*, des *escaliers*, des *portes*, des *fenêtres*, des *entrées*, des *communications* et autres parties semblables ; de même aussi, dans le discours, ces accessoires et ces intermédiaires, lorsqu'ils sont figurés et placés avec autant d'élégance que de jugement, donnent plus de grace et d'aisance à toute la structure du discours. Il suffira de donner un exemple ou deux de ces formules, et notre dessein n'est pas de nous y arrêter plus long-temps ; car, quoique ces choses là soient d'un assez grand usage, néanmoins comme nous n'ajoutons rien ici du nôtre, nous contentant d'extraire quelques formules toutes nues de *Démosthènes*, de *Cicéron*, ou de quelques autres orateurs choisis, elles ne semblent pas mériter que nous nous y arrêtions.

EXEMPLES DE PETITES FORMULES.

Conclusion dans le genre délibératif.

C'est ainsi que, par rapport au passé,

vous pourrez aisément réparer vos fautes; et par rapport à l'avenir, prévenir les inconvéniens.

Corollaire d'une division exacte.

C'est afin que tous soient bien convaincus que notre dessein n'est pas de décliner aucune objection par d'adroites réticences, ni de les affoiblir en les exposant.

Transition avec avertissement.

Mais laissons de côté ces choses là, de manière pourtant qu'en les laissant derrière nous, nous tournions fréquemment nos regards de ce côté là, et ne les perdions pas de vue.

Manière de faire revenir les auditeurs d'une forte prévention.

Je me conduirai de manière que, dans toute la cause, vous verrez nettement ce qui appartient à la chose même, ce que l'erreur a pu y supposer, et ce que l'envie y a ajouté pour enfler les choses.

Ce peu d'exemples doit suffire, et c'est par là que nous terminerons ces *appendices de la rhétorique*, qui se rapportent à *l'art de s'approvisionner*.

CHAPITRE IV.

Deux appendices généraux de la traditive; savoir : la critique, et l'art d'instruire la jeunesse.

Restent deux appendices de la *traditive*, prise en général, dont l'un est la *critique*; et l'autre, *l'art d'instruire la jeunesse*. En effet, comme la partie la plus essentielle de la *traditive* est la *composition des livres*, la partie correspondante est la *lecture* de ces mêmes *livres*. Or, dans cette *lecture*, ou l'on est dirigé par des maîtres, ou on ne l'est que par ses propres lumières, et tel est l'objet de ces *deux doctrines* dont nous venons de parler.

A la *critique* appartient le soin de revoir *les auteurs approuvés, de les faire, pour ainsi dire, passer sous la lime, et d'en donner des éditions bien correctes;* genre de travail qui a le double avantage de contribuer à la gloire des auteurs, et d'éclairer la marche des gens d'étude : mais ce qui, en ce genre, n'a pas éte peu préjudiciable, c'est la téméraire sollicitude de certains hommes de lettres. Car il est des critiques qui, lorsqu'ils rencontrent des passages qu'ils n'entendent point, se hâtent de supposer une faute dans l'exemplaire. C'est ce qu'ils ont fait par rapport à certain passage de Tacite. Au rapport de cet historien, certaine colonie réclamant auprès du sénat son droit d'asyle, le sénat et l'empereur ne goûtoient point du tout leurs raisons; mais les envoyés qui se défioient de leur cause, s'étant avisés de donner à *Titus Vinius* une grosse somme d'argent, pour l'engager à les appuyer; *alors, dit* Tacite, *la dignité et l'antiquité de la colonie devint une fort bonne raison,* comme si cet argent eût donné du poids à leurs argumens, qui auparavant paroissoient trop légers. Mais ce critique, qui n'est pas des moins intelligens, a effacé ce mot *tùm* (*alors*), et y a substitué le mot *tantùm* (*tant*); et l'effet de cette mauvaise habitude a été (comme quelqu'un l'a judicieusement observé) *que trop souvent ce sont précisément les exemplaires qu'on a corrigés avec le plus de soin, qui sont les moins corrects*. Osons dire plus, si les critiques ne sont eux-mêmes versés dans les sciences traitées dans les livres dont ils donnent des éditions, leur prétendue exactitude n'est pas sans danger.

2°. A la *critique* appartiennent l'*interprétation et l'explication des auteurs*, les *commentaires*, les *remarques*, les *notes*, les *spicilèges*. Dans cette partie de la littérature, il est des écrivains atteints d'une certaine espèce de maladie propre aux *critiques*, laquelle consiste à franchir un grand nombre de passages des plus obscurs, pour s'arrêter et se donner carrière sur des endroits assez clairs d'eux-mêmes, et cela au point d'en devenir fastidieux ; et alors il ne s'agit pas tant de bien éclaircir l'auteur même, que de mettre ce prétendu critique à même de faire parade à tout propos de ses lectures variées et de sa vaste érudition. Il seroit sur-tout à souhaiter (observation pourtant qui appartient plutôt à la *traditive*, proprement dite, qu'à ses *appendices*) que l'écrivain qui traite des sujets un peu obscurs, et d'une certaine importance, prît lui-même la peine de joindre à son ouvrage ses propres explications, afin que le texte ne fût pas ainsi coupé par des digressions ou des commentaires, et que les notes ne s'écartassent point de l'esprit de l'écrivain (1). Car

---

(1) Il vaudroit mieux se contenter de traduire un auteur, et le laisser parler seul, que de lui couper trop souvent la parole ; mais lorsqu'un ouvrage est, comme celui-ci, composé d'une infinité de parties, qui peuvent se détacher, et de plus très sommaires, il est souvent utile d'interrompre l'original, pour définir les expressions peu usitées qu'il emploie ; pour développer les sujets difficiles

c'est une faute où nous soupçonnons qu'on est tombé à l'égard du *Théon d'Euclide.*

3°. C'est encore à la *critique* (et c'est même de là qu'elle tire son nom) qu'il appartient d'*insérer, dans ces ouvrages qu'on publie, quelques jugemens, en peu de mots, sur les auteurs mêmes,* et de les comparer avec les autres écrivains qui traitent le même sujet. Par une censure de cette espèce, les gens d'étude sont dirigés dans le choix des livres, et mieux préparés en commençant leur lecture. Mais ce dernier point est, pour ainsi dire, le fort des critiques, fort que de notre temps ont fait disparoître certains écrivains distingués, et à notre sentiment, fort au-dessus de ce métier de *critique* dont ils daignent se mêler.

---

qu'il traite d'une manière trop succincte; pour relever les méprises, sur-tout celles qui sont moins faciles à appercevoir; pour appuyer d'un raisonnement fort et précis les opinions vraies et utiles qu'il infirme d'un ton dogmatique, et sans alléguer aucune raison, etc.

Quant à ce qui regarde l'art d'*instruire la jeunesse*, le plus court seroit de dire : *voyez les écoles des Jésuites* ; car parmi les établissemens de ce genre, nous ne voyons rien de mieux. Quant à nous cependant, nous ne laisserons pas d'ajouter ici quelques avertissemens, suivant notre coutume, et comme en glanant. D'abord nous goûtons tout-à-fait *cette éducation en grand qu'on donne à l'enfance et à la jeunesse dans les collèges, et non celle qu'elles reçoivent dans la maison paternelle, ou sous des maîtres particuliers*. On trouve de plus, dans les collèges, cette émulation qu'excite dans les jeunes-gens la concurrence de leurs égaux ; on y trouve de plus le visage, les regards des hommes graves, qui les accoutument à la décence, et qui forment de bonne heure ces ames tendres sur de bons modèles. En un mot, *l'éducation publique* a une infinité d'avantages. Quant à *l'ordre* et au *mode*, aux détails de la *discipline*, je conseillerai de se garder de ces méthodes qui *abré-*

gent excessivement, et d'une *certaine précocité de doctrine*, dont tout l'effet est d'inspirer de la présomption aux élèves, et qui tend plus à les faire briller qu'à leur faire faire de véritables progrès. Il faut aussi favoriser quelque peu la liberté des esprits ; et si quelque élève, tout en remplissant la tâche que lui impose la règle, dérobe quelque temps pour des études qui soient plus de son goût, il ne faut pas s'y opposer ; mais ce qui doit sur-tout fixer l'attention (et c'est une observation qui n'a peut-être pas encore été faite), c'est qu'il est deux manières d'*accoutumer*, d'*exercer* et de *préparer les esprits*, manières dont chacune est, pour ainsi dire, le pendant de l'autre. L'une *commence par les choses les plus faciles, et conduit peu à peu aux choses plus difficiles; l'autre commande d'abord la tâche la plus rude, et presse de la remplir*, afin qu'ensuite on ne trouve plus que du plaisir dans les choses les plus faciles. Car autre chose est la méthode d'apprendre à nager avec des outres qui aident à flotter; autre chose d'apprendre à danser avec des souliers de plomb, qui appésantissent; et il n'est pas aisé de faire sentir combien une judicieuse *combinaison de ces deux méthodes* contribue à perfectionner les facultés, tant de l'ame que du corps; de même le *soin d'appliquer et d'approprier les études* à la nature des divers esprits qu'on a à instruire, est un point d'une éminente utilité, et qui exige le plus grand discernement : or, ces dispositions naturelles des esprits, après les avoir bien examinées et bien reconnues, c'est une connoissance que les maîtres doivent aux parens des élèves, afin de les diriger dans le choix du genre de vie auquel ils destinent leurs enfans : mais ce qu'il faut observer avec un peu plus d'attention, c'est que l'effet d'une bonne méthode n'est pas seulement d'accélérer les progrès des élèves dans les genres auxquels ils se portent naturellement; mais que de plus, par rapport à ces autres genres auxquels ils sont le plus inhabiles, on trouve, dans des études bien choisies et bien appropriées à ce but, un remède, une sorte de traitement pour cette espèce de maladie. Par exemple, l'esprit d'un élève est-il de nature *à s'emporter aisément* comme les oiseaux, et n'a-t-il point assez de *tenue*, on trouve un remède à cette disposition dans les *mathématiques*, science telle que, pour peu que l'esprit s'écarte, il faut recommencer toute la démonstration. Les *exercices* jouent aussi un grand rôle dans l'*institution* : mais ce que peu de personnes ont observé, c'est que *ces exercices*, non-seulement il faut les régler avec prudence, mais de plus les interrompre à propos; car Cicéron a fort bien observé que *dans les exercices on n'exerce pas moins ses défauts que ses talens*. Ensorte que quelquefois l'on contracte par ce moyen une mauvaise habitude, qui s'insinue avec la bonne. Ainsi il est plus sûr d'*interrompre de temps en temps les exercices,* et de les reprendre quelque temps après, que de les continuer avec trop d'assiduité, et de s'y attacher avec trop d'opiniâtreté. Mais en voilà assez sur ce sujet. Ces détails, sans doute, au premier aspect, n'ont rien de fort grand et de fort imposant; mais en récompense, tous ces petits moyens ont leur utilité, et sont du plus grand effet. Car de même que dans les plantes, ce qui contribue le plus à les faire prospérer ou languir, ce sont les secours qu'elles reçoivent, ou les chocs qu'elles essuient, lorsqu'elles sont encore tendres; de même encore que certains politiques attribuent cet accroissement immense de l'empire romain, à la vertu et à la prudence de ces six rois, qui, durant son enfance, lui servirent comme de tuteurs et de nourriciers; de même aussi, sans contredit, la culture et l'institution des premieres années et de l'âge tendre, a la plus puissante influence; influence qui, bien que secrette, et de nature à n'être pas visible pour tous les yeux, ne laisse pas d'être telle que, par la suite, ni la longue durée, ni le travail le plus assidu, ni les efforts les plus soutenus, ne peuvent, en aucune manière, la balancer dans l'âge mûr. Il ne sera pas non plus inutile d'observer que des talens même médiocres, s'ils tombent en partage à de grandes ames, et sont appliqués à de grandes choses, ne laissent pas de produire de temps à autres des effets aussi puissans qu'extraordinaires. C'est ce dont nous citerons un exemple mémorable ; exemple que nous alléguons d'autant plus volontiers, que les jésuites paroissent ne pas dédaigner ce genre d'exercice, et c'est à notre avis une preuve de leur grand sens. C'est un genre de talent qui, lorsqu'on en fait un métier, est réputé infâme ; mais qui, lorsqu'on en fait une partie de l'éducation, est de la plus grande utilité : je veux parler de *l'action théâtrale* ; car elle fortifie la mémoire, elle règle et adoucit le ton et la force de la voix et de la prononciation, donne de la grace au geste et à l'air du visage, inspire une noble assurance, et accoutume les jeunes gens à soutenir les regards d'une nombreuse assemblée. Or, cet exemple, nous le tirerons de Tacite : il s'agit d'un certain *Vibulenus*, autrefois comédien, et qui servoit alors dans les légions de Pannonie. Cet homme, peu après la mort d'Auguste, avoit excité une sédition ; et Blésus, qui commandoit dans le camp, avoit fait emprisonner quelques-uns des séditieux. Les soldats ayant attaqué la garde, rompirent les portes de la prison, et délivrèrent leurs compagnons. Vibulenus, à cette occasion, haranguant les soldats, leur parla ainsi : « *Vous venez de rendre l'air et la lumière à ces compagnons, aussi innocens qu'infortunés ; mais qui rendra le jour à mon frère, qui me le rendra à moi, ce frère, député vers vous par l'armée de Germanie, pour conférer avec vous sur nos intérêts communs, et que la nuit dernière il a fait égorger par ses gladiateurs qu'il nourrit et qu'il arme pour la perte des soldats. Réponds, Blésus, où as-tu jeté le cadavre ? Un ennemi même ne refuse pas la sépulture. Lorsqu'à force de baisers et de larmes, j'aurai soulagé ma douleur, fais-moi aussi égorger, moi, pourvu qu'après cette mort, qui ne sera point le châtiment d'un crime, mais le prix des services que nous aurons rendus aux légions, ces compagnons nous ensevelissent aussi :* discours par lequel il excita une telle indignation et une telle sédition, que si l'on ne se fût assuré peu après que rien de ce qu'il avoit avancé n'étoit vrai, et qu'il n'avoit jamais eu de frère, peu s'en seroit fallu que les soldats ne portassent la main sur le commandant. Or, tout ce qu'il disoit là, il le débitoit comme s'il eût joué un rôle sur la scène.

Nous voici donc arrivés à la fin de notre traité sur les *doctrines rationelles*. Que si, dans cette énumération, nous nous sommes de temps à autres écartés des divisions reçues, qu'on ne s'imagine point que nous improuvions *ces divisions* dont nous n'avons fait aucun usage. Car deux motifs nous imposoient la nécessité de les transposer : l'un est que ces deux desseins réunis, de ranger dans une même classe les choses les plus analogues entr'elles par leur nature, et de jeter dans un seul tas toutes celles dont on se propose de faire usage pour le moment; que ces deux desseins, dis-je, sont tout-à-fait différens, par rapport à *l'intention et à la fin* : par exemple, tel secrétaire d'un roi ou d'une république ne manque pas de distribuer ses papiers dans son cabinet, de manière que tous les papiers de même nature se trouvent ensemble : ici, les traités; là, les ordres reçus; ailleurs, les lettres de l'étranger; à une autre place, les lettres du pays, et ainsi de suite; mais toujours chaque espèce de papier à part. Au contraire, il jettera dans quelque carton particulier, et mettra tous ensemble ceux qui, selon toute apparence, doivent lui être nécessaires pour le moment. C'est ainsi que dans cette espèce de dépôt général des sciences, les divisions doivent être appropriées à la *nature* des choses mêmes ; au lieu que si nous eussions eu à traiter de quelque science particulière, nous eussions suivi des partitions mieux appropriées à l'*usage* et à la *pratique*. L'autre motif qui nécessite ce changement de divisions, c'est que le dessein d'ajouter aux sciences les *choses à suppléer*, et de les réunir avec les autres en un seul corps, entraîne avec soi comme conséquence, celui de transposer les divisions des sciences mêmes : car, pour nous faire mieux entendre, supposons que les arts dont nous sommes en possession, soient au nombre de quinze, et qu'en y ajoutant ceux qui nous manquent, leur nombre soit de vingt. Cela posé, je dis que les parties du nombre quinze ne sont pas les mêmes que celles du nombre vingt ; car les parties du nombre quinze sont trois et cinq ; celles du nombre vingt sont deux, quatre, cinq et dix. Ainsi, il est clair que nous ne pouvions, à cet égard, nous conduire autrement. Voilà ce que nous avions à dire sur les sciences logiques.

LIVRE VII.

CHAPITRE PREMIER.

Division de la morale en doctrine du modèle, et géorgique de l'ame. Division du modèle, c'est-à-dire du bien en bien absolu et bien comparé. Division du bien absolu en bien individuel et bien de communauté.

Nous voici arrivés, roi plein de bonté, à la *morale* qui envisage la *volonté humaine*, et qui en fait son objet. Or, la *volonté* est *conduite* par la *droite raison*, et *séduite* par le *bien apparent*. Les aiguillons de la volonté sont les affections, et ses ministres sont les organes et les mouvemens volontaires. C'est d'elle que Salomon a dit : *avant tout, ô mon fils! garde ton cœur; car c'est de là que procèdent toutes les actions de la vie.* Lorsqu'il s'estagi d'écrire sur cette science, ceux qui l'ont traitée, nous paroissent avoir suivi une méthode fort semblable à celle d'un homme qui, ayant promis d'enseigner l'*art d'écrire*, se contenteroit de présenter de beaux exemples, tant des lettres simples que des lettres combinées, et qui ne diroit rien de la manière de conduire la plume et de former les caractères. C'est ainsi que ces moralistes nous ont proposé des modèles fort beaux et fort magnifiques sans contredit, et donné des descriptions fort exactes, de fidelles images du *bien*, de la *vertu*, des *devoirs*, de la *félicité*, comme étant les vrais objets et les véritables buts de la volonté et des affections humaines. Mais ces buts, excellens à la vérité, et très bien déterminés par eux, comment peut-on y adresser juste ; je veux dire d'après quelles règles peut-on travailler les ames, et leur donner les dispositions nécessaires pour y atteindre? Voilà ce qu'ils ne disent pas ; ou s'ils en parlent, ce n'est qu'en passant, et avec bien peu d'utilité. Discourons tant que nous voudrons sur ce sujet, et disons que les vertus morales sont, dans l'ame humaine, un produit de l'habitude, et non de la nature : faisons une pompeuse distinction entre les ames généreuses et l'ignoble vulgaire, en observant que les premières sont déterminées par le poids des raisons ; tandis que le dernier l'est par l'espoir de la récompense ou par la crainte du châtiment ; ajoutez à cela cet ingénieux précepte : il en est de l'ame humaine comme d'un bâton, et pour la redresser, il faut la plier en sens contraire de celui où elle est déja fléchie. Enfin, à ces observations et à ces comparaisons ajoutez-en mille autres semblables, vous aurez beau faire, il s'en faudra de beaucoup que tous ces accessoires suffisent pour rendre excusable l'omission dont nous nous plaignons ici.

Or, la vraie cause de cette négligence ne me paroît autre que cet écueil où ont donné tant de barques scientifiques, et sur lequel elles ont fait naufrage ; je veux dire que les écrivains dédaignent d'abaisser leur esprit à ces sujets populaires et rebattus, où ils ne trouvent point assez de subtilité pour en faire le sujet de leurs disputes, ou assez d'éclat pour se prêter à l'ornement. Il est difficile, à l'aide du seul discours, de faire suffisamment sentir le préjudice qu'a porté aux sciences cela même que nous disons : que les hommes, en vertu d'un orgueil inné, et séduits par la vaine gloire, dans le choix des matières qu'ils traitent, et des manières de les traiter, préfèrent les sujets et les formes qui peuvent faire briller leur esprit, au lieu d'envisager l'utilité des lecteurs. C'est avec raison que Sénèque a dit que l'*éloquence nuit à ceux qu'elle rend amoureux, non des choses, mais d'eux-mêmes.* En effet, les écrits doivent être de nature à rendre plutôt les lecteurs amoureux de la doctrine que des docteurs. Ainsi, ceux-là seuls tiennent la droite route, qui peuvent dire hautement de leurs conseils ce que Démosthènes disoit des siens, et les terminer par une telle conclusion. *Ces conseils, ô Athéniens! si vous les suivez, non-seulement vous ferez pour le présent l'éloge de l'orateur par cette déférence; mais de plus vous aurez dans quelque temps sujet de vous louer vous-mêmes, pour avoir, en les suivant, amélioré l'état de vos affaires.* Quant à moi, excellent prince (pour parler de moi-même, comme l'occasion m'y invite), je puis dire que dans ce que je publie actuellement, et dans ce que je me propose de publier par la suite, j'abjure la dignité de mon esprit et de mon nom (si toutefois je jouis de quelque réputation), et que je la sacrifie, de dessein prémédité, à l'utilité du genre humain. Car moi, qui devrois, selon toute apparence, faire les fonctions d'architecte dans les sciences et la philosophie, je m'abaisse jusqu'au rôle de manœuvre et de porte-faix, à tout ce qu'on veut. Et une infinité de choses telles qu'il faut absolument qu'elles se fassent, voyant que d'autres les dédaignent par cet orgueil qui fait le fonds de leur caractère, je m'en charge et je les exécute. Mais pour revenir à notre sujet, et suivre ce que nous avons commencé à dire, je dis donc que les philosophes se sont choisis, dans *la morale*, une certaine masse de matière pompeuse, éclatante, et qui leur paroissoit la plus propre pour faire ressortir la pénétration de leur esprit et la vigueur de leur éloquence. Mais tout ce qui pouvoit enrichir la pratique, comme ils n'auroient pu le brillanter aussi aisément, ils l'ont en grande partie supprimé.

Cependant, ces écrivains si superbes n'auroient pas dû désespérer d'obtenir ce succès que le poëte Virgile avoit osé se promettre, et qu'il a en effet obtenu : poëte qui n'a pas fait avec moins de gloire briller son éloquence, son génie et son érudition, en entrant dans les détails de l'agriculture, qu'en chantant les exploits héroïques d'Énée.

Je sais, dit-il, *combien il est grand et difficile de surmonter la sécheresse d'un tel sujet, et de donner de l'éclat à ces minces détails.*

Certes, si les hommes avoient eu à cœur, non de composer des ouvrages oiseux pour des lecteurs oisifs, mais d'enrichir réellement la vie active et de la pourvoir de moyens, ils n'auroient pas une moins haute idée de cette *géorgique* de l'ame, que de cette héroïque effigie de la vertu, du bien et de la félicité, dont ils se sont si laborieusement occupés.

Ainsi nous diviserons la *morale* en deux doctrines principales : l'une, qui traite du *modèle* ou de l'*image* du bien; l'autre, du *régime* et de *la culture* de l'*ame;* partie que nous désignons aussi par le nom de *géorgique* de l'ame. La première analyse la nature du bien : la dernière prescrit les règles à suivre pour rendre l'ame capable d'atteindre à ce but.

La doctrine du *modèle*, c'est-à-dire, celle qui *envisage* la *nature* du *bien* et qui en fait l'analyse, le considère, ou comme *absolu*, ou comme *comparable;* je veux dire qu'elle considère ou ses *divers genres*, ou ses *différens degrés*.

Quant à cette dernière partie, qui a donné lieu à ces disputes sans fin et à ces éternelles spéculations sur le *suprême degré du bien*, qu'ils qualifioient de *félicité*, de *béatitude*, de *souverain bien*, et qui tenoient lieu de *théologie* aux païens, le christianisme les a enfin terminées et nous en a débarrassés. Car de même qu'Aristote dit qu'à la vérité les jeunes-gens peuvent être heureux, mais seulement par l'*espérance*; de même aussi, éclairés par la foi, et devant tous nous considérer comme autant d'adolescens et de *mineurs*, nous ne devons aspirer qu'à ce seul genre de félicité qui consiste dans l'*espérance*.

Nous voilà donc, sous d'heureux auspices, débarrassés de cette *doctrine* qui étoit comme le ciel des païens; en quoi certainement ils attribuoient à la nature humaine une élévation à laquelle elle ne peut atteindre. Car voyez sur quel ton tout-à-fait tragique, Sénèque nous dit: *quoi de plus grand, que de voir un être aussi fragile que l'homme, atteindre à la sécurité d'un Dieu!* Quant à ces autres écrits qu'ils nous ont laissés sur la doctrine du *modèle;* écrits où l'on trouve plus de vérité et de modestie, nous ne risquons rien de les adopter en grande partie. En effet, quant à ce qui regarde *la nature* du *bien simple* et *positif*, ils en ont fait les plus belles descriptions, et en ont, pour ainsi dire, donné des portraits pleins de vie, comme dans d'excellens tableaux; mettant sous nos yeux dans le plus grand détail *les diverses formes des vertus et des devoirs*, leurs *attitudes,* leurs *genres*, leurs *affinités,* leurs *parties,* leurs *sujets,* leurs *départemens,* leurs *actions*, leurs *dispensations*. Et ce n'est pas tout: ces connoissances si détaillées, ils se sont efforcés d'en faire sentir le prix et d'en inspirer le goût par des raisonnemens aussi vifs que profonds, et par la douceur de leur éloquence. De plus, autant qu'on le peut faire par de simples discours, toutes ces vérités, ils les ont, pour ainsi dire, fortifiées contre les attaques et les insultes des opinions erronées et populaires. Quant à la nature du bien *comparé*, ils n'ont rien épargné non plus pour bien traiter ce sujet, en constituant ces trois ordres de devoirs dont on a tant parlé, en *faisant un parallèle de la vie contemplative et de la vie active ; en distinguant la vertu accompagnée de résistance et de combat, de la vertu déjà affermie et dans un état de sécurité; en traitant des cas où l'utile et l'honnête sont en conflit; en balançant l'une avec l'autre les différentes vertus, pour déterminer celle qui l'emporte sur les autres*, et par d'autres semblables distinctions. Ensorte que cette partie qui traite du *modèle*, nous paroît avoir été fort bien cultivée, et que les anciens, en traitant ce sujet, ont fait preuve de talens admirables; de manière pourtant que le christianisme a laissé bien loin derrière lui les philosophes, vu que la diligence et l'activité des théologiens s'est singulièrement occupée d'*examiner* et de *déterminer* les *devoirs*, les *vertus morales* et *les limites des différentes sortes de péchés*.

Néanmoins, pour revenir aux *philosophes*, si, avant de s'attacher aux notions populaires et reçues, ils eussent fait une courte pause, pour chercher les racines mêmes du bien et du mal, et analyser fibre à fibre ces racines, ils eussent, à mon avis, répandu le plus grand jour sur ce qui eût pu ensuite être l'objet de leurs recherches. Si, avant tout, ils n'eussent pas moins consulté la *nature même des choses*, que les *principes de la morale*, ils eussent donné à leurs doctrines plus de précision et de profondeur. Or, comme c'est un point qu'ils ont tout-à-fait omis, ou traité fort confusément, nous le remanierons en peu de mots, tâchant de découvrir et de nettoyer les sources mêmes *des vérités morales*, avant de passer à la doctrine de la *culture de l'ame*, que nous regardons comme *étant à suppléer*. Et le fruit de ces observations que nous allons faire, devra être, si nous ne nous trompons, de donner de nouvelles forces à la *doctrine du modèle*.

Il est dans chaque chose un appétit naturel, inné, en vertu duquel elle tend à *deux espèces de bien;* l'un par lequel *elle est en elle-même un tout;* l'autre, *par lequel elle fait partie de quelqu'autre tout plus grand.* Or, ce dernier est plus noble et plus puissant, vu qu'il tend à la conservation de *la forme la plus vaste.* Appellons le premier, *bien individuel* ou *personnel;* et le dernier, *bien de communauté.* Le fer, en vertu d'une sympathie particulière, se porte vers l'aimant; mais pour peu qu'il ait plus de poids, il abandonne ces amours-là, et, en bon citoyen, en bon patriote, il se porte vers la *terre,* qui est la région de ses *congénéres.* Disons quelque chose de plus. Les corps denses et graves se portent vers la terre, qui est *la grande assemblée des corps denses;* mais, plutôt que de souffrir que la nature éprouve une *solution de continuité,* et pour user de l'expression commune, *par horreur pour le vuide,* les corps de cette espèce se porteront vers la région supérieure, et ils abandonneront leur devoir envers la terre, pour rendre au monde entier ce qui lui est dû (1). Ainsi c'est une loi presque perpétuelle, que la conservation de la *forme la plus commune* maîtrise les tendances moins générales. Mais où cette *prérogative du bien de communauté* déploie le plus sensiblement son caractère, c'est dans l'*homme*, pour peu qu'il n'ait point dégénéré; et c'est ce que l'on voit dans cette parole mémorable du grand Pompée. Dans un temps où Rome étoit affamée, on l'avoit préposé au soin de faire venir des vivres. Comme ses amis le conjuroient instamment de ne point s'exposer en mer durant une tempête affreuse, ce grand homme répondit: *il est néces-*

---

(1) Un pareil style sans doute ne vaudroit rien en physique; mais il faut observer qu'ici il s'agit de comparer les tendances morales aux tendances physiques, et que ces expressions figurées le mènent à son but; mais nous verrons qu'il emploie le même style dans la physique du *novum organum*, et alors nous releverons ce défaut.

saire que j'aille, et non que je vive. Ensorte que, dans cette ame élevée, l'amour de la vie, qui est ce qu'il y a de plus fort dans l'individu, le cédoit à l'amour et à la fidélité envers la république. Mais à quoi bon nous arrêter à de pareils traits ? Dans toute l'étendue des siècles, on ne trouve point de philosophie ou de secte, point de religion, point de loi ou de discipline qui ait, autant que notre sainte religion, exalté le *bien commun* et ravalé le *bien individuel.* Par où nous voyons clairement que c'est un seul et même Dieu qui établit dans la nature ces loix auxquelles toute créature est soumise, et qui donna aux hommes la loi chrétienne. Aussi lisons-nous que quelques-uns des élus et des saints personnages souhaitoient se voir plutôt rayés eux-mêmes du livre de vie, que d'apprendre que leurs frères n'eussent pu parvenir au salut ; élevés à ce généreux désir par une sorte d'extase de charité et de soif immodérée pour *le bien universel.*

Ce principe une fois posé et tenu pour inébranlable, termine les plus importantes controverses dans la philosophie morale. Car, 1°. il décide cette question; savoir : *si la vie contemplative doit être préférée à la vie active*; et cela contre le sentiment d'Aristote : car toutes les raisons qu'il allègue en faveur de la vie contemplative, ne militent que pour le *bien privé*, et ne regardent que le plaisir ou la dignité de l'*individu*; en quoi certainement la vie contemplative remporte la palme : en effet, c'est une comparaison assez juste que celle dont usoit Pythagore, pour donner de l'éclat et du relief à la *contemplation* et à la *philosophie*. Hiéron lui demandant qui il étoit, il fit cette réponse : *pour peu que vous ayez assisté aux jeux olympiques, vous n'ignorez pas qu'il y vient une infinité de personnes dans différentes vues; les uns, pour éprouver la fortune dans les combats; les autres, à titre de négocians, pour débiter leurs marchandises; d'autres seulement pour voir leurs amis qui arrivent de toutes parts, et pour passer le temps avec eux dans la joie et les festins; d'autres enfin, pour être simplement spectateurs du tout; je suis un de ceux qui se contentent de ce rôle de spectateur.* Voilà ce qu'il disoit : mais les hommes doivent savoir qu'il n'appartient qu'à Dieu même ou aux anges d'être *simples spectateurs;* et il ne se peut que dans l'église on ait jamais mis cela en question, quoiqu'il s'y soit trouvé beaucoup de gens qui avoient continuellement à la bouche ce mot : *qu'aux yeux de Dieu, la mort de ses saints est précieuse :* passage dont ils se prévaloient pour donner une haute idée de cette mort civile des religieux et des institutions de la vie monastique et régulière; si ce n'est peut-être qu'on doit observer que cette vie monastique n'étoit pas *purement contemplative*, mais toute occupée des fonctions ecclésiastiques, telles que la prière perpétuelle, le soin d'offrir à Dieu en sacrifice les vœux des fidèles; la composition des livres de théologie, dans le grand loisir dont ils jouissoient et en vue de propager la doctrine de la loi divine, à l'exemple de Moyse, qui passa tant de jours en retraite sur la montagne. De plus, Hénoch, le septième personnage depuis Adam, lequel paroît avoir été le premier qui ait mené une vie contemplative (car il est dit de lui qu'il marchoit avec Dieu), n'a pas laissé de faire présent à l'église de ce livre de prophéties, qui est cité par *St. Jude* (1). Quant à une vie purement contemplative, qui n'ait d'autre but qu'elle-même, et qui ne jette aucun rayon de chaleur ou de lumière sur la société, celle-là certainement la théologie ne daigne pas l'avouer.

Notre principe décide aussi cette question si contentieusement agitée entre les écoles de l'antiquité, qui formoient comme deux grands partis : d'un côté, étoient l'école *de Zénon* et celle de *Socrate*, qui plaçoient la félicité dans la vertu, ou

---

(1) Ce livre est regardé comme apocryphe.

seule, ou pourvue de ses accessoires. De l'autre, étoient un grand nombre d'écoles ou de sectes; d'abord, celles des *cyrénaïques* et des *épicuriens*, qui plaçoient le souverain bien dans la volupté, et qui (à l'imitation de ce qu'on voit dans certaines comédies où la maîtresse change d'habit avec la servante), ne faisoient de la vertu qu'une sorte de domestique, sans laquelle, disoient-ils, la volupté ne pouvoit être bien servie (1). Puis cette autre *école d'Épicure*, qui

---

(1) Il semble que le véritable but de l'homme soit le bonheur, dont le plaisir des sens, de l'imagination, de la raison et du cœur, est la matière première. Si ce principe est vrai, la vertu ne seroit pas la *fin*, mais seulement le *premier moyen*. Mais comme il seroit commode d'être entouré d'hommes qui plaçassent leur félicité dans la vertu, et qui voulussent bien, en procurant le bonheur aux autres, s'en passer quant à eux, les honnêtes gens et les fripons se sont entendus pour prêcher ou approuver la doctrine opposée; parfaitement d'accord en cela, parce qu'en cela leur intérêt est le même.

se donnoit pour *réformée*, et qui prétendoit que la félicité n'étoit autre chose que la tranquillité et la sérénité d'une ame dégagée de tous soins et exempte de toute espèce de troubles ; comme s'ils eussent voulu détrôner *Jupiter* et ramener *Saturne* avec le siècle d'or ; ce temps, dis-je, où il n'y avoit ni été, ni hiver, ni printemps, ni automne ; mais où une seule température uniforme et toujours la même régnoit durant toute l'année. Enfin, cette école d'*Heryllus* et de *Pyrrhon*, dont les opinions furent aussi-tôt rejetées, et qui prétendoient que la félicité consistoit à débarrasser son ame de toute espèce de scrupules, n'établissant aucune nature fixe et constante *de bien et de mal ;* mais tenant les actions pour bonnes ou pour mauvaises, selon qu'elles procédoient d'un mouvement de l'ame pure et libre, ou au contraire, d'un mouvement accompagné d'aversion et de résistance : opinion qui n'a pas laissé de revivre dans l'*hérésie des anabaptistes*, qui mesuroient tout d'après l'instinct et les mouvemens de l'esprit, la constance ou la vacillation de la foi.

Enfin, notre principe réfute aussi la philosophie d'*Épictète*, qui s'appuie sur cette supposition : qu'il faut placer son bonheur dans ces choses qui ne dépendent pas des hommes, afin de n'être point exposé aux caprices de la fortune ; comme si, avec des intentions et des fins généreuses qui embrassent l'utilité commune, on n'étoit pas cent fois plus heureux, même en voyant son attente trompée et en échouant dans ses desseins, qu'en réussissant perpétuellement dans tout ce qui ne tend qu'à notre agrandissement particulier, et en voyant de tels desseins toujours couronnés par le succès. Et c'est dans cet esprit que *Gonsalve de Cordoue*, montrant du doigt à ses soldats la ville de Naples, éleva sa voix généreuse et leur dit : *oui, il seroit beaucoup plus à souhaiter pour moi de marcher en avançant un seul pied, à une mort certaine, que de prolonger ma vie pour un grand nombre d'années, en re-*

culant d'un seul pas. Un autre personnage qui chantoit, pour ainsi dire, à l'unisson, c'est ce général, cet empereur vraiment céleste, qui a prononcé *qu'une bonne conscience est un festin perpétuel;* paroles par lesquelles il fait entendre clairement qu'une ame qui a le sentiment de ses bonnes intentions, ne laisse pas, lors même que l'on échoue dans ses desseins, de faire goûter une joie plus vraie, plus pure et plus conforme à sa nature, que tout cet appareil dont tel homme peut s'environner, pour satisfaire tous ses désirs ou assurer son repos.

Notre *principe* relève également cet abus de la philosophie qui commença à s'introduire vers le temps d'*Épictète;* je veux dire que la philosophie étoit regardée comme une sorte de *métier*, et, pour ainsi dire, réduite en *art.* Comme si le véritable but de la philosophie n'étoit pas de réprimer et d'amortir les passions, mais d'éviter avec soin jusqu'aux plus petites causes ou occasions qui peuvent les exciter, et qu'il fallût pour cela embrasser un certain genre de vie particulier : ils vouloient sans doute procurer à l'ame un genre de santé tout semblable à celui qu'*Hérodicus* s'étoit procuré par rapport au corps : cet Hérodicus dont Aristote a parlé, et dont il dit qu'il ne fit, durant toute sa vie, autre chose qu'avoir soin de sa santé; s'abstenant d'une infinité de choses, et se privant ainsi presque entièrement de l'usage de son corps. Au lieu que, si les hommes avoient à cœur de remplir leurs devoirs envers la société, le genre de santé qui leur paroîtroit le plus à désirer, seroit celui qui les mettroit en état de supporter toutes sortes de changemens et de soutenir toutes espèces de chocs. C'est ainsi que la seule ame qui doive être réputée saine et vigoureuse, est celle qui peut se faire jour à travers toute espèce de tentations et de violentes émotions. Ensorte que c'étoit avec beaucoup de sagesse que Diogènes avoit coutume de dire qu'il estimoit cette force de l'ame qui servoit, non à *s'abstenir* timidement, mais à *ré-*

sister avec courage : force dont l'effet est d'arrêter sa course sur le bord des précipices, et à laquelle elle doit cette qualité si estimée dans un cheval bien dressé, de pouvoir faire un arrêt et changer de main dans le moindre espace possible.

Enfin, notre principe relève cette excessive susceptibilité, cette inaptitude à se plier aux usages, observée dans quelques-uns des plus anciens philosophes, sur-tout dans ceux qui jouissoient de la plus grande vénération; philosophes qui se déroboient trop aisément aux affaires, afin de se garantir des indignités et des troubles de toute espèce, et de vivre, pour ainsi dire, intacts et comme inviolables, du moins à ce qu'ils croyoient. Au lieu que la constance d'un homme vraiment *moral*, devroit être semblable à celle que ce même Consalve dont nous parlions, exigeoit dans un guerrier. *Je veux*, disoit-il, *que l'honneur d'un soldat soit comme une toile forte et capable de résistance ; non comme une toile mince qu'un rien peut égratigner ou déchirer.*

CHAPITRE II.

Division du bien individuel ou personnel, en bien actif et bien passif. Division du bien passif en bien conservatif et bien perfectif. Division du bien de communauté en offices généraux et offices respectifs.

Revenons donc au *bien individuel* ou *personnel*, et suivons ses divisions. Nous le diviserons en *bien actif* et *bien passif*. En effet, cette différence de *bien* fort analogue, cette distinction que faisoient les Romains dans leurs affaires domestiques (je veux parler de ce qu'ils appelloient *promus et condus* (le *maître d'hôtel* et l'*intendant*); cette différence, dis-je, se trouve empreinte dans toute la nature des choses ; mais où elle se manifeste le plus sensiblement, c'est dans ce double appétit des choses créées; l'un, en vertu duquel elles tendent à se *con-*

server et à se *garantir*; l'autre, par lequel elles tendent à se *propager* et à se *multiplier*. Or, ce dernier, qui est l'*actif*, et qui répond au *promus*, paroît le plus noble et le plus puissant; et le premier, qui est le *passif*, et qui répond au *condus*, doit être regardé comme *inférieur*. En effet, dans l'immensité des choses, c'est la nature *céleste* qui est l'*agent*, et la nature *terrestre* qui est le *patient*. Nous voyons aussi que dans les voluptés des animaux, le plaisir de la génération est plus vif que celui de la nutrition. De plus, les oracles divins prononcent qu'il est *plus doux de donner que de recevoir*. Ajoutez que dans la vie ordinaire il n'est point d'homme d'un caractère si mou et si efféminé, qui ne soit infiniment plus charmé d'achever une entreprise qu'il avoit à cœur, et de la conduire à sa fin, que de goûter quelque plaisir sensuel, ou quelque volupté que ce puisse être. Or, on aura une bien plus haute idée de la prééminence du *bien actif*, pour peu qu'envisageant la condition humaine, l'on considère qu'elle est mortelle et exposée aux coups de la fortune. Car, si les voluptés humaines étoient susceptibles de certitude et de perpétuité, nul doute que cet avantage n'y ajoutât beaucoup de prix, à cause de la durée et de la sécurité des jouissances qui en seroit l'effet. Mais il n'en est rien ; et comme ce qui en est, paroît revenir à ceci, *nous croyons que mourir plus tard, c'est gagner beaucoup. Ne te vante pas par rapport au lendemain; car tu ne sais pas ce qu'enfantera la journée.* Il n'est nullement étonnant que nous nous portions de toutes nos forces vers ces objets qui n'ont rien à craindre des ravages du temps. Or, quelles choses peuvent avoir cet avantage, sinon nos propres œuvres, comme il est dit : *leurs œuvres leur survivent.* Il est une autre prééminence du bien *actif*, qui n'est pas de petite considération, prééminence qui est produite et appuyée par cette affection inhérente à la nature humaine, et qui en est comme la compagne inséparable : je veux dire, l'amour de la *nouveauté* et de la *variété*. Cet amour, dans les voluptés sensuelles (lesquelles font la plus grande partie du bien *passif*), n'a pas une fort grande latitude, et se trouve renfermé dans des limites fort étroites. *Considère combien il y a de temps que tu fais et refais les mêmes choses; repas, sommeil, jeu, voilà le cercle où tu roules : vouloir mourir, il n'est pas besoin de courage, de grands malheurs, ni de sagesse, pour avoir cette volonté; c'est assez du dégoût.* Mais dans les actions de notre vie, dans nos projets, dans nos prétentions, règne une étonnante variété ; et cette variété, l'on y trouve un plaisir infini, tandis qu'on va ébauchant son ouvrage, le continuant, se reposant de temps à autres, reculant, pour ainsi dire, pour mieux prendre son élan, approchant du terme; enfin, touchant au but, et autres choses semblables. Ensorte qu'on a grande raison de dire que la *vie d'un homme sans but, est livré à la langueur et à l'incertitude;*

et c'est ce qui s'applique tout-à-la-fois aux sages et aux fous, comme le dit Salomon : *l'écervelé tâche de se donner des désirs, et se mêle de tout.* De plus, nous voyons que les monarques les plus puissans, qui n'avoient besoin que d'un signe pour appeller tout ce qui flatte les sens, avoient soin pourtant de se ménager de temps en temps certaines petites jouissances frivoles, et au-dessous d'eux. C'étoit ainsi que *Néron* se plaisoit à jouer de la *guittare*; *Commode*, à faire le *gladiateur*; *Antonin*, à *conduire* un *char*; et que d'autres avoient d'autres goûts semblables : jouissances pourtant qu'ils préféroient à toute l'affluence des voluptés sensuelles qui étoient à leurs ordres, tant il est vrai que l'action procure des plaisirs plus vifs qu'une jouissance purement passive.

Au reste, ce qu'il faut observer avec un peu plus d'attention, c'est que le bien *actif individuel* diffère totalement du *bien de communauté*; car, quoique ce *bien actif individuel* enfante quelquefois des œuvres de bienfaisance, lesquelles tiennent des *vertus de communauté;* néanmoins il y a entre l'un et l'autre cette différence, que, si les hommes attachent tant de prix aux œuvres qui sont le produit du premier, ce n'est pas en tant qu'elles peuvent aider les autres, et les rendre plus heureux; mais seulement en vue d'eux-mêmes, et en tant qu'elles peuvent servir à leur propre aggrandissement et à augmenter leur propre puissance. C'est ce qu'on voit clairement, lorsque ce *bien actif* vient donner dans quelque dessein contraire au *bien de communauté;* et cette disposition gigantesque de l'ame qui entraîne ces grands perturbateurs du globe, tels que *Sylla* et une infinité d'autres (quoique dans de moindres proportions), dont le vœu perpétuel est que tous les hommes soient heureux ou malheureux, selon qu'ils leur sont amis ou ennemis, et que le monde entier porte leur image, ce qui est une sorte de *théomachie;* cette disposition, dis-je, les fait tous aspirer au *bien actif individuel,* du moins *apparent,* quoique dans la vérité ils s'éloignent fort du *bien de communauté.*

Mais nous diviserons le *bien passif* en *bien conservatif* et *bien perfectif.* En effet, il est dans chaque être, par rapport au *bien individuel* ou *personnel,* un triple appétit, appétit inné. Par le premier, il tend à se *conserver;* par le second, à se *perfectionner;* par le troisième, à se *multiplier* et à se *propager.* Or, ce dernier appétit se rapporte au *bien actif* dont nous venons de parler. Restent donc les deux autres espèces de *biens* que nous avons ainsi qualifiés. Le *bien perfectif* doit être regardé comme le premier, vu que laisser une chose dans l'état où elle est, c'est moins faire que de l'élever à une nature plus sublime; car il est, dans l'immensité des choses, certaines natures plus nobles, à la dignité et à la hauteur desquelles aspirent les natures inférieures comme à leurs sources et à leurs origines; et c'est ainsi que certain poëte, parlant des hommes, a rendu cette pensée :

Ils ont une activité toute de feu, qui retrace leur céleste origine.

Car la véritable assomption de l'homme, ce qui le fait approcher de la nature divine ou angélique, c'est la perfection de sa forme. Or, la fausse et mensongère imitation de *ce bien actif* est le vrai fléau de la vie humaine. C'est un tourbillon rapide qui entraîne et renverse tout. Je veux parler de ces hommes qui, au lieu d'une exaltation formelle et essentielle, prenant l'essor d'une aveugle ambition, n'aspirent plus qu'à une élévation purement locale. Et, de même que les malades, lorsqu'ils ne trouvent point de remède à leur mal, changent continuellement d'attitude et s'agitent sans cesse, se tournant et se retournant d'un côté sur l'autre ; comme s'ils pouvoient, en changeant de lieu, se fuir eux-mêmes et échapper au mal intérieur ; c'est ainsi que les ambitieux, attirés par je ne sais quel fantôme d'exaltation de leur nature, ne parviennent qu'à une élévation purement locale, à une certaine hauteur physique.

Or, le *bien conservatif* n'est autre chose que *l'acquisition et la jouissance des choses conformes à notre nature;* et quoique ce bien-là soit *simple* et *naturel*, il paroît que, de tous les biens, c'est le plus flasque et le moins noble. De plus, ce *bien-là* même est susceptible d'une certaine différence sur laquelle tantôt le jugement humain a vacillé, tantôt on a omis toute recherche. Car toute la dignité et tout le prix de la jouissance, ou de ce qu'on nomme *l'agréable*, consiste ou dans la *pureté* de cette jouissance, ou dans son *intensité;* deux choses dont l'une est l'effet de l'uniformité; et l'autre, celui de la variété, de la vicissitude. L'une est moins mélangée de *mal;* l'autre a une teinte plus forte et plus vive *de bien.* Mais laquelle est préférable? c'est ce qu'on n'a point décidé. Enfin, la nature humaine peut-elle retenir l'un et l'autre à la fois? c'est ce qu'on n'a pas même pris la peine de chercher.

Or, quant à ce point, qui n'est *pas décidé*, c'est une question qu'ont commencé à discuter *Socrate* et certain sophiste; Socrate soutenant que la félicité consiste *dans la paix de l'ame et dans une inaltérable tranquillité;* et le sophiste prétendant que *la félicité consiste à désirer beaucoup et à jouir d'autant.* Puis des argumens ils passèrent aux injures; le sophiste disant que *la félicité de Socrate ressembloit à celle d'une souche ou d'une pierre;* et Socrate répliquant *que la félicité du sophiste étoit celle d'un galeux éprouvant de perpétuelles démangeaisons et prenant plaisir à se gratter sans cesse.* Cependant l'un et l'autre sentiment ne manquent pas de raisons qui les appuient. Un sentiment qui s'accorde avec celui de *Socrate,* c'est celui de l'*école même d'Épicure,* qui regardoit la vertu comme contribuant beaucoup au bonheur. Que, s'il en est ainsi, il est trop certain que la vertu est d'un plus grand usage pour appaiser les passions, que pour obtenir les choses désirées. Et ce qui appuie le sentiment du *sophiste,* c'est cette assertion dont nous parlions il n'y a qu'un moment ; savoir : que le *bien perfectif* a la prééminence sur le *bien conservatif ;* parce que l'accomplissement de nos désirs semble perfectionner peu-à-peu notre nature. Et quoiqu'il n'ait rien moins qu'un tel effet, néanmoins ce mouvement en cercle a quelque apparence de *mouvement progressif.*

Quant à la *seconde question ;* savoir : *si la nature humaine ne peut pas retenir à la fois la tranquillité d'ame et l'intensité de la jouissance :* une fois bien décidée, elle rendroit la première oiseuse et superflue. Car ne voit-on pas assez souvent des hommes constitués et organisés de manière à goûter même vivement les plaisirs lorsqu'ils s'offrent à eux, et à en supporter la perte assez patiemment ? Ensorte que cette gradation philosophique : *garde-toi de jouir, de peur de désirer : garde-toi de désirer, de peur de craindre,* a je ne sais quoi de timide et de pusillanime. Certes, la plupart des *doctrines* des philosophes nous paroissent trop timides, et prendre, en faveur des hommes, plus de précautions que la nature ne le veut: par exemple, lorsque, voulant remédier à la crainte de la mort, ils ne font que l'augmenter. Comme ils ne font de la vie humaine qu'une sorte de préparation à sa fin, d'apprentissage de la mort, il est force qu'un ennemi contre lequel on fait tant de préparatifs, paroisse bien terrible et bien redoutable. J'aime mieux ce poëte païen qui *appelle la fin de la vie, la derniere des fonctions de la nature.* C'est ainsi qu'en toutes choses les philosophes se sont efforcés de rendre l'ame humaine trop uniforme et trop harmonique, en ne faisant rien pour l'accoutumer aux mouvemens contraires et aux extrêmes (1). Et la cause de cette mé-

---

(1) La plupart des systêmes philosophiques, soit anciens soit modernes, portent sur un faux principe ; savoir : que l'homme n'a, en chaque genre, qu'une seule espèce de besoins, et qu'il y peut pourvoir par une seule espèce de moyens. Le fait est qu'en chaque genre il a deux espèces op-

prise nous paroît être qu'ils s'étoient consacrés à une vie privée, à une vie exempte de toute espèce d'affaires et d'assujettissement. Que n'imitoient-ils la prudence du lapidaire, qui, lorsqu'il trouve dans un diamant quelque petit nuage, quelque petite bulle qu'il peut enlever sans trop diminuer le volume de la pierre, a soin de l'ôter, et qui, dans le cas opposé, prend le parti de n'y pas toucher? C'est ainsi qu'il faut pourvoir à la sécurité des ames, de manière cependant à ne point détruire la magnanimité. Mais en voilà assez sur le bien *individuel*.

---

posées de besoins ; par exemple : il a besoin de chaud et de froid, de sécheresse et d'humidité, d'action et de repos, de tranquillité et d'agitation, de douceur et de fermeté, d'imagination et de raison, de calcul et de sentiment, etc. et il peut, en chaque genre, pécher par excès ou par défaut. Ainsi en chaque genre il doit employer deux espèces opposées de moyens, et les faire succéder alternativement. Tel étoit le principal texte de la *balance naturelle*. Ce livre tendoit à prouver que chacune des sectes opposées a tort, et que toutes ensemble ont raison.

Ainsi, après avoir parlé du *bien personnel* (que nous qualifions aussi ordinairement de *bien particulier*, *privé*, *individuel*), revenons au *bien de communauté*, qui envisage la société. On le désigne ordinairement par le nom de *devoir*. Car ce nom de devoir se rapporte plus proprement à l'état d'une ame bien disposée à l'égard des autres; et ce nom de *vertu*, à une ame bien constituée, bien disposée par rapport à elle-même. Mais il semble, au premier coup d'œil, que cette partie doive être assignée à la *science civile*. Cependant, pour peu qu'on y fasse d'attention, l'on verra qu'il en doit être tout autrement. Car elle traite de l'empire et du commandement que chacun peut exercer sur lui-même, non de celui qu'il peut exercer sur les autres. Et de même que, dans l'architecture, autre chose est de figurer les piliers, les poutres et les autres parties de l'édifice, et de les préparer pour bâtir ensuite; autre chose, de les ajuster les unes aux autres et de les assembler. De même encore que, dans la méchanique, fabriquer un instrument, ou construire une machine, n'est point du tout la même chose que la mettre sur pied, la mouvoir et la mettre en œuvre : c'est ainsi que la *doctrine* qui a pour objet la *réunion même des hommes en cité ou en société,* diffère de celle qui les figure, les façonne, et en fait des instrumens commodes pour cette *société*.

Cette partie des *offices* se divise aussi en deux portions, dont l'une traite des *devoirs communs à tous les hommes ;* l'autre, des *devoirs particuliers* et respectifs; eu égard à la profession, à la vocation, à l'état, à la personne, au rang. Nous avons déja dit que cette *première partie* étoit suffisamment cultivée, et que les anciens, ainsi que des écrivains modernes, l'avoient développée avec le plus grand soin. Quant à l'autre, nous trouvons qu'à la vérité on l'a traitée par parties, mais qu'on ne l'a pas digérée et réunie en un seul corps complet. Et ce que nous trouvons ici à reprendre, ce n'est pas qu'on l'ait ainsi morcelée ; nous pensons au contraire que ce sujet-là, il vaudroit beaucoup mieux le traiter *par parties*. Car où est l'homme qui ait assez de pénétration et de confiance en ses propres lumières, pour vouloir et pouvoir discuter et déterminer, avec autant de justesse que de sagacité, les devoirs particuliers et respectifs de chaque ordre et de chaque condition ? Or, les traités qui ne sentent pas l'expérience, et qui ne sont tirés que d'une connoissance générale et purement scholastique sur un tel sujet, manquent de suc et deviennent inutiles. Et quoiqu'assez souvent celui qui regarde le jeu, voie bien des choses qui échappent aux joueurs mêmes, et qu'on rebatte certain proverbe tant soit peu plus impertinent que solide, au sujet de cette censure qu'exerce le vulgaire sur les actions des princes ; savoir : *que celui qui est dans la vallée, découvre fort bien ce qui se passe sur la montagne;* néanmoins ce qui seroit le plus à souhaiter, ce seroit qu'il n'y eût que des gens très versés et très consommés qui se mêlassent de pareils sujets. Car toutes ces laborieuses productions des écrivains spéculatifs sur les matières de pratique, ne sont guère plus estimées des praticiens, que les dissertations de *Phormion* sur la guerre, ne le furent d'*Annibal*, qui les regardoit comme autant de rêves et de produits du délire. Il n'est qu'un seul défaut inhérent à ceux qui traitent des sujets qui ont trait à leur emploi ou à leur art, c'est qu'ils ne tarissent point sur les éloges qu'ils font de leurs occupations ; ce sont pour eux comme autant de *petites Spartes* auxquelles ils s'efforcent sans cesse de donner du relief.

Mais, en parlant des livres de ce genre, ce seroit une sorte de sacrilège que de ne point se rappeller cet excellent ouvrage, fruit des veilles de Votre Majesté, sur les *devoirs d'un roi*. Cet écrit renferme en lui-même une infinité de trésors, soit visibles, soit cachés, de la *théologie*, de la *morale* et de la *politi-*

que, avec une forte teinte des autres arts. C'est, à mon sentiment, de tous les écrits que j'ai pu lire, un des plus sains et des plus solides. En aucun endroit il ne se sent trop de l'effervescence de l'invention, ni de cette espèce de sommeil ou d'engourdissement où jette une froide exactitude. On n'y voit point l'auteur, saisi d'une sorte de vertige, perdre de vue le plan qu'il s'étoit fait et s'en écarter. Il n'est point coupé par ces digressions, à l'aide desquelles un écrivain, par une sorte d'écarts tortueux, s'efforce de faire entrer dans son plan ce qui ne s'y encadre pas; il n'est point non plus brillanté par des ornemens recherchés, et tels que ceux dont fait usage un écrivain plus jaloux de donner du plaisir au lecteur, que de s'attacher à l'esprit de son sujet. Or, avant tout, je puis dire que cet ouvrage a autant d'ame que de corps, vu qu'il est tout-à-la-fois conforme à la vérité, et très bien approprié à la pratique. Il y a plus : il est tout-à-fait exempt de ce défaut dont nous parlions il n'y a qu'un moment ; défaut qui seroit, plus que dans tout autre, supportable dans un roi et dans un écrit sur la majesté royale; je veux dire qu'il n'exalte point excessivement, et d'une manière qui puisse éveiller l'envie, l'autorité et la prérogative royale. Car, ce roi que Votre Majesté a si bien peint, ce n'est point un *roi d'Assyrie* ou un *roi de Perse*, tout éclatant d'un luxe et d'un faste étranger à sa personne ; mais c'est véritablement un *Moyse*, un *David*, un de ces rois pasteurs de leurs peuples ; et ce que je n'oublierai jamais, c'est cette parole vraiment royale que prononça Votre Majesté dans un procès très grave, qu'il s'agissoit de terminer : Votre Majesté, inspirée par cet esprit sacré dont elle est douée pour le gouvernement des peuples, parla ainsi : *les rois doivent gouverner les peuples conformément aux loix de leurs états, comme Dieu gouverne les créatures conformément aux loix de la nature ; et ils doivent user aussi rarement de cette prérogative qui les met au-*

dessus des loix, que Dieu use de ce pouvoir qu'il a d'opérer des miracles. Néanmoins par cet autre livre que Votre Majesté a composé sur la *monarchie libre*, il n'est personne qui ne voie clairement que Votre Majesté ne connoît pas moins bien toute la plénitude de la puissance royale, et, pour employer une expression familière aux scholastiques, *les ultimités des droits régaliens*, que les limites et les bornes de l'office et des fonctions d'un roi. Je n'ai donc pas balancé à citer ce livre sorti de la plume de Votre Majesté, à titre d'exemple du premier ordre et des plus éclatans des traités sur les *devoirs particuliers et respectifs ;* et ce livre, ce que j'en ai déjà dit, certes, je l'eusse dit également, s'il eût été l'ouvrage d'un roi qui eût vécu il y a mille ans ; et je n'ai point été arrêté par les loix de ce décorum, qui défend ordinairement de louer en face ; car c'est après tout ce qui est quelquefois permis, pourvu toutefois que ces éloges n'excèdent point la mesure, et ne viennent point mal-à-propos, et aient trait au sujet. Certes, Cicéron, dans ce magnifique plaidoyer pour Marcellus, ne fait autre chose que tracer un tableau peint avec un talent admirable, dont le sujet est l'éloge de *César;* harangue qu'il ne laissa pas de prononcer devant lui : et c'est ainsi que Pline second en usa également à l'égard de Trajan. Revenons donc à notre sujet.

De plus, une matière qui se rapporte certainement à cette partie *des devoirs respectifs de chaque vocation et de chaque profession,* c'est cette autre *doctrine* qui est opposée à la première, et qui en est comme le pendant; je veux dire celle qui a pour objet leurs *fraudes,* leurs *rubriques,* leurs *impostures,* leurs *vices* en un mot; car les dépravations et les vices sont opposés aux devoirs et aux vertus. Ce n'est pas que ce sujet dont nous parlons, on l'ait omis dans une infinité d'écrits et de traités; mais si l'on en parle, ce n'est qu'en passant, et en faisant de petites excursions, pour faire des remarques de cette espèce ; mais de quelle manière le fait-on ? c'est sur le ton de la satyre, sur un ton cynique, à l'exemple de Lucien. L'on prendra plutôt plaisir à lancer quelque trait malin même contre ce qu'il peut y avoir de plus sain et de plus solide dans les arts, et à le tourner en ridicule, qu'on ne prendra de peine à en séparer ce qui s'y trouve de corrompu et de vicieux, d'avec ce qui s'y trouve de pur et de salutaire ; mais comme Salomon l'a si bien dit : *la science se cache au railleur qui la cherche; mais elle va au devant de l'homme studieux :* en effet, quiconque ne s'approche de la science que pour la tourner en ridicule et la mépriser, y trouvera sans peine des sujets de plaisanterie ; mais il n'y trouvera presque rien qui le rende *plus savant*. Mais un traité grave et judicieux sur ce sujet dont nous parlons, un traité qui respirât une certaine intégrité, une certaine franchise, seroit une des plus fortes et des plus sûres défenses pour la vertu et la probité. Car, comme la fable, parlant du *basilic*, nous dit que, si le premier il regarde l'homme, il le tue ; et qu'au contraire si c'est l'homme qui le premier regarde le basilic, cet animal périt : il en est de même des ruses, des rubriques, et de tous les moyens condamnables ; si on les découvre avant coup, ils perdent la faculté de nuire ; mais au contraire s'ils agissent avant qu'on les ait apperçus, c'est alors seulement qu'ils sont dangereux.

Ainsi nous avons bien des graces à rendre à *Machiavel* et aux écrivains de cette espèce, qui disent ouvertement, et sans détour, ce que les hommes font ordinairement, et non ce qu'ils devroient faire ; car il ne se peut qu'on réunisse en soi, suivant le langage de l'écriture, *la prudence du serpent et l'innocence de la colombe*, si l'on ne connoît à fond la nature du mal même, sans quoi la vertu n'aura plus de défense et de sauve-garde suffisante. Je dirai plus : un homme bon et honnête ne pourra jamais corriger et amender les malhonnêtes gens, les méchans, s'il n'a pénétré dans tous les recoins et dans toutes les profondeurs de la méchanceté. En effet, ceux dont le jugement est corrompu et dépravé, partent de cette supposition, de ce préjugé, que cette honnêteté qu'ils dédaignent, procède d'une certaine ignorance, d'une certaine simplicité de caractère; de ce que les gens honnêtes ajoutent foi trop aisément aux harangueurs, aux pédagogues, ainsi qu'aux livres et aux préceptes de morale, à toutes ces maximes qu'on vante et qu'on rebat dans les entretiens ordinaires. Ensorte que s'ils ne voient clairement que leurs opinions dépravées et leurs principes pervers sont aussi bien connus de ceux qui les exhortent et les reprennent, que d'eux-mêmes, ils dédaigneront toute probité dans les mœurs, et toute honnêteté dans les conseils; conformément à cet oracle admirable de Salomon : *L'insensé ne reçoit point les paroles de la prudence, si vous ne commencez par révéler ce qu'il recèle au fond de son cœur* (1). Or, cette partie qui a pour objet les *ruses et les vices respectifs,* nous la classons parmi les *choses à suppléer,* et nous la désignons sous le nom de *satyre sérieuse,* ou de *traité sur l'intérieur des choses.* A cette doctrine sur les *devoirs respectifs,* appartiennent aussi les *devoirs mutuels* entre le mari et la femme, les parens et les enfans, le maître et le domestique; il en faut dire autant des loix de l'amitié et de la reconnoissance, ainsi

---

(1) Cette méthode n'est pas toujours la plus sûre : les fripons n'aiment point qu'on lise ainsi au fond de leur cœur, et c'est presque toujours une imprudence que de leur laisser voir qu'on y a lu; car les voleurs tâchent de briser toutes les lanternes. Le plus sûr moyen pour donner aux hommes sinon la réalité, du moins l'apparence des vertus qu'ils n'ont pas, c'est de leur supposer publiquement ces vertus qui leur manquent. Ces éloges publics, ils n'oseront les refuser, de peur d'en paroître indignes; et en les acceptant, ils s'engageront à les mériter.

que des obligations civiles qui lient les uns aux autres les membres des confraternités et des sociétés de toute espèce, et même des devoirs qu'impose le voisinage; et d'autres semblables. Mais, pour bien entendre ce que nous disons ici, il ne faut pas croire qu'on traite en ce lieu de ces choses-là, en tant qu'elles se rapportent à la *science civile* (considération qui n'appartient qu'à la *politique*); mais en tant que l'ame de chaque individu doit être formée et disposée d'avance pour garantir ces liens de la société.

Mais la *doctrine* qui a pour objet le *bien de communauté*, ainsi que celle qui traite du *bien individuel*, ne se contentent pas de considérer leur objet *absolument*; elles le considèrent aussi *comparativement*, et c'est à quoi se rapporte le soin de discuter les devoirs d'homme à homme, de cas à cas, de chose privée à chose publique, du temps présent à l'avenir. C'est ce qu'on peut voir par l'exemple de ce châtiment sévère et atroce que Junius Brutus infligea à ses enfans, action que les uns élèvent jusqu'aux cieux, mais qui a fait dire à je ne sais quel poëte :

L'infortuné, quelque idée que nos descendans puissent se faire d'une telle destinée.

C'est ce qu'on peut voir aussi par ce qui fut dit à ce souper auquel furent invités Brutus, Cassius, et quelques autres. Car, à ce repas, comme quelqu'un, pour sonder les esprits au sujet de la conspiration formée contre César, eût adroitement proposé cette question : *Est-il permis de tuer un tyran ?* Les sentimens des convives se partagèrent; les uns disant que cela étoit permis, vu que la servitude étoit le plus grand de tous les maux; d'autres étoient pour la négative, prenant pour principe que *la tyrannie étoit moins funeste que la guerre civile.* Une troisième classe, dont l'opinion sentoit un peu l'école d'Épicure, prétendoit qu'il étoit au dessous des sages de s'exposer pour des fous. Au reste, il est une infinité de questions relatives aux *devoirs comparatifs*, entre autres, celle - ci, qui survient fréquemment : *faut-il s'écarter de la justice pour sauver sa patrie, ou en vue de quelque bien notable qui en peut résulter dans l'avenir?* Jason, thessalien, disoit ordinairement à ce sujet : *il faut commettre quelques injustices, pour pouvoir ensuite observer plus souvent la justice.* Mais cette réplique se présente aussi-tôt : *Quant à la justice présente, il ne tient qu'à vous de l'observer; mais vous n'avez point de garant de la justice future.* Que les hommes suivent, dans le présent, le parti le meilleur et le plus juste, abandonnant l'événement à la divine providence (1). Voilà donc ce que nous avions à dire sur le *modèle*, ou sur le *bien*.

---

(1) S'il faut observer les loix de la justice dans tous les cas sans exception, alors on a une règle fixe : mais s'il est des cas où l'on ait droit de la violer, il n'y a plus de règle; car, quels sont ces cas, qu'elle sera la règle pour en juger, et quel sera le juge?

CHAPITRE III.

Division de la doctrine de la culture de l'ame en doctrine des différences caractéristiques des ames, doctrine des affections et doctrine des remèdes ou des cures. Appendice de cette même doctrine, lequel a pour objet l'analogie du bien de l'ame avec le bien du corps.

Actuellement donc ayant parlé du *fruit de vie* (et ce mot, nous le prenons dans le *sens philosophique*), reste à traiter de cette *culture* qu'on doit à l'*ame*, partie sans laquelle la première n'est plus qu'une sorte d'image, de statue destituée de mouvement et de vie ; sentiment qu'Aristote appuie élégamment de son suffrage, lorsqu'il dit : *il faut donc parler de la vertu, dire ce qu'elle est et de quoi elle se compose. En effet, il seroit inutile de la con-*

noître, si d'ailleurs on ignoroit par quelles voies, par quels moyens on peut l'acquérir. Car ce n'est pas assez de connoître, pour ainsi dire, le signalement de la vertu, il faut savoir de plus comment on peut l'approcher, attendu qu'ici nous avons un double but : d'abord celui de connoître la chose même; puis celui de nous en mettre en possession. Et c'est à quoi nous ne réussirons pas, si nous ne savons et de quoi et comment elle se compose. Or, cette vérité, qu'il inculque en termes si formels et en y revenant à plusieurs fois, lui-même ensuite il la perd de vue. Ce que nous disons ici, nous rappelle ce mot de Cicéron au sujet de Caton d'Utique; mot qu'il regardoit comme un éloge peu commun, disoit-il, ce personnage a embrassé la philosophie, *non pour disputer comme tant d'autres, mais pour vivre conformément à ses préceptes.* Et, quoique, vu la mollesse de ce temps où nous vivons, il y ait peu de gens qui soient jaloux de cultiver leur ame, de la former, et de régler leur vie entière sur quelque principe fixe; conduite qui, dans un autre temps, a fait dire à Sénèque: *chacun délibère assez sur les parties de la vie ; mais personne n'envisage la somme :* et qui pourroit porter à penser que cette partie est superflue; néanmoins cette négligence des autres ne nous engagera point du tout à la laisser intacte, et nous conclurons plutôt par cet aphorisme d'Hippocrate: *lorsqu'un homme, atteint d'une maladie grave, ne sent point de douleurs, sachez que chez lui l'ame même est malade.* Ces gens dont nous parlons auroient besoin de remèdes, non-seulement pour guérir leur maladie, mais même pour éveiller en eux le sentiment. Que si l'on nous objectoit que la *cure* des ames est l'office de la *théologie sacrée,* c'est ce dont nous n'avons garde de disconvenir. Cependant qui empêche la *théologie* de recevoir à son service la *philosophie morale,* à titre de prudente domestique, de suivante fidelle, et toujours prête à lui obéir au moindre signe?

En effet, le pseaume dit que *l'œil de la servante regarde continuellement aux mains de la maîtresse;* quoiqu'il soit hors de doute qu'il est une infinité de choses qu'on abandonne à la prudence et aux soins de la servante. C'est ainsi que la *morale* doit obéir à la *théologie,* et être docile à ses préceptes; de manière pourtant que, sans sortir de ses propres limites, elle peut renfermer en elle-même bien des documens sains et utiles.

Or, cette partie, quand son importance étant bien présente à notre esprit, nous voyons qu'on n'a pas encore pris la peine de la rédiger en un corps de doctrine, cette négligence excite en nous le plus grand étonnement. Ainsi, comme nous la classons parmi les *choses à suppléer,* nous allons, suivant notre coutume, en donner quelque légère esquisse.

Avant tout, en ceci comme en tout ce qui regarde la pratique, il est bon de nous faire une idée juste et précise de nos moyens, et de bien distinguer ce qui est en notre pouvoir de ce qui ne dépend pas de nous; car, dans l'un, on peut faire des *changemens;* mais dans l'autre, on ne peut que faire des *applications.* Le cultivateur ne peut rien sur la nature du sol, ni sur la température de l'air. Il en est de même du médecin; il ne peut rien sur le tempérament ou la constitution du malade, ni sur les divers accidens. Or, s'il s'agit de la *culture de l'ame* et de la *cure* de *ses maladies,* trois considérations se présentent à l'esprit; savoir : les différences *caractéristiques des dispositions,* les *affections* et les *remèdes.* De même que, dans le traitement des maladies du corps, on envisage trois points; savoir : la *complexion* ou la *constitution* du *malade,* la *maladie* et le *traitement.* De ces trois choses, la dernière seulement est en notre puissance, les deux autres ne dépendent pas de nous. Mais ces causes-là même qui ne dépendent pas de nous, ne doivent pas moins être le sujet de nos recherches, que ces autres causes qui sont en notre puissance; car c'est la connoissance exacte et profonde des unes et des autres qui doit servir de base à la *doctrine des remèdes*. Elle sert à les appliquer avec plus de facilité et de succès. Un habit ne peut se bien mouler sur le corps, si l'on ne commence par prendre la mesure de celui à qui il est destiné.

Ainsi la première partie de la *doctrine de la culture* de *l'ame*, aura pour objet les *différences caractéristiques des naturels* ou *des dispositions*. Cependant nous ne parlons pas ici de ces propensions si communes aux vertus et aux vices, ou même aux émotions et aux affections; mais de penchans plus intimes et plus radicaux: or, au sujet de cette partie, ce qui est encore bien fait pour exciter notre étonnement, c'est que les *écrivains*, tant *moralistes* que *politiques*, l'aient si souvent traitée négligemment, ou tout-à-fait *omise*. Cependant rien n'est plus capable de répandre un grand jour sur ces deux sciences. Dans les *traditions astrologiques*, on a distingué avec assez de justesse les naturels et les dispositions des hommes, considérées comme effets de la prédominance des planètes ; en observant que les uns sont naturellement faits pour la *contemplation;* les autres, pour les *affaires;* d'autres, pour la *guerre;* ceux-ci, pour briguer les *emplois;* ceux-là, pour *l'amour;* d'autres encore, pour les *arts;* d'autres enfin, pour un genre de *vie très variée.* De même chez les *poëtes* (héroïques, satyriques, tragiques, comiques) l'on rencontre çà et là des simulacres de caractères, mais le plus souvent exagérés et excédant de beaucoup la réalité. Disons plus: ce sujet-là même des *divers caractères* des ames, est un de ceux sur lesquels les entretiens ordinaires (ce qui est fort rare et arrive pourtant quelquefois) sont plus savans que les livres mêmes. Mais les meilleurs matériaux d'un pareil traité doivent être tirés des plus *sages historiens;* et je ne dis pas seulement de ces panégyriques qu'on est dans l'usage de prononcer au décès de tel ou tel personnage illustre, mais bien plutôt du corps même de l'histoire, dans tous les cas où un personnage de cette sorte monte sur la scène. Car ces portraits ainsi entrelacés avec les faits, nous paroissent être des descriptions préférables à celles qu'on peut tirer d'un éloge ou d'une critique formelle. C'est ainsi qu'on trouve dans *Tite-Live*, les portraits de *Scipion l'africain* et de *Caton l'ancien;* dans *Tacite,* ceux de *Tibère,* de *Claude* et de *Néron;* dans *Hérodien,* celui de *Septime Sévère;* dans *Philippe de Comines,* celui de *Louis XI,* roi de France; dans *François Guichardin,* ceux de *Ferdinand, roi d'Espagne,* de l'*empereur Maximilien* et des *papes Léon et Clément.* Ces écrivains ayant, pour ainsi dire, les yeux perpétuellement fixés sur l'effigie des personnages qu'ils se proposent de peindre, ne font presque jamais mention de leurs actions publiques, sans y mêler quelque trait sur leur naturel. On trouve aussi, dans certaines *relations des conclaves,* qui nous sont tombées dans les mains, des traits qui peignent assez bien les caractères des cardinaux. Il en faut dire autant des observations qu'on trouve dans les lettres des ambassadeurs, sur les conseillers des princes. Ainsi, de tous ces matériaux dont nous venons de parler, matériaux féconds sans contredit et très abondans, faites un traité bien plein et bien soigné. Or, nous ne voulons pas que ces *caractères* qui doivent faire partie de la *morale*, soient des portraits achevés, comme ceux que l'on trouve dans les historiens ou les poëtes, ou dans les entretiens ordinaires ; mais qu'on donne seulement les lignes de ces portraits, leurs contours les plus simples; lignes qui, mêlées et combinées ensemble, constituent la totalité de chaque effigie : qu'on nous dise d'abord quelles sont ces lignes, en déterminant aussi leur nombre, puis comment elles sont liées et subordonnées les unes aux autres ; afin qu'on puisse faire une savante et exacte *anatomie des naturels* et *des ames;* que ce qu'il y a de plus secret et de plus caché dans les dispositions des hommes, soit mis dans le plus grand jour, et que de cette connoissance l'on puisse tirer de meilleurs préceptes pour *la cure des ames*.

Or, ce ne sont pas seulement ces *caractères* que la nature a empreints, qui doivent trouver place dans un traité de cette espèce; mais de plus ceux qu'ont tracés dans l'ame différentes causes, telles que le *sexe*, *l'âge*, la *patrie*, la *société*, la *forme*, et autres semblables; et de plus ceux qu'y a gravés la *fortune;* par exemple, celle des *princes*, des *nobles* et des *roturiers*, des *riches* et des *pauvres*, des *magistrats* et des *hommes privés*, des *gens heureux* ou *malheureux*, et autres semblables. Car nous voyons que Plaute regarde comme un prodige un vieillard capable de bienfaisance : ce *vieillard*, dit-il, *a toute la bienfaisance d'un jeune homme*. Saint *Paul* recommande de soumettre les Crétois à une discipline sévère. *Réprimandez-les durement*, dit-il, accusant le génie de cette nation, d'après ces paroles du poëte : *Crétois, menteurs perpétuels, méchantes bêtes, ventres paresseux.* Salluste observe aussi, par rapport au naturel des rois, *que chez eux rien n'est plus ordinaire que de souhaiter les contradictoires. Le plus souvent*, dit-il, *les volontés des rois ne sont pas moins variables que violentes, et souvent elles sont contraires à elles-mêmes.* Tacite observe aussi que l'effet des honneurs et des dignités est plus souvent de détériorer les caractères, que de les améliorer. *Vespasien*, dit-il, *fut le seul qui changea en mieux.* Pindare fait aussi cette remarque, qu'une fortune trop favorable et une prospérité soudaine énerve la plupart des ames et les dissout (1). *Il est*, dit-il, *des hommes qui ne peuvent digérer une grande prospérité.* Le Psalmiste nous fait entendre qu'il est plus facile de se modérer et de se régler dans l'état permanent, que dans l'accroissement de sa fortune : *si les richesses affluent, garde-toi d'y attacher ton cœur.*

―――――――――――
(1) Elle augmente la présomption, et diminue d'autant la prudence.

Je ne disconviendrai pas qu'Aristote n'ait fait, en passant, quelques observations semblables, et qu'on n'en trouve aussi çà et là de telles dans quelques autres écrivains. Mais elles n'ont pas encore été incorporées dans la *philosophie morale*, à laquelle elles sont propres, et n'appartiennent pas moins, que des observations sur les différentes espèces de sols et de glèbes n'appartiennent à l'*agriculture*, et que n'appartient à la *médecine* un traité sur les différentes *complexions* et *habitudes des corps*. Or, ce qu'on n'a pas encore fait en ce genre, il faut enfin se résoudre à le faire, si nous ne voulons prendre pour exemple la témérité des empyriques, qui usent des mêmes remèdes pour toutes sortes de malades, de quelque constitution qu'ils puissent être.

Après la doctrine des *caractères*, suit celle *des affections et des émotions*, qui sont comme les maladies de l'ame, ainsi que nous l'avons déja dit. En effet, de même que les politiques anciens avoient coutume de dire, au sujet des démocraties, que *le peuple étoit semblable à la mer, et les orateurs aux vents:* car, de même que la mer seroit tranquille et paisible par elle-même, si les vents ne l'agitoient et n'en bouleversoient la surface; de même aussi le peuple de lui-même seroit paisible et maniable, si des *orateurs séditieux* ne lui donnoient l'impulsion et ne soulevoient ses passions. C'est dans le même esprit qu'on peut assurer que l'*ame humaine* seroit calme et d'accord avec elle-même, si les *affections*, semblables aux *vents*, n'y excitoient des tempêtes et n'y bouleversoient tout. C'est encore ici que nous avons lieu d'être étonnés qu'Aristote, qui a écrit tant de livres sur la *morale*, n'y ait pas traité des *affections*, qui en sont le principal membre, et leur ait donné place dans sa *rhétorique*, où elles n'interviennent qu'à titre d'accessoires, c'est-à-dire, en tant qu'on peut, à l'aide du discours, les exciter et les émouvoir. Ses dissertations sur la *volupté* et la *douleur*, ne remplissent point du tout l'objet d'un pareil traité; pas plus qu'un homme qui écriroit sur la *lumière* et la *substance lumineuse*, ne seroit censé avoir écrit sur la nature des *couleurs* particulières. Car le *plaisir* et la *douleur* sont aux *affections particulières*, ce que la *lumière* est aux *couleurs*. J'aime mieux le travail des Stoïciens sur ce sujet, autant du moins qu'on en peut juger par ce qui nous reste d'eux; travail pourtant qui consiste plutôt dans certaines définitions subtiles, que dans un traité bien complet et avec des développemens suffisans. Je trouve aussi quelques petits ouvrages assez élégans sur *telle* ou *telle affection*, comme la *colère*, la *mauvaise honte* et un très petit nombre d'autres. Mais s'il faut dire ce que nous pensons sur ce point, les véritables maîtres en cette science, ce sont les *historiens* et les *poëtes*; eux seuls, en nous donnant une sorte de peinture vive et d'anatomie, nous enseignent comment on peut d'abord exciter et allumer les *passions*, puis les modérer et les assoupir ; comment aussi l'on peut les contenir, les réprimer, empêcher qu'elles ne se produisent au dehors par des actes : comment encore, malgré les efforts qu'on fait pour les comprimer et les tenir cachées, elles se décèlent et se trahissent : quels actes elles enfantent : à quelles variations elles sont sujettes : comment elles se mêlent et se compliquent : comment elles ferraillent, pour ainsi dire, les unes contre les autres et se combattent, et une infinité d'autres choses de cette espèce. Mais de toutes les questions qui se rapportent à ce sujet, celle dont la solution est du plus grand usage en *morale* et en *politique*, c'est celle-ci : *comment l'on peut régler une affection par une autre affection, et employer l'une pour subjuguer l'autre ?* à peu près comme les chasseurs se servent de certains animaux terrestres pour en prendre d'autres ; et les oiseleurs, de certains oiseaux pour prendre d'autres oiseaux : ce que l'homme, par lui-même et sans le secours des brutes, seroit peut-être hors d'état de faire. De plus, c'est sur ce fondement que s'appuie ce double et excellent moyen, qui est d'un continuel usage en *politique*. Je veux parler de la *récompense* et de la *peine*, qui sont comme les deux colonnes des républiques ; ces deux affections prédominantes, l'*espérance* et la *crainte*, qui s'y rapportent, ayant le pouvoir de réprimer et d'étouffer toutes celles d'entre les autres affections qui pourroient être nuisibles. C'est ainsi que, dans le gouvernement des états, une faction peut servir à maintenir dans le devoir une autre faction ; et il en est de même du régime intérieur de l'ame.

Nous voici arrivés à ces causes qui sont en notre pouvoir, et qui agissent sur l'ame, qui affectent l'appétit et la volonté, et qui la tournent à leur fantaisie. Sur quoi les philosophes auroient dû ne négliger aucune recherche, pour connoître les *forces* et l'*énergie* de la *coutume*, de l'*exercice*, de l'*habitude*, de l'*éducation*, de l'*imitation*, de l'*émulation*, de la *fréquentation*, de l'*amitié*, de la *louange*, du *blâme*, de l'*exhortation*, de la *réputation*, des *loix*, des *livres* et des *études*, et d'autres causes semblables, si toutefois il en est d'autres. Car voilà ce qui règne en *morale*: ce sont ces agens-là qui travaillent l'ame et lui donnent toutes sortes de dispositions. C'est de ces mêmes ingrédiens que se composent les remèdes qui contribuent à conserver ou à rétablir la santé de l'ame, autant qu'on peut obtenir cet effet par les remèdes humains. Dans le nombre, nous en choisirons un ou deux sur lesquels nous nous arrêterons un peu, et qui serviront d'exemples pour les autres. Nous dirons donc un mot de la *coutume* et de l'*habitude*.

Aristote a avancé une opinion qui nous paroît avoir je ne sais quoi d'étroit et de superficiel : il prétend que l'habitude ne peut rien sur cette sorte d'actions que l'on qualifie de *naturelles;* et pour en donner des exemples, il ajoute *qu'on a beau jeter une pierre en haut mille fois de suite, elle n'en acquiert pas plus de tendance à monter d'elle-même; que nous avons beau voir et entendre à chaque instant, nous n'en voyons et n'en entendons pas mieux* (1). Car, quoique cette loi soit en effet observée dans quelques sujets où la nature est plus limitée (exception dont ce n'est pas ici le lieu de rendre raison), il en est tout autrement de ceux où la nature est, dans une certaine latitude, susceptible d'augmentation et de diminution.

Il a pu s'assurer, par sa propre expérience, qu'un *gand* un peu trop étroit, à force d'être mis, devient plus aisé; qu'un *bâton* long-temps fléchi en sens contraire de son pli naturel, demeure peu après dans l'état où on l'a mis; que, par l'exercice, la *voix* devient plus forte et plus sonore; que l'*habitude* rend capable d'endurer le *froid* et le *chaud*; et il est une infinité d'exemples de cette es-

───────────────

(1) On apprend à voir, à entendre, à penser, comme à manger, à marcher, à danser, à faire des armes, etc. tout s'apprend.

pèce. Mais les deux derniers reviennent mieux à la question, que ceux qu'il a allégués. Quoi qu'il en soit, plus il eût été vrai que les *vices*, ainsi que les *vertus*, ne consistent que dans l'*habitude*, plus il eût dû prendre à tâche de prescrire les règles à suivre pour acquérir ou perdre de telles habitudes ; car on pourroit composer de très bons préceptes pour régler les exercices tant de l'ame que du corps. Nous allons en exposer quelques-uns.

Le premier est de se garder, en commençant, des *tâches trop difficiles*, ou trop mesquines. Car, si vous imposez à un esprit médiocre un fardeau trop pesant, vous éteindrez en lui l'espérance et l'ardeur qu'elle inspire. Que, s'il s'agit d'un esprit plein de confiance en ses propres forces, vous ferez aussi qu'il présumera trop de lui-même, et qu'il se promettra de soi plus qu'il ne peut faire (1) ; ce qui entraîne avec soi la né-

---

(1) Il y a ici quelque lacune ; car c'est en don-

gligence. L'effet de cette méthode sur ces deux sortes d'esprit, sera de tromper leur attente; ce qui humilie et décourage. Que si la tâche est trop légère, alors vous aurez un grand déchet dans la somme de la progression.

Le second sera que, lorsqu'il s'agit d'exercer quelque faculté dont on veut acquérir l'habitude, il faut observer deux espèces de temps; savoir : celui où l'on est le mieux disposé pour le genre dont on veut s'occuper, et celui où on l'est le plus mal possible, afin de profiter du premier pour faire beaucoup de chemin, et de l'autre, pour employer toute la vigueur de son esprit à lever les obstacles et les difficultés; et afin que les temps moyens coulent plus aisément et plus paisiblement.

Nous poserons pour troisième précepte, celui dont Aristote dit un mot en

---

nant à un esprit présomptueux une tâche facile, qu'on augmente sa présomption; au lieu qu'en lui imposant une tâche au dessus de ses forces, on lui apprend qu'il ne peut pas tout.

passant; savoir : qu'il faut, de toutes ses forces, en-deçà toutefois de ce degré extrême qui est vicieux, se porter du côté opposé à celui vers lequel la nature nous pousse le plus, à peu près comme l'on fait en ramant en sens contraire du courant, ou en pliant un bâton du côté opposé à celui où il est fléchi, afin de le redresser.

Le quatrième précepte dépend de cet axiôme incontestable : *que l'ame humaine se porte, avec plus de plaisir et de succès, vers quelque but que ce soit, lorsque ce à quoi nous tendons n'étant pas notre objet principal, mais seulement accessoire, nous nous en occupons comme en faisant autre chose;* vu que l'ame humaine hait toute nécessité trop impérieuse, tout commandement trop absolu. Il est une infinité d'autres choses qu'on pourroit prescrire utilement sur l'art de *gouverner l'habitude :* car si l'on use d'une certaine prudence et d'une certaine adresse en contractant une *habitude,* c'est alors véritablement que (comme on le dit communément), elle devient une *seconde nature*. Mais, si l'on s'y prend gauchement, et si l'on marche au hazard, l'habitude ne sera plus que le *singe* de la nature ; et au lieu d'en être la fidelle imitation, elle n'en sera qu'une copie mal-adroite et grimaçante.

De même, si nous voulions parler des *livres* et des *études*, de leur influence et de leur pouvoir sur les *mœurs*, n'aurions-nous pas sous notre main une infinité de préceptes et de conseils utiles tendant à ce but? Un des saints personnages, dans son indignation, n'appelloit-il pas la *poésie*, le *vin des démons*; vu qu'en effet elle excite une infinité de tentations, de désirs désordonnés et de vaines opinions? N'est-ce pas encore un mot bien judicieux et bien digne d'attention, que cette sentence d'Aristote? *Les jeunes-gens n'ont point d'aptitude pour la morale, et sont de mauvais disciples en ce genre;* parce que, chez eux, l'effervescence des passions n'est pas encore calmée et assoupie par l'âge et l'expérience ; et, s'il faut dire ce que nous pensons sur ce sujet, ne seroit-ce pas par cette raison même que les plus excellens livres et les plus éloquens discours des anciens, qui invitent si puissamment les hommes à la vertu, en présentant aux yeux de tous sa *majestueuse et auguste image*, et en livrant au ridicule ces opinions populaires qui insultent à la vertu sous le *personnage de parasites;* que ces livres, dis-je, et ces discours sont de si peu d'effet pour multiplier les gens de bien et réformer les mauvaises mœurs (1) ; par cette même raison, que

---

(1) L'effet des bons livres paroît douteux; d'abord parce qu'il est lent, graduel et paisible ; puis, parce que, comparant toujours les hommes réels à ces modèles plus parfaits, dont les romanciers, les poëtes et nos propres désirs nous donnent l'idée, nous ne sommes jamais assez indulgens pour les hommes avec lesquels nous vivons, ni assez contens de ce que nous avons : mais ces hommes dont nous nous plaignons, seroient bien pires, si on leur ôtoit ces livres ; par exemple : ceux de Rousseau, dont l'effet sera toujours de faire aimer la vertu et de la faire pratiquer, du moins en certaines occasions.

s'il est quelqu'un qui prenne la peine de les lire et de les méditer, ce ne sont point du tout des hommes dont le jugement soit mûri par l'âge, mais des enfans et des novices auxquels on les abandonne. N'est-il pas également vrai que les jeunes-gens ont encore moins d'aptitude pour la *politique* que pour la *morale*, avant d'être parfaitement imbus de la *religion* et de la doctrine des *mœurs* et des *devoirs* ? car, sans ces études préliminaires, leur jugement étant dépravé et corrompu d'avance, ils pourroient tomber dans cette opinion : qu'il n'est point de *vraie moralité* dans les choses humaines, et qu'il faut tout mesurer d'après l'utilité ou le succès, comme le dit certain poëte :

Et c'est le crime heureux qu'on appelle vertu;

et il ajoute :

Et pour prix d'un forfait qui fût au fond le même,
L'un obtint une croix, et l'autre un diadême.

Il est vrai que les poëtes ne parlent ainsi que par indignation et sur le ton de la satyre. Mais il est tel livre de politique où l'on a avancé cela *sérieusement, positivement*. Car c'est ainsi qu'il plaît à Machiavel de s'exprimer : *si César eût été vaincu, il eût été plus odieux que Catilina*. Sans doute, comme s'il n'y eût eu d'autre différence que le succès entre je ne sais quelle furie pêtrie de sang et de libertinage, et une ame élevée, un personnage qui, de tous les hommes formés par la nature, eût, sans contredit (s'il eût été un peu moins ambitieux), le plus justement mérité notre admiration. Nous voyons, par cet exemple même, combien il importe que les hommes s'abreuvent à longs traits de doctrines *morales* et *religieuses*, avant de goûter de la *politique;* car nous voyons que ceux qui ont été nourris dans les cours des princes, et formés aux affaires dès leur plus tendre enfance, n'acquièrent jamais une probité bien sincère et bien intime, et beaucoup moins encore l'acquerroient-ils, si les maximes des livres s'accordoient avec les principes reçus dans une telle éducation. De plus, n'y auroit-il pas quelques précautions à prendre par rapport à ces maximes mêmes, ou du moins relativement à quelques-unes? de peur qu'elles ne rendissent les hommes opiniâtres, arrogans et insociables : ce qui nous rappelle à ce que Cicéron disoit de Caton d'Utique : *ces grandes qualités que nous voyons en lui, ces qualités vraiment divines qui le distinguent, sachez qu'elles lui appartiennent, qu'elles lui sont propres : quant à ces légers défauts que nous y appercevons, ce n'est pas de la nature qu'il les tient, mais de ses maîtres.* Il est une infinité d'autres principes relatifs à l'influence des *livres* et des *études* sur les *mœurs*; car rien de plus vrai que ce mot d'un certain auteur : *les études passent dans les mœurs*; ce qu'il faut dire aussi de beaucoup d'autres causes, telles que les *sociétés*, la *réputation*, les *loix de la pa-*

trie, causes dont nous venons de faire l'énumération.

Au reste, il est une certaine *culture de l'ame* qui exige encore plus de soins et de peines. Elle s'appuie sur ce fondement : *que les ames des mortels se trouvent, en certains temps, dans un état de plus grande perfection; et en d'autres temps, dans un état de plus grande dépravation.* Ainsi l'objet et la règle de cette culture est de tâcher d'entretenir ces *bons momens* et d'effacer les mauvais, de les *rayer*, pour ainsi dire, du *calendrier.* Or, la *fixation des bons momens* peut être opérée de deux manières : par des *vœux durables*, ou du moins par de *constantes résolutions*, et par des *observances*, des *exercices*, qui n'ont pas tant de valeur en eux-mêmes, qu'en ce qu'ils maintiennent l'ame perpétuellement dans le devoir et l'obéissance. On peut aussi *effacer les mauvais momens* par deux espèces de moyens; savoir: en *rachetant ou expiant le passé, et en se faisant un nouveau plan de vie*, et re-

commençant, pour ainsi dire, à vivre. Mais cette partie semble appartenir proprement à la *religion*; et c'est ce qui ne doit nullement étonner, vu que la *philosophie morale*, pure et véritable, comme nous l'avons déja dit, ne fait, à l'égard de la théologie, que le simple office de servante.

Ainsi nous terminerons cette partie de *la culture de l'ame* par ce *remède*, qui non-seulement est le plus sommaire et le plus abrégé, mais qui est aussi le plus noble et le plus puissant pour former l'ame à la vertu, et la placer dans l'état le plus voisin de la perfection; ce remède est que *les fins que nous choisissons et nous proposons pour diriger nos actions et notre vie entière, soient droites, honnêtes et conformes à la vertu: fins qui pourtant doivent être de telle nature, que nous trouvions en nous-mêmes, à certaine mesure, la faculté d'y atteindre.* Car si nous supposons une fois ces deux choses: l'une, que *les fins de nos actions soient bonnes et honnêtes;* l'autre, *que le dé-*

cret de l'ame, pour y atteindre et s'en saisir, soit fixe et immuable; dès-lors c'est une conséquence nécessaire, que l'ame aille se perfectionnant de plus en plus, et se façonne, d'un seul coup, à toutes les vertus. Et telle est véritablement l'opération qui retrace les œuvres de *la nature;* au lieu que ces autres dont nous parlions, semblent n'être que des œuvres de *la main humaine*. Car de même qu'un *sculpteur*, lorsqu'il fait une statue, ne figure que la partie dont il est actuellement occupé, et non les autres: par exemple, s'il figure la face, le reste du corps demeure informe et grossier, jusqu'à ce qu'il en soit là : au contraire, la *nature*, lorsqu'elle forme une fleur, ou un animal, figure *toutes les parties à la fois;* et, *d'un seul coup, ébauche le tout* (1). C'est ainsi que, lorsqu'on

——————

(1) C'est ce que nie un des plus grands anatomistes qui aient existé, l'immortel Harvey : il prétend que les parties de l'animal sont formées les unes après les autres.

s'efforce d'acquérir la vertu par la seule *habitude*, tandis qu'on s'occupe de la tempérance, on fait peu de progrès dans la force; mais, si une fois l'on s'est consacré, dévoué *à des fins droites et honnêtes*, quelle que soit la vertu que ces fins imposent, commandent à notre ame, nous nous trouverons déja tout imbus et disposés d'avance, par une certaine aptitude et un commencement d'inclination, à l'acquérir et à la produire au dehors. Et c'est peut-être là cet état de l'ame dont Aristote nous donne une si haute idée; car telles sont ses expressions :

Or, à l'inhumanité il convient d'opposer cette vertu qui est au-dessus de l'humanité, et qu'on peut qualifier d'héroïque, ou plutôt de divine; et peu après: *car la brute n'est susceptible ni de vice ni de vertu, et il en faut dire autant de la divinité. Mais ce dernier état est quelque chose de plus élevé que la vertu; l'autre n'est tout au plus que l'absence des vices* : certes, Pline second, en usant de cette licence propre à la pompeuse éloquence des païens, présente la vertu de Trajan, non comme une *imitation*, mais comme un *modèle* de la vertu divine, lorsqu'il dit : *que les mortels ne devoient plus adresser aux Dieux d'autre prière que celle-ci : qu'ils daignassent se montrer aussi propices et aussi favorables aux mortels, que Trajan l'avoit été*. De telles expressions se sentent trop de cette profane jactance des païens, qui, trompés par de certaines ombres plus grandes que les corps, s'efforçoient vainement de les embrasser. Mais ce qui leur échappoit, la vraie religion, la sainte foi du christianisme le saisit, en imprimant dans les ames la charité; et c'est qu'on la qualifie de *lien de perfection ;* car c'est elle qui lie entre elles toutes les vertus, et n'en forme qu'un seul corps. Rien de plus élégant que ce que dit *Ménandre* de *l'amour sensuel*, qui n'est qu'une mauvaise imitation de *l'amour divin. L'amour*, dit-il, *est un bien plus grand maître, dans la vie humaine, que le sophiste Gauche :* paroles par lesquelles il fait entendre que *l'amour* sait bien mieux donner aux mœurs et aux manières, une certaine élégance, qu'un sophiste, qu'un précepteur inepte, qu'il désigne par ce nom de *Gauche;* car, avec tout l'appareil de ses lourds préceptes et de ses règles laborieuses (1), il ne saura jamais façonner un homme avec autant de facilité et de dextérité, et le mettre en état de connoître son propre prix, et de se porter, en toute occasion, avec autant de grace que de décence; je dis que ce *sophiste* ne donnera jamais de telles leçons, aussi bien que l'*amour* le saura faire. C'est ainsi, sans contredit, que l'ame de tel homme que ce puisse être, dès qu'elle brûle du feu de la *vraie charité,* s'élève à un plus haut degré de perfection, que par tout l'appareil de la *morale,* qui,

---

(1) C'est un âne chargé de maximes, qui ne sait que ruer contre son siècle.

comparée à cet autre maître, n'est qu'une sorte de *sophiste*. Disons plus : de même que Xénophon a si judicieusement observé, que les autres affections, bien qu'elles élèvent l'ame, ne laissent pas de la fatiguer et de la désaccorder par leur ivresse et leurs excès ; mais que le seul amour peut tout à la fois la dilater et la mettre d'accord : c'est ainsi que toutes ces autres facultés humaines qui font l'objet de notre admiration, tout en nous donnant une certaine élévation, ne laissent pas d'être sujettes à *l'excès*; mais la *charité n'est point susceptible d'excès*. Les anges, en aspirant à une puissance égale à celle de la divinité, prévariquèrent et déchurent : *je m'éleverai et serai semblable au Très-Haut.* L'homme, en aspirant à une science égale à celle de Dieu, prévariqua et déchut aussi : *vous serez semblables à des Dieux, connoissant le bien et le mal*: mais en aspirant à devenir semblable à Dieu par la *bonté* et la *charité*, jamais ange ni homme ne fut ni ne sera en danger. Je dirai plus : c'est à cette imitation-là même qu'on nous invite : *aimez vos ennemis; faites du bien à ceux qui vous haïssent, et priez pour ceux qui vous persécutent et vous calomnient,* afin d'être vraiment enfans de ce *père qui est dans les cieux, qui fait luire son soleil sur les bons et les méchans :* et *qui pleut indistinctement sur le juste et l'injuste :* disons encore plus, dans l'archetype même de la nature divine, le paganisme plaçoit ainsi les mots suivans (*optimus, maximus*) *très bon, très grand*) ; or, l'écriture sainte prononce *que sa miséricorde est au-dessus de toutes ses œuvres.*

Nous voici donc arrivés à la fin de cette partie de la *morale* qui traite de la *géorgique de l'ame*. En quoi, si, à la vue des différentes parties de cette science que nous avons touchées, quelqu'un s'imaginoit que tout notre travail consiste à réunir en un corps de doctrine et à réduire en art ce que d'autres ont omis, le regardant comme trop connu, trop familier, comme assez clair et assez évident par soi-même, il peut librement user de son jugement. Cependant qu'il se souvienne de cet avertissement que nous avons donné au commencement, que ce que nous cherchons en tout, ce n'est pas le *beau*, mais l'*utile* et le *vrai*. Qu'il se rappelle aussi un moment cette antique parabole des deux portes du sommeil. *Le sommeil a deux portes, dont l'une, dit-on, est de corne : c'est par celle-ci que les songes véritables s'ouvrent un facile passage; l'autre est toute éclatante d'ivoire, et c'est par celle-là que les mânes envoient vers les cieux des songes trompeurs.* La porte *d'ivoire* est sans doute d'une *magnificence* très propre pour fixer les regards; mais c'est par la *porte de corne* que passent les *songes véritables* (1).

Par forme de supplément à cette doctrine *morale*, nous pouvons ajouter cette

---

(1) S'il faut de l'art dans un écrit, c'est surtout pour mentir.

observation : qu'il est une certaine relation, une certaine analogie entre le *bien de l'ame* et le *bien du corps*. Car, de même que le bien du corps, comme nous l'avons dit, consiste dans la *santé*, la *beauté*, la *vigueur* et la *volupté*; de même, si nous envisageons le *bien de l'ame* d'après les *principes* de la *morale*, nous verrons clairement qu'il tend à ce quadruple but; à rendre l'ame *saine* et exempte de troubles; *belle* et parée de véritables graces; *forte* et *agile*, pour exécuter toutes les fonctions de la vie; enfin *sensible* et non *stupide*; en un mot, conservant un vif sentiment de la *vraie volupté*, et capable de jouissances honnêtes. Or, ces quatre sortes d'avantages, qui se trouvent si rarement réunis dans le *corps*, se trouvent tout aussi rarement ensemble dans l'*ame*. Car vous verrez assez de gens distingués par la vigueur de leur génie et par la force de leur ame, qui ne laissent pas d'être infestés par des agitations, et dont les mœurs manquent jusqu'à un certain point de grace et d'élégance : d'autres qui n'ont que trop de cette grace et de cette élégance, mais qui n'ont point assez de probité pour vouloir bien faire, ou assez de force pour le pouvoir : d'autres encore doués d'une ame honnête et purifiée de toute souillure de vice, mais qui ne savent ni se faire honneur à eux-mêmes, ni être utiles à la république : d'autres enfin qui sont peut-être en possession de ces trois espèces d'avantages ; mais qui, par une certaine austérité stoïque, ou par une sorte de stupidité, font assez d'actes de vertus, mais ne savent point goûter ces douces jouissances qui en doivent être le fruit. Que si par fois, de ces quatre avantages, deux ou trois concourent dans un seul et même individu, rarement, très rarement, comme nous l'avons dit, ils s'y trouvent tous ensemble. Nous avons désormais traité ce *principal membre de la philosophie humaine*, qui envisage *l'homme en tant qu'il est composé de corps et d'ame*, mais cependant comme *isolé*, et non encore *réuni en société*.

LIVRE VIII.

CHAPITRE PREMIER.

Division de la science civile en doctrine sur l'art de traiter avec les autres; science des affaires, et science du gouvernement, ou de la République.

Une ancienne histoire, roi plein de bonté, rapporte qu'une multitude de philosophes s'étant assemblés en grand appareil, en présence de l'envoyé d'un roi étranger, chacun d'eux prenoit peine à étaler sa sagesse, afin que cet envoyé, en prenant la plus haute idée, eût un beau rapport à faire sur la merveilleuse sagesse des Grecs. Cependant un d'entre eux ne disoit mot, et ne fournissoit point sa part, l'envoyé se tourna de son côté, et lui dit : *et vous, n'avez-vous rien à me dire, dont je puisse faire mon rapport. Rapportez à votre maître,* lui répondit ce philosophe, *que vous avez trouvé parmi les Grecs un homme qui savoit se taire.* Quant à moi, en faisant cette espèce d'*inventaire des sciences*, j'avois oublié d'y insérer l'*art de se taire*. Néanmoins cet art-là; puisque le plus souvent *il nous manque*, je l'enseignerai du moins par mon propre exemple; mais comme l'ordre des choses mêmes m'a enfin conduit à parler peu après de l'art de *gouverner*, ayant à le faire devant un si grand prince, qui est un maître consommé dans cet art, et qui l'a, pour ainsi dire, sucé dès le berceau; ne pouvant non plus oublier tout-à-fait le rang que j'ai occupé près de votre personne, j'ai cru devoir plutôt, en me taisant sur ce sujet, qu'en le traitant devant Votre Majesté, lui prouver ce que je sais faire en ce genre. Or, Cicéron observe qu'il est dans le *silence*, non-seulement un certain *art*, mais même une sorte d'*éloquence*. Aussi, dans une de ses lettres à Atticus, où il lui rend compte de certains entretiens qu'il avoit eus avec un autre, et de ce qui s'y étoit dit, il ajoute : *ici j'empruntai quelque peu de votre éloquence, et je me tus.* Quant à *Pindare*, qui a cela de particulier, que de temps en temps il frappe tout-à-coup les esprits par quelque petite sentence, les frappe, dis-je, comme avec *une verge divine*, il lance je ne sais quel trait semblable à ce qui suit. *Quelquefois ce qu'on ne dit pas, fait plus d'impression que ce qu'on dit.*

Ainsi, sur cet art du silence, j'ai pris le parti de me taire, ou ce qui approche beaucoup du silence, celui d'être fort succinct. Mais avant de passer aux arts du *commandement*, il est un assez grand nombre d'observations à faire sur les autres parties de la *science civile*.

La science civile roule sur un sujet si vaste et si varié, qu'il est fort difficile de le ramener à des principes. Il est pourtant des moyens qui diminuent cette difficulté ; car, en premier lieu, comme ce premier *Caton*, surnommé le *censeur*, avoit coutume de dire des Romains, ses concitoyens : *ils ressemblent aux brebis, animaux tels qu'il est moins facile d'en mener un seul que le troupeau tout entier; car si vous pouvez venir à bout de pousser une seule brebis dans le droit chemin, à l'instant toutes les autres vont suivre celle-là.* On peut dire aussi qu'à cet égard le rôle de la *morale* est plus difficile que celui de la *politique*. En second lieu, la *morale* se propose de pénétrer, de remplir l'ame d'une *bonté intime; mais la science civile n'exige rien de plus qu'une bonté extérieure* (1), qui suffit pour la société; aussi n'est-il pas rare que le régime soit bon et le temps mauvais. C'est une remarque qu'on rencontre à chaque pas dans l'écriture, lorsqu'il y est question des rois bons et religieux; il y est dit : *mais le peuple n'avoit pas encore tourné son cœur vers le seigneur Dieu de ses*

---

(1) Elle suffit pour les faire subsister; mais elle ne suffit pas pour les rendre heureuses. Or, c'est du bonheur qu'il s'agit.

pères. Ainsi le rôle de la *morale* est aussi à cet égard plus difficile que celui de la *politique*. En troisième lieu, les états ont cela de propre, que, semblables à de grandes machines, ils se meuvent fort lentement, et ce n'est pas sans un grand appareil; mais aussi, par cette même raison, sont-ils plus difficiles à ébranler (1); car de même qu'en Égypte, les sept années fertiles nourrirent les sept années stériles, de même aussi dans les républiques, les bonnes institutions des premiers temps font que les erreurs des siècles suivans ne sont pas si promptement funestes; mais la volonté et les mœurs de chaque individu se dépravent plus rapidement. Ainsi cette circons-

---

(1) Et par cette même raison, lorsque l'édifice s'est écroulé, il est plus difficile, et sur-tout plus dangereux de rebâtir; car alors ce sont les hommes qui servent de pierres, et le sang, qui sert de mortier; combien de telles pierres il faut briser, pour en bien placer une!

tance, qui charge la *morale*, allège d'autant la politique (1).

La *science civile* a trois parties, qui répondent aux trois actions sommaires de la société; savoir : *l'usage du monde*, la *science des affaires*, et la *science du commandement* ou de la *république;* car il est trois espèces d'avantages, que les hommes tâchent de se procurer par la *société civile;* savoir : *remède contre la solitude, assistance dans les affaires*, et *protection contre les injures.* Or, ces trois espèces de prudences sont tout-à-fait différentes l'une de l'autre, et rarement réunies: *prudence dans la société,*

―――――――――――――――

(1) Lorsque Bacon suppose l'homme isolé, avant de le considérer comme réuni en société, il suppose ce qui n'est pas; car, à proprement parler, en aucun temps l'homme n'est seul en ce monde; et lorsqu'il peut tirer son corps de la société, son esprit le remet dans la foule. En quelque coin obscur qu'il aille se cacher, il est toujours, par ses souvenirs et sa prévoyance, en fort nombreuse compagnie; il est affecté comme s'il y étoit réellement. Or, c'est cette manière dont il est affecté, qui importe ici.

prudence dans les affaires, et *prudence dans le gouvernement*.

Quant aux *manières*, il ne faut certainement pas y mettre d'*affectation*, beaucoup moins encore de la négligence; car cette prudence qui sait les régler, annonce une certaine dignité dans le caractère, et donne de grandes facilités pour toutes les affaires, tant publiques que privées. En effet, de même que l'action est d'un si grand prix pour l'orateur (quoique ce soit quelque chose d'extérieur), qu'on l'a préfère à ces autres parties au fond plus importantes, et qui tiennent davantage à l'intérieur : c'est ainsi que, dans un *homme du monde*, *les manières* et *la méthode* qui le gouverne (bien qu'elle ne roule que sur des choses toutes extérieures), ne laisse pas d'occuper, sinon le premier rang, du moins une place distinguée. En effet, quelle influence n'a pas l'*air* même du *visage*, et la manière de le composer ? c'est avec raison qu'un poëte a dit :

Gardez-vous de détruire l'effet de votre discours par l'air de votre visage.

Car l'on peut, par l'*air de son visage*, détruire toute la *force d'un discours*, et en détruire tout l'effet; et l'on peut effacer, par l'*air de son visage*, les *faits* tout aussi bien que *les discours;* si nous en croyons Cicéron, qui, en recommandant à son frère de témoigner beaucoup d'affabilité au peuple de son gouvernement, observe que cette affabilité ne consiste pas seulement à se rendre accessible, mais de plus à montrer un *visage gracieux* à ceux par qui on se laisse approcher. *Que sert*, dit-il, *de tenir sa porte ouverte, si l'on tient son visage fermé?* Nous voyons aussi qu'Atticus, vers le temps de la première entrevue de Cicéron avec César, la guerre étant encore allumée, l'exhorte par lettres, très sérieusement, à composer avec soin son *geste* et l'*air de son visage*, à lui donner de la gravité et de la dignité. Que si telle est la puissance d'une *physiognomie* et d'*un visage composé avec soin*, quelle sera donc celle des *entretiens familiers*, et de toutes ces autres parties qui se rapportent à *l'art de traiter avec les autres ?* Or, l'on peut dire que le sommaire, l'abrégé de ce décorum, de cette dignité dont nous parlons, consiste presque en ce seul point, à garantir tellement et la dignité des autres, et sa propre dignité, qu'on tienne entr'eux et soi la balance presque égale (1); et c'est ce que Tite-Live n'a pas mal exprimé dans ce passage, où il donne l'idée de son propre caractère, *afin*, dit-il, *de ne paroître ni arrogant, ni servile; car, dans le premier cas, ce seroit perdre de vue la liberté d'autrui;*

---

(1) Sous peine d'être haï ou méprisé; car ce sont là les deux inconvéniens entre lesquels on marche continuellement, et l'on tombe dans l'un par une excessive politesse; et dans l'autre, par une excessive rusticité. L'homme perpétuellement poli, on marche dessus, attendu qu'on ne le craint pas; l'homme rustique, on le fuit, attendu qu'on le craint; l'homme recherché, c'est celui qui sait assaisonner et couper ses politesses par quelques demi-impertinences qui les font valoir; celui-là on ne sait pas au juste si on l'aime ou si on le craint, et voilà précisément pourquoi on le respecte.

et dans le dernier, sa propre liberté : d'un autre côté, si l'on se pique trop de cette urbanité et de cette élégance de mœurs, ces petites attentions portées à l'excès, dégénèrent en une affectation ridicule et repoussante ; *car, quoi de plus ridicule que de transporter le théâtre dans la vie ordinaire !* Je dirai plus : en supposant même qu'on ne donne pas dans cet excès vicieux, ces minuties consument trop de temps, et une ame qui s'abaisse à de pareils soins, ne peut que se dégrader. Aussi, de même que, dans les collèges, les jeunes-gens studieux, mais qui se prêtent trop au commerce de leurs égaux, reçoivent de leurs maîtres cet avertissement : *les amis sont des voleurs de temps;* on peut dire de même que cette vigilance si pointilleuse à observer le décorum, dérobe beaucoup de temps à des méditations plus importantes. De plus, ceux qui se distinguent par cette urbanité, et qui semblent nés pour cela seulement, se complaisent dans ce frêle avantage, et aspirent rarement à des vertus plus solides et plus élevées ; au lieu que ceux qui sentent ce qui leur manque à cet égard, tâchent d'y suppléer par une bonne réputation ; car, dès qu'un homme jouit d'une bonne réputation, tout lui sied ; mais lorsque cet avantage manque, c'est alors seulement qu'il faut tâcher d'y suppléer par cette facilité de mœurs et cette urbanité ; mais dans les affaires il n'est point d'obstacle aussi puissant et aussi fréquent que cette vigilance pointilleuse à observer le décorum, et que cet autre défaut qui est subordonné au premier, je veux dire cette sollicitude minutieuse à choisir les momens et les occasions ; car, comme l'a si bien dit Salomon : *celui qui regarde aux vents, ne sème point ; et celui qui regarde aux nuages, ne moissonne point.* Le plus souvent il faut plutôt créér les occasions que les attendre (1). En un

---

(1) Et le plus facile moyen pour créer l'occasion, c'est quelquefois de dire que l'occasion est venue ; par exemple : si, désolé de voir les arts

mot, *cette urbanité de mœurs* est comme l'habit de l'ame ; elle doit donc avoir tous les avantages et toutes les commodités d'un habit. 1°. Elle doit être de nature à servir en toute occasion. En second lieu, elle ne doit être ni trop somptueuse, ni trop recherchée. De plus, si notre ame est douée de quelque perfection, elle doit être de nature à la faire ressortir, et si nous avons quelque défaut, à y suppléer, ou tout au moins à le voiler. Enfin, cet habit ne doit pas être trop juste, et mettre l'ame tellement à l'étroit, que, dans l'action,

---

décliner, vous allez criant par-tout que les arts sont tombés, vous faites par cela même, qu'ils tombent encore plus rapidement. Le vrai moyen, pour les aider à se relever, c'est de dire qu'ils se relèvent ; c'est encore là un de ces cas où la prédiction d'un événement contribue à l'événement prédit, parce que les craintes ou les espérances que fait naître cette prédiction, excitent les hommes à faire tout ce qui est nécessaire pour que l'événement ait lieu. Souvent pour obtenir ce qu'on désire, il ne faut que l'espérer fortement, et agir en conséquence.

ses mouvemens en soient gênés, et qu'elle ne puisse plus se remuer. Mais cette partie de la science civile, qui regarde la *manière de traiter avec les autres*, ayant été élégamment cultivée par quelques écrivains, elle ne doit en aucune manière être classée parmi les *choses à suppléer*.

CHAPITRE II.

Division de la science des affaires en doctrine sur les occasions éparses, et art de s'avancer dans le monde. Exemple de la doctrine sur les occasions éparses, tiré de quelques paraboles de Salomon. Préceptes sur l'art de s'avancer.

Nous diviserons la *science des affaires* en doctrine, sur *les occasions éparses*, et art de *s'avancer dans le monde :* deux parties, dont l'une embrasse *toute la variété des affaires*, et est comme le *secrétaire de la vie humaine;* et dont l'autre ne se rapporte qu'à *l'agrandissement particulier de chaque individu.* Elle recueille et suggère une infinité de petits moyens, dont l'ensemble peut servir à chacun de *tablettes* et de *codicille secret.* Mais avant de descendre aux espèces, nous ferons quelques observations préliminaires sur la *science des affaires en général.* Cette *doctrine des affaires* est un sujet que personne jusqu'ici n'a traité d'une manière qui répondît à son importance ; et c'est sans contredit au grand préjudice *de la réputation*, tant des lettrés mêmes que des lettres ; car c'est de là qu'est né cet inconvénient, qui est pour les savans une vraie tache. Cet inconvénient est l'opinion où l'on est, que *l'érudition et l'habileté dans les affaires* sont rarement réunies. En effet, si l'on y fait bien attention, de ces trois sortes de prudence qui, comme nous l'avons dit, se rapportent à la *science civile*, celle qui regarde les *manières*, est presque méprisée des savans, qui la regardent comme je ne sais quoi de servile, et de tout-à-fait incompatible avec la vie contemplative. Quant à celle qui se rapporte à l'*administration de la république*, lorsque quelques-uns d'entr'eux sont placés au gouvernail, on peut dire qu'ils s'acquittent assez mal de leur emploi, mais rarement sont-ils placés si haut. Quant à la *prudence dans les affaires* (et c'est celle dont nous parlons ici), partie sur laquelle roule toute la vie humaine, nous n'avons pas un seul livre sur ce sujet, à moins qu'on ne donne ce nom à quelques avis sur la manière de se conduire; ce qui forme tout au plus un ou deux petits recueils, qui ne répondent en aucune manière à l'étendue d'un si vaste sujet. En effet, si nous avions des livres sur ce sujet comme sur tant d'autres, je ne doute nullement que des savans, à l'aide de ces livres, et d'un petit nombre d'expériences, ne l'emportassent de beaucoup sur les hommes sans lettres, même instruits par une longue expérience, et qu'en tournant contre eux leurs propres armes, ils ne les frappassent de plus loin.

Et nous n'avons pas lieu de craindre qu'une telle matière soit trop diversifiée pour pouvoir être ramenée à des préceptes; elle a beaucoup moins d'étendue que celle qui a pour objet l'*administration de la république*, science qui pourtant, comme nous le voyons, est très bien cultivée. Or, ce genre de *prudence*, il paroît que chez les Romains, et dans les meilleurs temps, certains personnages en faisoient profession ; car Cicéron atteste qu'il étoit passé en usage quelque peu avant son siècle, que les sénateurs distingués par leur prudence et une longue expérience, tels que les *Coruncanius*, les *Curius*, les *Laelius* et autres, se promenassent à certaines heures fixes sur la place publique, et que là, se rendant accessibles à tous les citoyens, ils donnassent des consultations, non pas seulement sur le *droit*, mais sur des affaires de toute espèce, telle qu'une *fille à marier, un fils à éduquer, une terre à acheter, un contrat à passer, une accusation à intenter, une défense à entre-*

prendre; enfin, sur tout ce qui peut survenir dans la vie ordinaire ; par où l'on voit qu'il est un certain *art de donner des conseils,* même dans les affaires privées, résultant d'une expérience très diversifiée, et d'une connoissance générale des choses, connoissance qui, à la vérité, s'applique aux cas particuliers, mais qui se tire de l'observation générale des cas semblables. C'est ainsi, comme nous le voyons, que, dans ce livre que Cicéron composa pour son frère Quintus, *sur la manière de briguer le consulat,* le seul, parmi les ouvrages qui nous restent des anciens, qui traite de *telle affaire particulière ;* livre qui, bien que les conseils qu'il renferme, ne se rapportent qu'à l'affaire qu'il avoit en vue, ne laisse pas de renfermer aussi bien des principes de politique, qui ne sont pas seulement d'un usage momentané ; mais de plus une sorte de modèle perpétuel de la manière de se conduire dans les élections populaires ; mais je ne trouve en ce genre rien de comparable à ces *apho-*

rismes qu'a publiés Salomon ; prince dont l'écriture a dit : *qu'il eût un esprit comparable au sable de la mer;* car de même que le sable de la mer environne toutes les côtes de l'univers, de même aussi la sagesse de Salomon embrassoit tout, les choses divines, aussi bien que les choses humaines. Or, dans ces *aphorismes*, outre certains préceptes qui tiennent davantage de la *théologie*, vous trouverez un assez bon nombre de préceptes et d'*avis moraux*, fort utiles; préceptes qui jaillissent des profondeurs de la sagesse, et de là vont se répandant sur le champ immense de la variété. Or, comme nous rangeons parmi *les choses à suppléer* cette doctrine qui envisage les *occasions éparses*, et qui a pour objet la *première partie de la science des affaires*, nous nous y arrêterons un peu, suivant notre coutume, et nous en proposerons un exemple, tiré des *aphorismes* ou *paraboles* de *Salomon*. Nous ne pensons pas qu'on doive nous faire un sujet de reproche de cette liberté que nous prenons de donner un sens *politique* à certains passages de l'écriture sainte; car si nous avions encore les commentaires de ce même Salomon sur la *nature des choses*, commentaires où il traitoit de tous les végétaux, *depuis la mousse qui croît sur la muraille*, jusqu'au *cèdre du Liban*, il ne seroit pas défendu de les interpréter dans le sens *physique*, ce qui doit nous être également permis en *politique*.

Exemple de cette portion de la doctrine des occasions éparses, tiré de quelques paraboles de Salomon.

PARABOLE.

1. *Une douce réponse rompt la colère.*

EXPLICATION.

Si la colère du prince ou de quelqu'autre supérieur s'allume contre vous, et que votre tour de parler soit venu; vous avez, suivant le conseil de Salomon, deux choses à faire: 1°. il recommande de faire une *réponse*, puisqu'il veut qu'elle soit *dou-*

ce. Ce premier avis renferme trois préceptes : 1°. de se garder d'un silence qui sente la *mauvaise humeur* et *l'opiniâtreté*; car tout l'effet d'un tel silence est de rejeter la faute sur vous ; il semble que vous n'ayez rien à répondre, ou qu'en secret vous taxiez votre maître d'injustice, comme si ses oreilles étoient fermées, même à une juste défense. En second lieu, veut-il dire, *gardez-vous de remettre cette réponse*, et de demander un autre temps pour votre défense ; cette demande feroit naître contre vous le même préjugé que le premier parti, et vous sembleriez croire que votre maître ne se possède pas assez en ce moment; elle signifieroit clairement que vous méditez quelque défense artificieuse, et n'avez rien à alléguer sur-le-champ. Ensorte que le mieux est de faire d'abord un peu de réponse, et de hazarder un commencement de justification qui naisse de la chose même. 3°. C'est une *réponse*, une *vraie réponse* qu'il faut faire ; une *réponse*, dis-je, et non un simple *aveu*, ou un pur *acte de soumis-*

sion, mais une réplique qui tienne de l'apologie et de l'excuse. Toute autre conduite, en pareil cas, n'est rien moins que pure ; à moins qu'on n'ait affaire à certaines ames tout-à-fait généreuses et magnanimes, lesquelles sont fort rares; il faut enfin que cette réponse soit douce, et non rude ou choquante.

PARABOLE.

2. *Le serviteur prudent commandera au fils insensé, et il partagera l'héritage entre les frères.*

EXPLICATION.

Dans toute famille où règne le trouble et la discorde, s'élève toujours quelque serviteur, ou autre ami, d'une condition inférieure, qui, se portant pour arbitre, accommode les différends de la famille, et pour lequel, à ce titre, et la famille toute entière, et le maître lui-même, ont beaucoup de déférence. Si cet homme n'a en vue que son propre intérêt, il fomente et aggrave les maux de la famille. Mais, s'il est vraiment fidèle et intègre, on lui a de grandes obligations: et cela au point qu'il peut, à juste titre, être regardé comme un frère, ou du moins avoir la procuration fiduciaire de l'héritage.

PARABOLE.

3. *L'homme sage, s'il s'amuse à quereller avec l'insensé, soit qu'il s'irrite, ou qu'il badine, ne trouvera point de repos.*

EXPLICATION.

On nous recommande souvent d'éviter *tout combat inégal*; en ce sens, qu'il ne faut point *lutter avec des gens au-dessus de soi*. Mais un avertissement non moins utile, c'est celui que nous donne ici Salomon, de ne *point quereller avec des gens au-dessous de soi*; on y trouve toujours beaucoup de désavantage; car, si on l'emporte, il n'en résulte aucune victoire; et si l'on a le dessous, il n'en résulte qu'un grand affront : et cette querelle, on auroit beau vouloir n'en faire qu'un *badinage*, en y mêlant *des airs de dédain* et des *termes méprisans*, on n'en seroit pas plus avancé. De quelque manière que nous nous y prenions, nous perdrons de notre considération, et nous aurons peine à nous tirer d'affaire. Ce sera bien pis, si cet homme avec lequel nous contestons, a quelque teinte de *folie*; je veux dire, s'il est quelque peu téméraire et insolent.

PARABOLE.

4. Garde-toi de prêter l'oreille à tous les propos qu'on peut tenir, de peur d'entendre ton serviteur disant du mal de toi.

EXPLICATION.

Il est incroyable combien cette inutile curiosité et cette excessive envie de savoir ce qu'on pense de nous, répand d'amertume sur notre vie; je veux dire, quand nous allons épiant tous ces secrets, dont la découverte ne fait que nous affliger, et n'avance point du tout nos affaires. Car, 1°. tout ce que nous y gagnons, c'est de l'*inquiétude* et du *chagrin*, tout en ce monde n'étant qu'ingratitude et perfidie. Ensorte que si l'on pouvoit faire acquisition d'une sorte de miroir magique, où l'on vît nettement toutes les haines dont on est l'objet, et tout ce qu'on machine contre nous, le mieux seroit de le jeter ou de le briser; car il en est de tous ces propos comme du murmure des feuilles, ils s'évanouissent bientôt. En second lieu, cette curiosité nous rend *excessivement soupçonneux*. Or, rien n'est plus préjudiciable à nos desseins; cette défiance les compliquant excessivement, et y jetant de l'irrésolution. En troisième lieu, cette *curiosité fixe le mal même, qui, sans cela, n'eût fait que passer;* car il est dangereux d'exciter le dépit des hommes qui se sentent coupables; tant qu'ils s'imaginent qu'on ne les voit pas, il est aisé de les ramener; mais une fois qu'ils se voient démasqués, ils s'en vengent en faisant encore pis. Ainsi, c'est avec raison qu'on a regardé comme un trait de souveraine prudence le parti que prit Pompée de jeter au feu tous les papiers de Sertorius, sans les avoir lus lui-même, et sans avoir permis à qui que ce soit de les lire.

Parabole.

5. *La pauvreté arrive comme un voyageur, et l'indigence comme un homme armé.*

Explication.

Cette parabole décrit élégamment la manière dont *se ruinent* les *prodigues* et les gens trop insoucians sur leurs affaires domestiques. Car d'abord ces causes qui *nous obèrent*, et qui *entament* notre fortune, viennent, pour ainsi dire, à pied et à pas lents, comme un *voyageur;* d'abord on ne les sent presque pas. Mais bientôt arrive en force l'*indigence*, semblable à un *homme armé*, avec une main si forte et si puissante, qu'il est impossible de lui résister ; et les anciens ont eu grande raison de dire, *que ce qu'il y a de plus fort en ce monde, c'est la nécessité.* C'est pourquoi il faut aller au-devant du *voyageur*, et se fortifier contre l'*homme armé*.

Parabole.

6. Celui qui instruit un railleur, se fait tort à lui-même; et celui qui reprend un impie, se fait une tache.

Explication.

Cette parabole s'accorde avec ce précepte du Sauveur, par lequel il nous recommande *de ne point semer nos perles devant des pourceaux*. On y distingue l'*acte* du *conseil positif* de *celui de la réprimande*. On y distingue aussi la personne du *railleur* de celle de l'*impie*. On y distingue enfin les deux espèces de *retours différens* qu'on trouve avec eux. En effet, dans le premier, le *seul retour est de perdre sa peine;* et dans le dernier, on y gagne de plus une *tache;* car lorsqu'on s'amuse à instruire et à endoctriner un *railleur*, d'abord on *perd son temps* avec lui, puis les autres *se moquent de vos efforts*, regardant vos tentatives comme inutiles, et comme de la peine mal placée. Enfin, le *railleur* lui-même *dédaigne la science qu'on lui a apprise:*

mais on court plus de risque encore en *reprenant un impie;* cet *impie,* qui nonseulement n'écoute pas, mais qui de plus tournant, pour ainsi dire, ses cornes contre celui qui le redresse, et qui lui est déja devenu odieux, ne manque pas de l'accabler d'invectives, ou du moins de l'accuser devant les autres.

PARABOLE.

7. Le fils sage est pour son père un sujet de joie ; et le fils insensé, un sujet d'affliction pour sa mère.

EXPLICATION.

Cette parabole distingue parmi les joies et les afflictions domestiques, celles qui sont propres au *père* et à la *mère,* au sujet de leurs *enfans.* En effet, le fils sage et rangé, est un *sujet de joie,* surtout pour le *père,* qui connoît mieux le *prix de la vertu,* et qui, par cette raison, est plus charmé de le voir enclin au bien. Il trouve de plus, dans l'éducation qu'il lui a donnée, un nouveau sujet de se féliciter ; il se sait bon gré de l'avoir si bien élevé par ses préceptes et son exemple. Au contraire, la *mère compatit davantage aux disgraces du fils*, parce que l'affection maternelle est plus tendre et plus molle, puis parce qu'elle se dit que c'est peut-être son excessive indulgence qui l'a ainsi corrompu et dépravé.

PARABOLE.

8. *La mémoire du juste sera accompagnée d'éloges, mais le nom de l'impie tombera en pourriture avec lui.*

EXPLICATION.

Cette parabole fait une distinction entre la *réputation des gens de bien* et celle des *méchans*, en montrant ce que doivent être l'une et l'autre après la *mort*. En effet, quant aux *gens de bien*, cette envie qui attaquoit leur *réputation* tant qu'ils vivoient, s'éteignant alors, leur *nom* va fleurissant, et leur *gloire* croissant de jour en jour. Quant aux *méchans*, si quelquefois leur réputation se soutient pendant quelque temps, par la faveur de leurs amis et de leur faction, bientôt à cette *réputation d'un jour* succède une *longue infamie*, et leur *nom* exhale, en quelque manière, une *odeur fétide* et repoussante.

PARABOLE.

9. *Celui qui met le trouble dans sa maison, ne possédera que des vents.*

EXPLICATION.

Très-utile avertissement par rapport aux *dissensions* et aux *troubles domestiques*; il est bien des gens qui, en faisant *divorce avec leurs épouses*, ou en *déshéritant leurs enfans*, ou *en changeant fréquemment de domestiques*, s'imaginent gagner beaucoup par ces changemens, et se flattent qu'ils pourront par là se mettre l'esprit en repos, et que leurs affaires en iront mieux. Mais le plus souvent toutes ces espérances ne produisent que *du vent;* car ou après ces bouleversemens les affaires n'en vont pas mieux, ou encore ces perturbateurs de leurs familles se jettent dans des embarras de toute espèce, ou n'éprouvent que de l'ingratitude de la part de ceux qu'ils ont adoptés et choisis, après avoir chassé les autres. De plus, cette conduite donne lieu à de mauvais bruits sur leur compte, et leur fait une réputation assez équivoque; et Cicéron n'a pas eu tort de dire, *que toute réputation vient de notre maison.* Or, ces deux espèces d'inconvéniens, Salomon les désigne élégamment par cette expression, *posséder des vents.* Et c'est avec raison qu'il compare *aux vents* ce que gagne celui dont l'*attente est trompée,* ou qui *donne prise au caquet.*

PARABOLE.

10. *La fin du discours importe plus que le commencement.*

EXPLICATION.

Cette parabole relève une erreur très familière, non-seulement à ceux qui font du *discours* leur principale étude, mais même aux hommes les plus sages. Voici en quoi elle consiste. La plupart des hommes s'occupent beaucoup plus du *préambule* et de *l'entrée* de leurs discours, que de *l'issue*. Ils méditent avec plus de soin leurs *exordes* et leurs *avant-propos*, que leurs *péroraisons*. Cependant ils devroient et ne pas négliger les premiers, et, portant encore plus leur attention sur les derniers, comme étant d'une toute autre importance, les tenir tout prêts et tout digérés, en considérant mûrement et prévoyant, autant qu'il est possible, de quelle conclusion ils pourront user, et comment cette fin pourra servir à mûrir et à avancer leurs affaires; et ce n'est pas tout : non-seulement il faut méditer avec soin ces *épilogues* et ces *fins de discours, qui se rapportent aux affaires mêmes;* mais il faut de plus prendre peine à imaginer *quelque propos, qu'on puisse jeter avec autant de dextérité que d'urbanité,* au moment où l'on prend congé. Deux conseillers que j'ai connus, deux hommes sans contredit du plus grand talent et d'une souveraine prudence, sur lesquels principalement portoit le poids des affaires, avoient cela de propre et de familier, que chaque fois qu'ils conféroient avec leurs princes sur les affaires de ces derniers, ils ne terminoient pas l'entretien par ce qui tenoit à l'affaire même en question ; mais ils tâchoient de les distraire, en jetant quelque plaisanterie, ou quelque autre trait agréable. En un mot, comme dit le proverbe, *ils dessalent les saumons de mer dans de l'eau de rivière*, et ce n'étoit pas le moins ingénieux de leurs expédiens.

PARABOLE.

11. *De même qu'une mouche morte donne une mauvaise odeur au parfum le plus suave, la moindre sottise a le même effet par rapport à un homme distingué par sa sagesse et par sa réputation.*

EXPLICATION.

C'est une injustice et un malheur attaché à la condition des *hommes d'une éminente vertu*, comme l'observe fort bien la parabole, qu'on ne leur pardonne pas la *plus petite faute*. Mais de même que, dans un diamant très éclatant, le plus petit grain, le plus petit nuage frappe la vue et fait une sorte de peine ; quoique ce même défaut, s'il se fût trouvé dans une pierre de moindre prix, à peine y eût-on fait attention : de même, dans des hommes *distingués par leur vertu*, les plus petits défauts frappent la vue, et sont sévèrement critiqués ; défauts que, dans des *hommes médiocres*, on n'appercevroit pas, ou que du moins on leur pardonneroit aisément. Ainsi, dans un homme très prudent, le plus petit trait d'imprudence ; dans un homme très vertueux, le plus petit délit ; et dans un homme très poli et de mœurs élégantes, le plus petit ridicule leur fait perdre beaucoup de leur considération : ensorte que ces *personnages distingués* ne feroient pas trop mal de mêler à dessein *quelques petites sottises* à leurs actions (non pas des vices toutefois), afin de conserver une sorte de liberté, et de confondre, par ce moyen, les marques de leurs petits défauts.

PARABOLE.

12. *Les railleurs sont le fléau de la cité; mais les sages détournent les calamités.*

EXPLICATION.

Il pourra paroître étonnant que, voulant désigner les hommes que la nature semble avoir faits tout exprès pour renverser et perdre les républiques, Salomon aille choisir le caractère, non de l'homme superbe et insolent, non de l'homme tyrannique et cruel, non de l'homme téméraire et violent, non de l'impie et du scélérat, non de l'homme injuste et oppresseur, non du séditieux et du brouillon, non du libertin et du voluptueux, non enfin le caractère du sot et de l'homme sans talens; mais bien celui du *railleur*. Ce choix néanmoins est vraiment digne de ce prince, qui connoissoit si bien les vraies causes de la conservation et de la ruine des républiques; car il n'est peut-être pas de fléau égal à celui dont les royaumes ou les républiques sont affligés, lorsque les conseillers des rois, ou les sénateurs, ou et en général ceux qui sont au gouvernail, sont d'*esprit railleur*. Les hommes de cette trempe vont toujours exténuant la grandeur des inconvéniens, afin de paroître des sénateurs courageux, insultant à ceux qui pèsent ces inconvéniens comme ils le doivent, et les taxant de timidité. Ils se moquent de ces délibérations si lentes, de ces discussions si approfondies, prétendant que ce n'est qu'un bavardage d'orateur ; que rien n'est plus fastidieux, et qu'elles ne contribuent en rien au succès. Ils méprisent l'opinion publique, sur laquelle pourtant les princes doivent régler leurs desseins ; la regardant comme le *caquet de la populace*, comme le bruit d'un jour. La force et l'autorité des loix qui, selon eux, ne sont qu'une sorte de filets peu faits pour faire obstacle aux grands desseins, n'a pas plus le pouvoir de les arrêter. Ces dispositions et ces précautions, qui regardent un avenir éloigné, leur paroissent comme autant de rêves et d'imaginations mélancoliques. Par leurs bons mots et leurs sarcasmes, ils se jouent des personnages prudens et recommandables tout à la fois par l'élévation de leur ame et leur capacité. En un mot, ils ruinent, d'un seul coup, tous les fondemens du régime politique. Et c'est à quoi il faut faire d'autant plus d'attention, qu'ils n'attaquent pas ouvertement, mais qu'ils minent sourdement l'édifice : or, ce talent si dangereux, on ne s'en défie pas autant qu'il le faudroit.

PARABOLE.

13. *Le prince qui prête une oreille facile aux paroles du mensonge, n'aura que de méchans serviteurs.*

EXPLICATION.

Lorsque le *prince* est de caractère à prêter sans jugement une oreille facile et crédule aux médisans et aux sycophantes, il souffle, de la région où il est, une sorte de vent contagieux qui infecte et corrompt tous ses serviteurs. Les uns épient les terreurs du *prince*, et les augmentent par de fausses relations; les autres réveillent dans son cœur les furies de l'envie, sur-tout contre les personnages les plus estimables; d'autres lavent leurs propres souillures et les crimes dont ils se sentent coupables, en accusant les autres; d'autres encore, ne favorisant que leurs amis, font tout pour la gloire de ceux-ci, et semblent ne faire voile qu'à leur ordre, calomniant et dénigrant leurs compétiteurs; d'autres composent, contre leurs ennemis, des espèces de piéces de théâtre, et les débitent en vrais comédiens. Cette facilité du maître a une infinité d'autres semblables inconvéniens. Tels sont du moins ses effets sur les plus *méchans de ses serviteurs*. Mais aussi ceux qui ont plus de mœurs et de probité, voyant qu'ils trouvent peu d'appui dans leur seule innocence, attendu que le prince ne sait pas démêler le vrai d'avec le faux, se dépouillent de cette probité si incommode ; ils sont à l'affût des vents de cour, qui les font tournoyer d'une manière tout-à-fait servile; et c'est ce qu'observe *Tacite* au sujet de *Claude*. *Il n'est point de sûreté*, dit-il, *auprès d'un prince qui ajoute foi à tout ce qu'on lui dit, et qui prend, pour ainsi dire, l'ordre de tout le monde.* Et Comines a fort bien remarqué aussi, *qu'il vaut encore mieux servir un prince dont les soupçons n'ont point de fin, qu'un prince dont la crédulité est sans mesure.*

Parabole.

14. *Le juste a pitié de l'animal qui le sert;* mais *la pitié pour les méchans est cruauté.*

Explication.

C'est la nature même qui a planté dans le cœur humain le noble et généreux sentiment de la *commisération*; sentiment qui s'étend aux *brutes mêmes*, lesquelles, en vertu de la loi divine, sont soumises à son empire. Ainsi ce dernier genre de *compassion* a quelqu'analogie avec celle d'un prince pour ses sujets. Disons plus:

il est hors de doute que plus une ame a d'élévation et de dignité, plus elle embrasse d'êtres sensibles dans sa compassion. En effet, les ames étroites et dégradées s'imaginent que ce qui regarde les animaux, n'est point du tout leur affaire; mais celle qui est vraiment la plus noble portion de l'univers, est sensible dans le tout. Aussi voyons-nous que l'ancienne loi renfermoit un bon nombre de préceptes qui n'étoient pas purement *cérémoniels*, mais plutôt destinés à inspirer la *commisération :* tel étoit celui qui défendoit de manger la *chair avec le sang*, et autres semblables. De plus, les sectes des Esséniens et des Pythagoriciens s'abstenoient entièrement de la chair des animaux; et c'est une observance qui a lieu même aujourd'hui chez quelques habitans de l'empire du Mogol, par une superstition à laquelle rien n'a pu donner atteinte. Il y a plus : les Turcs, nation qui, par son origine et ses institutions, ne peut être que cruelle et sanguinaire, sont dans l'usage de faire l'aumône aux animaux mêmes (1), et ne trouvent pas bon qu'on les vexe, qu'on les fasse souffrir. Mais, de peur qu'on ne pense que ce que nous venons de dire justifie toute espèce de *compassion*, Salomon ajoute que la *compassion pour les méchans est cruauté;* et c'est ce qui a lieu lorsqu'on épargne les méchans et les scélérats que le glaive de la justice eût dû frapper; et une *compassion* de cette nature est plus cruelle que la *cruauté* même. Car la

---

(1) Chaque jour un homme payé *ad hoc*, monte sur une haute tour, et y répand du grain pour les oiseaux du ciel. D'autres mettent en pension un vieux cheval, un vieux bœuf, un vieux chien, qui ne peut plus leur être utile, et auquel ils se croient obligés de l'être à leur tour; et c'est ainsi que, par la compassion pour les animaux, ils s'exercent à la commisération pour les hommes. Les animaux sont, à plus d'un égard, nos semblables, puisqu'ils sont comme nous sujets à la douleur, capables d'affection, de reconnoissance. Il existe des relations sociales, des devoirs de nous à eux, puisqu'ils nous sont utiles, et qu'ils savent nous aimer.

cruauté proprement dite ne s'exerce que sur tel ou tel individu; mais cette pitié dont nous parlons, accordant l'impunité à la tourbe entière des méchans, les arme et les lance contre les gens de bien (1).

PARABOLE.

15. *L'insensé lâche toute son haleine; mais le sage réserve quelque chose pour l'avenir.*

EXPLICATION.

Cette *parabole* semble destinée à re-

---

(1) Ce sont presque toujours des hommes sévères, un peu durs, et même un peu cruels, qui montent la machine de chaque état. Tel fut Junius-Brutus dans l'ancienne Rome, et Sixte-Quint dans la nouvelle; et la machine va jusqu'à ce qu'un homme foible soit chargé de la gouverner. C'est que le premier effet de toute institution politique doit être de faire trembler les méchans, pour rassurer les gens de bien; car les gens de bien tremblent, lorsque les méchans marchent têtes levées : des loix sévères et rigoureusement observées ne gênent que ceux qu'elles doivent gêner.

lever, non la futilité de certains hommes qui disent étourdiment et ce qu'il faut dire et ce qu'il faut taire; non cette intempérance de langue qui les porte à se donner carrière sans choix et sans jugement sur toutes sortes de personnes et de sujets; non ce babil intarissable qui étourdit l'oreille et fait mal au cœur; mais un autre défaut plus caché, une certaine manière de gouverner ses discours dans les entretiens particuliers, qui manque tout-à-fait de prudence et de politique, il s'agit de la faute que commettent ceux qui lâchent, tout d'un trait et comme d'une haleine, tout ce qu'ils ont dans l'esprit par rapport au sujet en question : car rien n'est plus préjudiciable aux affaires. En effet, 1°. un *discours morcelé* et qui se développe par parties, pénètre beaucoup plus avant, qu'un discours continu; car un discours continu ne met pas l'auditeur à portée de bien peser chaque chose distinctement une à une, et ne laisse pas le temps à chaque raison de prendre pied; mais une raison chasse l'autre avant que la première se soit bien établie. En second lieu, il n'est point d'homme d'une éloquence si heureuse et si puissante, qu'il puisse, du premier choc de son discours, *rendre son interlocuteur tout-à-fait muet,* et, pour ainsi dire, lui couper la langue : cet autre, selon toute apparence, fera quelque réponse, quelqu'objection. Mais alors qu'arrivera-t-il? Que ce qu'il eût fallu réserver pour le réfuter ou lui répliquer, ayant déja été touché et dit avant coup, perd ainsi toute sa force et toute sa grace. En troisième lieu, si ce qu'on a à dire, on ne le répand pas tout d'un coup, mais qu'on le présente *par parties,* en jetant tantôt une chose et tantôt une autre, on est à même de découvrir, par l'air du visage et les réponses de l'interlocuteur, quelle impression chaque chose fait sur lui, ou en quelle part il la prend : de manière que ce qui reste à dire, on peut, redoublant de précautions, ou le supprimer tout-à-fait, ou y mettre plus de choix.

Parabole.

16. *Si l'esprit de celui qui a la puissance s'élève contre toi, n'abandonne pas ton poste; car le traitement remédiera aux grandes erreurs de régime.*

Explication.

La *parabole* enseigne comment on doit se conduire lorsqu'on a encouru l'indignation et la colère du *prince* : précepte qui renferme deux parties. 1°. Il recommande de *ne pas abandonner son poste;* 2°. de *penser à la cure,* comme dans une maladie grave, et de n'épargner pour cela ni soin ni précautions. Car la plupart des hommes, lorsqu'ils voient leur *prince* irrité contre eux, disparoissent; et, soit par l'impuissance de supporter la perte de leur considération, soit pour ne pas frotter la plaie en se montrant, soit enfin pour rendre le prince témoin de leur affliction et de leur humiliation, ils se dérobent à leurs emplois et à leurs fonctions; ils vont quelquefois jusqu'à abdiquer leurs magistratures et leurs dignités, et à les remettre entre les mains du *prince*. Mais Salomon improuve ce genre de traitement, le regardant comme préjudiciable; et cela par les raisons les plus fortes. 1°. *Cela même rend votre déshonneur trop public*, vos ennemis et vos envieux en deviennent plus hardis pour vous attaquer; et vos amis, plus timides pour vous servir. Il en résulte aussi que la *colère du prince*, qui, si elle n'étoit pas rendue publique, tomberoit d'elle-même, *se fixe davantage*, et qu'ayant déja ébranlé son homme, elle le pousse dans le précipice. De plus cette *retraite* donne un certain *air de malveillance* et de *mécontentement* du présent; ce qui ajoute, au mal de l'indignation, le mal du soupçon. Or, voici en quoi consiste *le traitement.* 1°. Il ne faut pas se donner *l'air d'être insensible à l'indignation du prince*, soit par une sorte de *stupidité*, soit par une *hauteur excessive;* mais il faut en paroître affecté comme on doit l'être; c'est-à-dire qu'il faut composer son visage, non en y faisant paroître un air de mauvaise humeur et de rébellion, mais une tristesse grave et modeste. Il faut, dans tout ce que l'on fait, montrer moins de gaieté et d'enjouement qu'à l'ordinaire. De plus, pour rétablir un peu vos affaires, usez de l'entremise d'un ami, et engagez-le à faire entendre au *prince*, par un discours insinuant, de quelle douleur vous êtes intérieurement pénétré. En second lieu, *évitez avec soin* toutes les *occasions*, même les *plus légères*, de *rappeller* au prince la *chose* qui a excité sa *colère*, et de *toucher* ainsi à la *plaie*; et beaucoup plus encore de l'irriter de nouveau, et de lui donner lieu de vous faire une seconde réprimande devant les autres : saisissez avec soin toutes les occasions où *votre service peut être agréable au prince*, afin de lui témoigner le plus vif désir de réparer la faute commise, et de lui faire sentir de quel serviteur il se priveroit, s'il venoit à vous congédier : *rejetez adroitement la faute* sur les autres (1), ou insinuez que, si vous l'avez commise, ce n'est point par *mauvaise intention* : ou encore faites remarquer la *malignité* de ceux qui vous ont dénoncé au *roi*, et faites voir qu'ils ont excessivement aggravé la chose : enfin tenez-vous continuellement éveillé, et occupez-vous sérieusement du *traitement*.

Parabole.

17. *Le premier qui plaide, a toujours raison; puis vient l'autre partie, et l'on informe contre elle.*

Explication.

En toute espèce de *cause*, la *première information*, pour peu qu'elle ait pris pied dans l'esprit du juge, y jette de profondes racines; elle le prévient, elle se rend maîtresse de lui : ensorte qu'il est bien difficile de l'effacer, à moins qu'il ne se trouve quelque fausseté manifeste

---

(1) Et si ces autres ne sont pas coupables, M. le Chancelier ?

dans la matière même de *l'information*, ou qu'on ne découvre quelque artifice dans la manière de l'exposer. En effet, une défense simple et nue, quoique juste, balancera difficilement, dans l'esprit du juge, le préjugé qui naît de la première information : une fois que la balance de la justice penche d'un côté, difficilement pourra-t-elle la ramener à l'équilibre. Ainsi le plus sûr, pour le juge, c'est de ne pas se permettre le plus petit jugement sur le *droit*, avant d'être bien informé du *fait*, et d'avoir entendu, sur ce point, les deux parties l'une après l'autre; et ce que le défendeur peut faire de mieux quand il voit le juge prévenu, c'est de faire voir que sa partie adverse a employé quelque artifice, quelque ruse condamnable, pour surprendre la religion du juge.

Parabole.

18. *Celui qui nourrit trop délicatement un serviteur encore enfant, le trouvera rébelle par la suite.*

Explication.

Les *princes* et les *maîtres* de toute espèce, d'après le conseil de Salomon, doivent, dans les graces et les faveurs qu'ils répandent sur leurs *serviteurs, garder certaines mesures*. 1°. Il faut les avancer par *degrés* et non par *sauts;* 2°. *les accoutumer aux refus;* 3°. et c'est ce que Machiavel recommande avec raison; outre les graces qu'ils ont déja obtenues, il faut *qu'ils aient toujours devant les yeux quelque autre but auquel ils puissent aspirer:* sans quoi, les *princes,* au lieu de cette reconnoissance et de ces services qu'ils attendent de leurs *serviteurs,* ne feront à la fin que les rassasier et leur apprendre à leur résister. Une élévation subite rend insolent; et lorsqu'on est accoutumé à obtenir tout ce qu'on désire, on devient *incapable de supporter un refus.* Enfin, ôtez les désirs, vous ôtez l'activité et l'*industrie.*

Parabole.

19. *Avez-vous vu un homme expédi-*

tif dans sa besogne; cet homme-là se tiendra debout devant les rois, et il ne sera pas de ceux qu'on distinguera le moins.

EXPLICATION.

De toutes les *qualités* que les *rois* considèrent dans le *choix de leurs serviteurs*, et qu'ils y souhaitent le plus, celle qui leur est la plus agréable, c'est la *célérité* et une certaine *promptitude à expédier les affaires*. Quant aux hommes d'une prudence profonde, ils sont suspects aux *rois*; ce sont pour eux des espèces d'inspecteurs; ils craignent que ces esprits supérieurs n'abusent de leurs avantages pour les surprendre, les maîtriser et les tourner à leur fantaisie comme des machines. Les hommes populaires ne sont pas vus de meilleur œil; ils offusquent les rois, parce qu'ils attirent sur eux-mêmes les regards du peuple. Les hommes courageux passent pour des brouillons; l'on craint qu'ils n'osent plus qu'ils ne doivent. Les hommes probes et intègres paroissent trop difficiles, trop peu disposés à obéir au moindre signe d'un maître. Enfin, il n'est point de vertu qui ne porte quelque ombrage aux rois, et qui ne les blesse par quelque côté ; au lieu que la *promptitude à exécuter leurs ordres* n'a rien qui ne les flatte : car les volontés des rois sont soudaines, et ne souffrent point de délais ; ils s'imaginent qu'il n'est rien qu'ils ne puissent, et qu'il ne leur manque que des gens qui exécutent assez vîte ce qu'ils commandent : ainsi, avant tout, c'est la *célérité* qui leur est agréable.

PARABOLE.

20. *J'ai vu tous ceux qui vivent et qui marchent sous le soleil, quitter le prince régnant, pour se ranger auprès de celui qui étoit près de lui succéder* (1).

―――――――――――――――

(1) Salomon, dans sa vieillesse, s'appercevoit que ses courtisans le quittoient, et se rangeoient autour de son fils Roboam. C'est ce dont il se plaint

EXPLICATION.

Cette *parabole* relève la vanité des hommes qu'on voit accourir en foule *auprès des successeurs désignés des princes*, et leur faire cortège. Or, la vraie racine de ce mal n'est autre que cette folie que la nature a si profondément plantée dans le cœur humain, et qui rend les hommes trop amoureux des objets de leurs espérances ; car on en voit peu qui ne se complaisent plus dans ce qu'ils *espèrent*, que dans ce qu'ils *possèdent*. De plus, la *nouveauté* est agréable à la nature humaine, elle en est comme affamée : or, dans le *successeur du prince*, se trouvent ensemble ces deux choses, un objet d'espoir et la *nouveauté*. Or, ce que la parabole nous fait entendre, c'est cela même qu'autrefois Pompée dit à Sylla, et depuis, Tibère à

---

ici en termes généraux et figurés. Au reste, nous avons été obligés d'ajouter quelques mots au texte, sans quoi la traduction eût été inintelligible.

Macron : *qu'on adore plus le soleil levant, que le soleil couchant.* Et néanmoins ceux qui commandent, ne sont pas autrement choqués de cet abandon, et n'y attachent pas trop d'importance, comme on le voit par l'exemple de Sylla et de Tibère ; mais plutôt ils se rient de la légèreté des hommes, et ne s'amusent point à lutter contre des songes ; car quelqu'un l'a dit, *l'espérance n'est que le rêve d'un homme éveillé.*

PARABOLE.

21. *Il étoit une cité petite et mal peuplée. Un grand roi vint l'attaquer ; il combla les fossés ; il fit une circonvallation, et toutes les dispositions nécessaires pour un siége furent achevées. Il se trouva dans cette ville un homme tout-à-la-fois pauvre et sage, qui la sauva par sa sagesse ; mais ensuite cet homme pauvre, personne ne s'en souvint plus.*

EXPLICATION.

Cette parabole nous donne une idée du *génie pervers et de la malveillance de la plupart des hommes.* Dans le malheur, et lorsque la nécessité les presse, ils ont recours aux hommes prudens et courageux qu'ils méprisoient auparavant; mais dès que l'orage est passé, ceux qui les ont sauvés, n'éprouvent de leur part que de l'ingratitude; et ce n'est pas sans raison que Machiavel, à ce sujet, propose cette question; savoir : *quel est le plus ingrat du prince ou du peuple?* mais en attendant il taxe l'un et l'autre d'ingratitude. Cependant cet oubli dont nous parlons, ne vient pas seulement *de l'ingratitude du prince ou du peuple,* il a encore une autre cause; savoir : la *jalousie des grands,* qui s'affligent en secret du plus heureux succès dont on ne leur a point l'obligation. Aussi ne manquent-ils pas de rabaisser le mérite de celui qui a rendu ce service, et de le déprimer le plus qu'ils peuvent.

PARABOLE.

22. *La voie du paresseux est semblable à une haie d'épines.*

EXPLICATION.

Cette *parabole* nous montre avec beaucoup d'élégance, que la *paresse* finit par la *peine*. Car lorsqu'on fait ses préparatifs avec toute la diligence et tout le soin requis, on a l'avantage de ne point heurter son pied contre aucune pierre d'achopement, et d'applanir le chemin avant de se mettre en marche. Au lieu que le *paresseux*, l'homme qui diffère jusqu'au dernier moment, est ensuite forcé de se faire un chemin à travers des broussailles et des épines qui l'arrêtent à chaque pas. C'est ce qu'on peut observer aussi dans le gouvernement de la famille. Quand on met, dans tout, le soin et la diligence nécessaires, tout marche paisiblement, et coule de soi-même sans bruit et sans fracas ; sinon au premier grand besoin qui survient, il faut tout faire à-la-fois, les domestiques font un bruit terrible, et toute la maison retentit de ce fracas.

PARABOLE.

23. *Celui qui, dans un jugement re-*

garde au visage, ne fait pas bien; et cet homme, pour une bouchée de pain, abandonnera la vérité.

EXPLICATION.

Cette *parabole* observe très judicieusement que, dans un juge, une certaine *facilité de caractère* est plus pernicieuse que l'*avidité qui se laisse corrompre par des présens.* Car il s'en faut de beaucoup que tout le monde puisse faire des présens; mais il est peu de causes où il ne se trouve quelque considération qui fléchisse l'esprit du juge, dès qu'une fois il *regarde aux personnes.* Celui-ci est populaire, celui-là est une mauvaise langue, un autre est riche, un autre encore plaît davantage, tel lui est recommandé par un ami. Enfin, où domine l'*acception de personnes,* tout respire la partialité, et l'on rend des jugemens iniques pour fort peu de chose; en un mot, *pour une bouchée de pain.*

PARABOLE.

24. *Un homme pauvre calomniant d'au-*

tres pauvres, est semblable à une pluie violente qui amène la famine.

Explication.

Cette *parabole* a été jadis exprimée et peinte dans la fable des *deux hirondelles*, dont l'une pleine, et l'autre vuide. L'*oppression* exercée par l'homme *pauvre* et *affamé*, est beaucoup plus accablante que celle qu'exerce l'homme *riche* et *comblé de biens*; car le premier a recours à tous les rafinemens de la maltôte, et va furetant dans tous les coins pour trouver le dernier écu. Et pour marquer la différence de ces deux sortes d'homme, on les comparoit ordinairement aux éponges, qui, lorsqu'elles sont sèches, pompent fortement l'humidité, et qui ne la pompent plus de même, une fois qu'elles sont imbibées. Cette parabole renferme un utile avertissement. D'un côté, elle recommande aux princes de ne pas confier le gouvernement des provinces ou les magistratures à des hommes indigens et obérés : de l'autre, elle conseille aux peuples de ne point exposer leurs souverains à lutter contre une grande indigence (1).

Parabole.

25. *L'homme juste succombant devant l'impie, c'est la fontaine qu'on trouble avec le pied; c'est le filet d'eau corrompu.*

Explication.

Ce que recommande cette *parabole*, c'est de se donner bien de garde, dans les républiques, de *certains jugemens iniques et déshonorans*, rendus dans des *causes célèbres et importantes*, sur-tout lorsque l'effet du jugement est non d'absoudre un coupable, mais de condamner un innocent (2). En effet, les injustices

---

(1) Ou, ce qui revient au même, de les engager par force à aller un peu plus loin lutter contre cette indigence.

(2) Tel fut à Athènes le jugement d'Hipparque contre Harmodius et Aristogiton; à Rome, celui d'Appius-Claudius contre Virginie; deux juge-

qui se commettent entre particuliers, ont à la vérité l'effet de troubler et de souiller les *eaux de la justice*, mais seulement dans les *petits ruisseaux*; au lieu que ces jugemens iniques dont nous parlons, et qui ensuite font exemple, *infectent* et souillent les *sources* mêmes de la *justice* : une fois qu'un tribunal s'est tourné du côté de l'injustice, à l'instant tout est bouleversé, et l'administration n'est plus qu'un brigandage public; c'est alors, sans contredit, que l'*homme est pour l'homme un vrai loup*.

PARABOLE.

26. *Gardez-vous d'être l'ami d'un*

---

mens qui ont causé deux révolutions. L'homme aime naturellement la liberté ; mais il est paresseux, timide, esclave de l'habitude ; il n'est qu'un trait criant d'injustice, soit une voie de fait ou un jugement inique, qui le mettent en état de surmonter ces trois causes d'inertie, par la force que lui donne l'indignation portée à son comble ; car ce sont ces trois causes qui, avec ses faux besoins, forgent et rivent ses fers.

homme colère, et de marcher avec un homme furieux.

Explication.

S'il est vrai qu'entre honnêtes gens il faille respecter les droits de l'amitié, et en remplir scrupuleusement tous les devoirs, c'est une raison de plus *pour y regarder d'abord de bien près, et pour choisir ses amis avec le plus grand soin.* Pour ce qui est des défauts qui peuvent se trouver dans leur naturel et leur caractère, nous devons, quant à nous-mêmes, nous résoudre à les supporter. Mais si ces liaisons nous imposent la nécessité de jouer à l'égard des autres tel ou tel rôle qu'il plaît à ces amis, c'est alors une bien triste chose que cette amitié ; c'est une vraie tyrannie. Il importe donc, comme nous le recommande Salomon, pour assurer son repos et se mettre en sûreté, de ne point mêler dans nos affaires des *hommes colères,* de ces gens si prompts à susciter des querelles ou à les épouser. Car des amis de cette trempe nous impliquent sans cesse dans des différens et dans des factions, et il faudra ou rompre avec eux, ou se compromettre.

Parabole.

27. *Celui qui tait vos fautes, recherche votre amitié; mais celui qui les rappelle, sépare les alliés.*

Explication.

Il est deux méthodes pour moyenner la paix et rapprocher les esprits : l'une part de *l'amnistie;* l'autre, en reparlant des injures, y joint des *excuses* et des *apologies.* Ce qui me rappelle le sentiment d'un homme vraiment prudent, d'un vrai politique : *Moyenner la paix, disoit-il, sans reparler du sujet de la querelle, c'est plutôt séduire les cœurs par l'amour du repos, qu'accommoder les différens avec équité.* Mais Salomon encore plus prudent que lui, est d'un sentiment contraire; et il préfère l'*amnistie* au remaniement de l'affaire. En effet, ce soin de *rappeller le sujet de la querelle* a plusieurs inconvéniens. 1°. *On met,* pour ainsi dire, *l'ongle dans la plaie, et c'est s'exposer à susciter de nouvelles altercations.* Car les parties belligérantes ne sont jamais d'accord sur la mesure des injures réciproques ; *puis il faut en venir à des apologies.* Or, chacun des deux partis aime mieux paroître avoir pardonné une offense, qu'avoir reçu une excuse.

PARABOLE.

28. *Dans tout travail utile est l'abondance; mais où se trouve beaucoup de paroles, se trouve aussi presque toujours l'indigence* (1).

EXPLICATION.

Dans cette parabole, Salomon distingue *le fruit du travail de la langue,* d'avec *celui du travail des mains,* donnant à entendre que le produit de l'un est la *misère,* et le produit de l'autre, *l'abondance.*

---

(1) L'exemple n'est pas loin.

En effet, il arrive presque toujours que ces gens qui bavardent tant, qui se vantent sans cesse, qui font beaucoup de promesses, manquent de tout, et qu'ils ne tirent aucun fruit de tous ces discours. Rarement ils sont actifs et industrieux : ils se nourrissent, ils dînent de ces discours, et se paissent, pour ainsi dire, de vent. On peut dire, d'après un poëte, *que celui qui sait se taire, a de la fermeté.* Un homme qui sent que sa besogne avance, s'applaudit à lui-même et se tait. Mais celui qui ne peut se dissimuler qu'il n'aspire qu'à un vain bruit de réputation, se vante d'une infinité de choses; il promet monts et merveilles (1).

PARABOLE.

29. *Une censure franche et ouverte vaut mieux qu'une amitié qui se cache.*

EXPLICATION.

La *parabole* relève cette *mollesse de*

---

(1) Les beaux discours ne sont que le supplément des bonnes actions, et l'on apprend à bien dire, pour se dispenser de bien faire.

certains amis, qui n'osent user du privilège de l'amitié pour reprendre librement et courageusement leurs amis, tant par rapport aux fautes que ceux-ci peuvent commettre, que relativement aux risques qu'ils courent. *Que faire*, dit ordinairement tel de ces amis si mous, *quel parti prendre ? je l'aime autant qu'il est possible ; et s'il lui arrivoit quelque malheur; je me mettrois volontiers à sa place : mais je connois son humeur; si je lui parle trop librement, je le choquerai, ou tout au moins je l'afligerai, et je n'en serai pas plus avancé: l'effet de mes remontrances sera plutôt de me brouiller avec lui, que d'arracher de sa tête ce qui y est comme cloué.* Salomon condamne un ami de cette trempe, à titre d'homme sans nerf et sans utilité, et prononce qu'on tire plus de fruit d'un *ennemi déclaré*, que d'un *tel ami*; car cet *ennemi* peut, pour vous humilier, vous dire hautement ce qu'un *ami* trop indulgent oseroit à peine vous dire à l'oreille.

PARABOLE.

30. *L'homme prudent se contente de bien peser toutes ses démarches : l'insensé a recours aux rubriques.*

EXPLICATION.

Il est deux espèces de *prudence* : l'une, saine et véritable ; l'autre, basse et fausse. C'est cette dernière que Salomon ne balance pas à qualifier de *folie*. Celui qui s'adonne à la première, ne marche qu'avec précaution ; et pèse avec soin toutes ses propres démarches ; prévoyant de loin le danger, pensant de bonne heure au remède, s'appuyant du secours des gens de bien, se fortifiant contre les méchans, circonspect en commençant, soigneux de se ménager une retraite, prompt à saisir les occasions, ferme contre les obstacles : enfin, n'épargnant aucun soin, aucune attention pour *bien régler ses actions* et *ses démarches*. Mais l'autre espèce est toute cousue de *finesses* et de *rubriques ;* elle met toute son espérance dans l'art de circonvenir les autres, et de les tourner à sa fantaisie. Or, celle-ci c'est avec raison que la *parabole* la rejette, non pas seulement comme *malhonnête*, mais même comme *sotte*; car, 1°. ce ne sont pas là de ces choses qui soient en notre pouvoir, et il n'est point en cet art de règle fixe sur laquelle on puisse s'appuyer. Mais il faut chaque jour imaginer de nouveaux stratagêmes; les premiers s'usant bientôt et devenant banaux. En second lieu, tout homme qui a une fois encouru la réputation d'homme double et artificieux, s'est privé par là du *plus grand instrument* dans les affaires, je veux dire, de la *confiance des autres*. Aussi rarement ses succès seront-ils conformes à ses vœux. Enfin, *toutes ses finesses peuvent paroître fort belles dans la spéculation, et l'on peut s'y complaire;* mais le plus souvent elles trompent l'attente de celui qui s'y fie. C'est ce que Tacite a fort bien observé. *Les entreprises dirigées par la ruse et l'audace, sont fort belles en projet, difficiles dans l'exécution, et malheureuses dans l'issue.*

PARABOLE.

31. *Ne vous piquez pas d'être trop juste et plus sage qu'il ne faut. Pourquoi vous laisser ainsi emporter tout d'un coup ?*

EXPLICATION.

Il est des temps, comme l'observe encore Tacite, *où les grandes vertus mènent infailliblement un homme à sa perte;* et c'est ce qui arrive quelquefois aux hommes distingués par leur vertu et leur justice, quelquefois tout-à-coup, et quelquefois aussi après l'avoir prévu de loin. Que si à ces qualités vous joignez de la prudence ; c'est-à-dire, si vous supposez qu'ils soient circonspects et vigilans pour leur propre sûreté (1), qu'y

---

(1). L'extrême circonspection, dans un pareil temps, est une véritable imprudence : elle se fait trop remarquer ; elle irrite la tyrannie ; et le tyran, ou ses suppôts, se plaisent à mettre en défaut cette excessive prudence. C'est ce que j'ai observé plusieurs fois dans notre révolution. J'ai vu des hom-

gagneront-ils? que leur catastrophe arrivera tout-à-coup par des voies obscures et détournées, et qu'on les attaquera par surprise, pour éviter l'odieux d'une attaque ouverte, et pour les perdre plus sûrement.

Quant à ce *trop* dont il est question dans la *parabole*, comme ce n'est pas un Périandre qui parle ici, mais un Salomon, qui observe souvent le mal dans la vie humaine, mais qui ne le conseille jamais ; ce qu'il dit, il faut l'entendre, non de la vertu même, où il n'y a jamais *d'excès* (1); mais de cette affectation et de cet étalage qui excite l'envie. Tacite fait entendre quelque chose de semblable au sujet d'un certain Lépidus, remar-

---

mes qui pesoient avec soin toutes leurs démarches, tous leurs mots, et qui naviguoient toujours la sonde à la main, se flattant de pouvoir éviter tous les écueils. Ces excellentes têtes ont pris des mesures si justes, qu'elles ont été coupées.

(1) Puisqu'elle consiste à garder en tout un certain milieu, en évitant également les deux extrêmes opposés, qui sont vicieux.

quant, comme une sorte de miracle, qu'il n'avoit jamais ouvert aucun avis qui sentît la servitude, et que cependant il n'avoit pas laissé de se conserver dans ces temps de cruauté (1). *Lorsque je réfléchis sur ce sujet*, dit-il, *je ne sais trop si ce n'est pas le destin qui gouverne toutes ces choses; ou si plutôt il n'est pas en notre pouvoir de tenir, entre un honteux assujettissement et une hauteur insolente, un certain milieu tout à la fois exempt de bassesse et d'imprudence.*

PARABOLE.

32. *Fournis au sage l'occasion, et tu verras croître sa sagesse.*

EXPLICATION.

La *parabole* fait une distinction entre cette sagesse qui est devenue une véritable habitude et qui s'est bien mûrie, et celle qui ne fait encore que flotter dans la

---

(1) Ce qui est d'autant plus étonnant, qu'il étoit gouverneur de Rome; place qui le mettoit en prise à chaque instant.

cervelle et dans la pensée, et qui s'étale dans les discours; mais qui n'a point encore jeté de profondes racines. Car la première, dès qu'elle trouve une occasion pour s'exercer, s'éveille aussitôt, se met à l'ouvrage, s'étend au loin, et semble alors se surpasser elle-même. Au lieu que l'autre, qui étoit si éveillée avant l'occasion, s'étonne et s'abat quand l'occasion est venue ; et cela au point que ceux mêmes qui croyoient en être vraiment doués, sont réduits à en douter, et à soupçonner que tous ces préceptes dont leur esprit est plein, sont autant de rêves et de vaines spéculations.

Parabole.

33. *Celui qui aujourd'hui loue son ami à voix haute, sera pour lui demain, en se levant, une cause de malédiction.*

Explication.

L'effet des *louanges* modérées, données à propos et seulement par occasion, est de contribuer beaucoup à la réputation et à la fortune de ceux qui en sont le sujet. Mais des *éloges* excessifs, bruyans et donnés à contre-temps, ne servent de rien. Il y a plus : suivant le sens de la *parabole*, ils sont très nuisibles ; car, 1°. ils décèlent l'intention de ceux qui les donnent ; ils semblent dictés par une *excessive prévention* en leur faveur, ou *affectés à dessein* pour séduire les personnes qu'on loue, par des éloges peu mérités, plutôt que pour les faire valoir, en faisant ressortir leurs qualités réelles. En second lieu, un *éloge sobre et modéré*, invite les auditeurs à *y ajouter quelque chose du leur;* au lieu que les *éloges prodigués et excessifs* excitent ceux qui les entendent *à en retrancher* quelque chose. En troisième lieu (et ce qui est ici le principal point), on réveille l'envie contre celui qu'on *loue excessivement;* attendu que tous ces éloges *trop marqués*, semblent avoir pour but d'humilier ceux des auditeurs qui n'en méritent pas moins (1).

---

(1) Il est des personnes qui ont l'adresse de ne

PARABOLE.

34. *De même qu'on voit son visage dans le miroir des eaux, de même aussi le cœur humain est visible pour les hommes prudens.*

EXPLICATION.

La *parabole* distingue entre les *esprits des hommes prudens*, et ceux *des autres hommes;* comparant les premiers à *la surface des eaux*, ou *aux miroirs* qui réfléchissent les images des objets, et assimilant les autres à la *terre*, ou à *une pierre brute*, qui ne les réfléchit point. Et c'est avec d'autant plus de justesse, que *l'esprit d'un homme prudent* est ici comparé à un *miroir*, que dans un *miroir* l'on peut contempler tout-à-la-fois sa *propre image* et *celle des autres*, pro-

---

jamais blâmer directement qui que ce soit, surtout les absens; mais qui au contraire louent sans cesse les absens ou les morts, devant les gens de la même profession; par ce moyen ils goûtent continuellement le plaisir de la médisance, sans jamais passer pour médisans.

priété qu'on ne peut attribuer aux *yeux mêmes* ou à un *miroir*. Que si l'esprit de *l'homme prudent* a assez de capacité pour pouvoir observer et démêler une infinité d'esprits et de caractères, reste à tâcher de le rendre assez souple pour *varier ses applications, et pour représenter toutes sortes d'objets*.

Nous nous sommes peut-être un peu trop arrêtés sur ces *paraboles* de *Salomon*, et un peu plus que ne l'exigeoit le simple dessein de donner un exemple. Mais c'est la dignité même du sujet et de l'auteur qui nous a entraînés trop loin.

Or, ce n'étoit pas seulement chez les Hébreux, mais encore chez d'autres nations, que les anciens sages étoient dans l'habitude, lorsqu'il leur arrivoit de faire quelque observation utile dans la vie commune, de la resserrer et de la réduire à *une courte sentence*, ou de la présenter sous *la forme d'une parabole*, ou d'une fable. Quant aux *fables*, comme nous l'avons dit ailleurs, elles furent jadis les *supplémens*, et pour ainsi dire, *les lieu-*

tenans des exemples. Mais comme aujourd'hui nous ne manquons pas *d'histoires*, on peut frapper plus vîte et plus juste au *but animé*. Cependant la manière d'écrire qui convient le mieux à un sujet aussi diversifié et aussi étendu que *l'est un traité sur les affaires* et *sur les occasions éparses*; la plus convenable, dis-je, seroit celle qu'a choisie Machiavel pour traiter *la politique*. Je veux dire, celle qui procède par *observations*; et, pour me servir d'une expression commune, par *dissertations sur l'histoire et les exemples*. Car cette science, qui se tire des faits particuliers tout récens, et qui se sont, pour ainsi dire, passés sous nos yeux, est celle qui montre le mieux le chemin, et qui apprend le plus aisément à repasser par les faits (1). Or, c'est suivre une

---

(1) La plupart des livres de morale ne sont pas plus le tableau du monde moral, que les mathématiques et la physique générale ne sont le tableau du monde physique : dans les livres de l'une et de l'autre espèce, on suppose beaucoup moins de

méthode beaucoup plus utile dans la pratique, de faire militer la dissertation sous l'exemple, que de faire marcher d'abord la dissertation et d'y joindre ensuite l'exemple. Et il ne s'agit pas ici simplement de *l'ordre*, mais du *fond* même du sujet. Car lorsqu'on expose d'abord l'exemple comme base de la dissertation, on le présente ordinairement avec tout l'appareil de ses circonstances, lesquelles peuvent quelquefois rectifier la dissertation, et quelquefois aussi la suppléer. On

---

complication dans les causes qu'il ne s'y en trouve réellement ; on nous y donne des abstractions pour des réalités : mais lorsque, sortant de ces livres, on entre dans le monde, on trouve que ce qu'on croyoit si simple, est beaucoup plus composé qu'on ne l'avoit pensé, et il faut alors qu'on recommence comme on auroit dû commencer, c'est-à-dire, en étudiant les individus un à un. Le vrai tableau de la vie humaine, c'est l'histoire détaillée de tels et tels individus. Les principes, les sentences, ne sont que la table, le sommaire de cette histoire ; et pour bien entendre l'abrégé, il faut avoir lu le livre même.

présente aussi un original à imiter, et un modèle à suivre dans la pratique; au lieu que ces exemples, lorsque ne les alléguant qu'en faveur de la dissertation, on les propose d'une manière nue et succincte, ils ne font plus alors qu'obéir à la dissertation, ils en sont les esclaves (1).

Mais il est une différence qui mérite d'être observée. Comme c'est *l'histoire des temps* qui fournit les meilleurs matériaux pour les *dissertations* sur la *poli-*

---

(1) Il est une autre raison encore plus forte pour faire marcher l'exemple devant la dissertation. Quelque forme qu'on choisisse, si l'on ne sait exciter et fixer l'attention du lecteur, on ne peut rien sur lui. Or, point d'attention forte et soutenue à espérer, si l'esprit ne s'élance vers l'objet qu'on lui présente, et ne s'y attache avec une certaine force; en un mot, si l'esprit n'a une certaine activité. Mais l'esprit n'acquiert d'activité, qu'autant que l'imagination est ébranlée; et les seuls objets qui aient le pouvoir d'ébranler l'imagination, ce sont les individus ou leurs images : jamais homme ne fut l'amant de la femme en général, ni l'ami du genre humain; c'est tel homme ou telle femme qu'on aime ou qu'on hait.

tique, telles que celles de *Machiavel*; ce sont aussi les *vies particulières* qui fournissent les meilleurs documens pour les *affaires*, parce qu'ils embrassent toute la variété et tout le détail des affaires et des occasions, tant grandes que légères. Je dirai plus : on peut donner à ces préceptes sur les *affaires* une base encore plus convenable que ces deux espèces *d'histoire*; savoir, en dissertant sur les *lettres*, mais seulement sur les plus réfléchies et les plus graves, telles que sont celles de Cicéron à Atticus et autres semblables ; parce qu'elles présentent une image plus vive et plus fidelle des affaires, que les *annales* et les *vies particulières*. Voilà donc ce que nous avions à dire sur la *matière* et la *forme* de cette première portion de la *doctrine sur les affaires*, qui traite des *occasions éparses*, et nous la rangeons parmi *les choses à suppléer*.

Il est une autre partie de la même *doctrine*, entre laquelle et la première il n'y a d'autre différence que celle qui se trouve entre ces deux choses, *être sage en général*, et *être sage pour soi* : l'une semble se mouvoir du centre à la circonférence ; et l'autre, de la circonférence au centre (1). Car il est *un certain art de donner des conseils, et ainsi qu'un art de pourvoir à ses propres affaires* : deux arts qui se trouvent quelquefois réunis dans le même individu ; mais qui, le plus souvent, sont séparés. Et il est des hommes qui, pour gouverner leurs propres affaires, sont d'une prudence admirable, mais qui n'ont pas les talens nécessaires pour gouverner un état ou pour donner des conseils : semblables en cela à la fourmi, créature fort sage pour elle-même, et

---

(1) Cette comparaison est d'autant plus juste, que dans ces sentimens par lesquels l'homme sort pour ainsi dire de lui-même, et s'étend sur tous les êtres sensibles, le sang se porte du cœur vers les extrémités, c'est-à-dire du centre à la circonférence ; et que dans les sentimens opposés, qui ramènent l'homme à son seul intérêt, et le concentrent en lui-même, le sang se porte des extrémités vers le cœur, de la circonférence au centre.

qui entend fort bien ses petits intérêts, mais qui ne laisse pas d'être nuisible au jardin. Cet art d'*être sage à son profit*, n'étoit pas inconnu aux Romains eux-mêmes, tout bons curateurs de leur patrie qu'ils étoient. C'est ce qui a fait dire à un auteur comique : car le *sage, sans contredit, sait créer lui-même sa fortune*. Un de leurs proverbes disoit aussi : *chacun est l'artisan de sa propre fortune*. Et c'est ce genre de talent que Tite-Live attribue à Caton l'ancien, lorsqu'il dit de lui : *telle étoit la vigueur de son ame et de son génie, qu'en quelque lieu qu'il fût né, il eût lui-même créé sa fortune*.

Ce genre de *prudence*, si l'on en fait profession, non-seulement n'est rien moins que politique ; mais semble être de mauvais augure et porter malheur. C'est une observation qu'on a faite par rapport à l'athénien Timothée. Ce général, après avoir fait de grandes choses pour la gloire et l'avantage de sa patrie, rendant compte de son administration devant le peuple, comme il étoit alors d'usage, terminoit chaque article par cette conclusion : *or, remarquez bien, Athéniens, qu'en ceci la fortune n'a eu aucune part.* Mais il arriva qu'ensuite aucune de ses entreprises ne lui réussit. De telles expressions ont trop d'enflure, et sentent son homme trop plein de lui-même. C'est à cette même présomption que se rapportent ces paroles qu'Ézéchiel prête à Pharaon : *tu dis : ce fleuve est à moi ; c'est moi, moi qui me suis fait moi-même ce que je suis ;* ainsi que ces mots du prophète Habacuc : *ils triomphent et sacrifient à leurs retz ;* ou encore ce passage du poëte parlant de Mézence, qui se piquoit de mépriser les dieux :

Mon dieu, c'est cette main et ce trait que je lance,
C'est le seul dont je veuille implorer la puissance.

Enfin, jamais, à ma connoissance, Jules César ne laissa plus sensiblement percer cet orgueil qui se cachoit dans ses plus secrettes pensées, qu'au moment où il laissa échapper un mot semblable. Un aruspice lui rapportant que les entrailles ne s'étoient pas trouvées bonnes, il dit à demi-voix : *elles le seront quand je le voudrai;* parole qui précéda de très peu sa catastrophe. Mais cette excessive confiance, outre qu'elle a je ne sais quoi d'impie, a aussi toujours de funestes conséquences. C'est pourquoi les personnages vraiment grands, vraiment sages, ont cru devoir plutôt attribuer leurs heureux succès à leur fortune, qu'à leur vertu et à leur habileté. Sylla, par exemple, se qualifioit d'*heureux* et non de *grand;* et César parla plus sagement lorsqu'il dit à ce pilote : *tu portes César et sa fortune.*

Cependant ces sentences : *chacun est l'artisan de sa propre fortune; le sage maîtrisera les astres même; il n'est point de route inaccessible à la vertu;* ces sentences, dis-je, et autres semblables, si, par la manière de les entendre et de les employer, on les regarde plutôt comme des éperons pour éveiller l'industrie, que comme des étriers pour servir d'appui à l'insolence; si elles ont plutôt pour but de donner aux hommes de la vigueur et de la constance dans leurs résolutions, que de leur inspirer de l'arrogance et de la jactance, elles peuvent passer pour utiles et salutaires, et nul doute que prises en ce sens, elles n'aient occupé quelque place dans l'ame des personnages magnanimes; et cela au point que, dans certaines occasions, ils avoient peine à dissimuler leur pensée à cet égard. C'est ainsi que nous voyons César-Auguste qui, comparé à son grand-oncle, paroîtra plutôt différent qu'inférieur, mais qui certainement étoit plus modéré; que nous le voyons, dis-je, à l'article de la mort, priant ses amis de lui applaudir dès qu'il auroit expiré; comme se disant à lui même *qu'il avoit très bien joué son rôle sur le théâtre de cette vie.* Or, cette partie de la *doctrine* doit aussi être rangée parmi les *choses à suppléer;* non qu'elle soit *omise* dans la pratique, où l'on n'en fait que trop d'usage ; mais parce qu'elle l'est dans les livres. C'est pourquoi nous allons, suivant notre coutume, donner une énumération des principaux points de cette doctrine, comme nous l'avons fait pour la précédente. Nous la désignerons sous ce nom : *l'artisan de sa fortune;* ou par cet autre que nous lui avons déja donné : *doctrine sur l'art de s'avancer dans le monde.*

Or, au premier coup d'œil, ne paroîtrons-nous pas entreprendre de traiter un sujet tout-à-fait nouveau et extraordinaire, en prétendant apprendre ainsi aux hommes à devenir eux-mêmes les *artisans de leur fortune?* C'est pourtant une science que chacun ne demande pas mieux que d'apprendre, jusqu'à ce qu'il en ait bien senti les difficultés ; car les règles à observer pour faire fortune, ne sont ni moins importantes, ni en moindre nombre, ni moins difficiles, que les préceptes à suivre pour devenir vertueux : et l'entreprise de devenir un vrai politique, n'est pas moins difficile ni moins sérieuse que celle de devenir un homme vraiment moral. Mais d'ailleurs le dessein de traiter cette science importe fort aux lettres; il importe, pour leur donner tout-à-la-fois du relief et du poids. Car d'abord il importe sur-tout à l'honneur des lettres que ces grands praticiens sachent une fois que la science ne ressemble point du tout à tel petit oiseau, comme l'alouette, qui s'élève très haut, se délectant dans son ramage et s'en tenant là; mais que plutôt, semblable à l'épervier, elle sait tout-à-la-fois et prendre l'essor le plus élevé, et quelquefois aussi, lorsqu'il lui plaît, s'abattre tout-à-coup et fondre sur sa proie. De plus, cela même importe au dessein de perfectionner les lettres, parce que la vraie règle d'une recherche convenable est qu'il ne se trouve, dans le globe matériel, rien qui n'ait son analogue, son parallèle dans le globe de crystal, ou dans l'entendement; c'est-à-dire, qu'il n'y ait, dans la *pratique*, aucune partie qui n'ait aussi sa *théorie*, sa *science* qui en traite; et cet *art de bâtir sa fortune*, si les lettres y attachent quelque admiration, quelque estime, c'est tout au plus comme à une occupation du dernier ordre. En effet, notre fortune propre et particulière, considérée comme un don de Dieu, accordé seulement pour *n'être qu'à soi*, un tel don ne seroit en aucune manière une rétribution digne de nous. Il se trouve même assez souvent des personnages distingués qui renoncent volontairement à leur propre fortune, pour s'occuper d'objets plus sublimes. Cependant la *fortune*, en tant qu'elle peut être un instrument de vertu, un moyen pour bien faire, mérite, à ce titre, de faire le sujet d'une *spéculation*, d'une *science*.

A cette *science* appartiennent différens genres de préceptes : les uns *sommaires ;* les autres plus *diversifiés* et plus *détaillés*. Les préceptes *sommaires* ont pour objet la *connoissance exacte des autres et de soi-même*. Le premier précepte que nous prescrirons, et c'est le pivot sur lequel roule toute la *connois-*

sance des autres, sera qu'il faut tâcher, autant qu'il est possible, de se procurer cette *fenêtre* que demandoit Momus ; car ce dieu appercevant, dans l'édifice du cœur humain, tant d'angles et de recoins, trouvoit mauvais qu'il y manquât une fenêtre à l'aide de laquelle on pût pénétrer dans ces replis obscurs et tortueux. Or, cette *fenêtre*, nous l'aurons, si nous n'épargnons aucune recherche, aucun soin, pour connoître à fond les individus avec lesquels nous avons à traiter quelque affaire, et pour avoir une parfaite connoissance de leurs naturels, de leurs passions, de leurs buts, de leurs mœurs, de leurs moyens, des ressources sur lesquelles ils comptent le plus, et qui font toute leur force ; ainsi que de leurs défauts, de leurs foibles, des meilleures prises qu'ils peuvent donner, de leurs amis, de leurs factions, de leurs protecteurs, de leurs cliens ; et au contraire de leurs ennemis, de leurs envieux, de leurs compétiteurs, des momens où ils se laissent le plus aisément approcher ;

Toi seule connoissois bien ses momens de facilité, et les côtés par où il étoit le plus accessible.

Enfin, des plans et des règles qu'ils se sont faites, et d'autres choses semblables. Et ce n'est pas assez de ces renseignemens sur les *personnes*, il faut prendre les mêmes informations par rapport aux *actions*, qui, d'un moment à l'autre, sont en mouvement, et sont, pour ainsi dire, sur l'enclume. Il faut savoir comment on les gouverne, quel en est le succès, quelles passions les fomentent, quelles autres passions les combattent, de quel poids et de quelle influence elles peuvent être, quelles en doivent être les conséquences, et autres choses semblables. En effet, non-seulement la connoissance des *actions présentes* est utile en elle-même; mais elle est si essentielle, que, sans ces lumières, la connoissance des *personnes* est trompeuse et illusoire; car les hommes changent avec les circonstances : ils sont tout autres, quand ils sont embarrassés dans l'action et entraînés par le tourbillon des affaires, que lorsqu'ils sont revenus à leur naturel (1). Or, toutes ces connoissances détaillées, tant sur *les personnes que sur les actions*, sont comme la mineure de tout syllogisme actif (2); car il n'est point d'observation ou de principe (ce qui est la matière première des majeures politiques), dont la vérité ou l'exactitude puisse, lorsque la mineure est fausse, servir à établir solidement la conclusion (3).

---

(1) Dans le premier cas, ils sont sur le théâtre; et dans le second, ils ne sont qu'au parterre; c'est-à-dire, que dans le premier cas, ils sont regardés, et que dans le dernier, ils regardent; ce qui est bien différent.

(2) Les praticiens n'ont pas assez de principes, ou des principes assez fixes, et les théoriciens manquent d'expérience. Ainsi, la majeure étant d'un côté, et la mineure de l'autre, le syllogisme ne se complette jamais.

(3) Parce qu'il est impossible de bien faire, avec une seule main, un ouvrage qui en demande deux : et c'est en quoi consiste l'avantage de celui qui attaque un raisonnement sur celui qui l'établit ;

Or, qu'on puisse acquérir une connoissance de ce genre, c'est ce dont Salomon lui-même nous est garant, lorsqu'il dit: *les vraies intentions, dans le cœur de l'homme, sont comme une eau profonde; mais l'homme prudent sait y plonger.* Or, quoique la connoissance même ne soit pas soumise aux préceptes, parce qu'elle a pour objet les individus; cependant on peut donner d'utiles préceptes sur la manière de l'acquérir.

Quant à la *connoissance des hommes*, il est six sources différentes où on peut la puiser; savoir : *l'air du visage*, ou la *physionomie*, les *paroles*, les *actions*, le *naturel, leur but*, enfin les *relations d'autrui*. Quant à *l'air du visage*, ne nous en laissons pas trop imposer par ce vieil adage : *qu'il ne faut point se fier*

---

car, si de quatorze règles que le dernier est tenu d'observer pour raisonner juste, il en viole une seule, il donne prise à son adversaire; au lieu que celui-ci n'a qu'une seule chose à considérer; savoir, la règle violée.

à la physionomie; car, bien que cette maxime soit assez vraie par rapport à la composition générale et la plus apparente du *visage* et du *geste*, néanmoins il est certains mouvemens plus subtils, certain travail des *yeux*, de la *bouche*, du *visage* et du *geste*, qui, comme le dit fort élégamment Cicéron, *ouvre*, pour ainsi dire, et *tient ouverte certaine porte de l'ame*. Quel homme fut jamais plus caché que Tibère! Cependant Tacite, spécifiant les différences qu'il mit dans son ton et dans son style, en faisant l'éloge des exploits de Drusus et de ceux de Germanicus, dit, au sujet du dernier éloge : *c'étoit plutôt un discours d'apparat, et trop orné pour qu'on pût croire qu'il partoit vraiment du cœur.* Quant à celui de Drusus, il s'exprime ainsi : *il s'étendit moins sur son sujet; mais dans ce peu qu'il dit, il appuya davantage, et parut ne dire que ce qu'il pensoit.* Ce même Tacite observe que Tibère, dans d'autres occasions, avoit été quelque peu plus transparent, et dit de lui : *en toute autre circonstance, ses mots sembloient ne sortir qu'avec effort; mais lorsqu'il s'agissoit de rendre service, il parloit avec plus d'aisance et de liberté.* Certes il seroit difficile de trouver un maître dans l'art de feindre et de dissimuler, assez attentif et assez adroit; un homme, dis-je, qui pût maîtriser, et, comme quelqu'un l'a dit, *commander son visage*, au point de faire disparoître, d'un discours plein d'artifice et de dissimulation, ces légères différences, et d'empêcher qu'on ne distinguât s'il est plus *libre et plus facile*, ou *plus vague* et *moins suivi*, ou *plus sec et plus gêné* qu'à l'ordinaire.

Quant aux *paroles humaines*, on en peut dire ce que les médecins disent des urines, que ce sont de *vraies prostituées*, qui ne sont rien moins que ce qu'elles paroissent. Mais ce fard de courtisanne se décèle dans deux cas; savoir : lorsqu'on *parle sur-le-champ*, et dans les *grandes émotions*. C'est ainsi que Tibère, ému des paroles piquantes d'Agrippine, avança quelque peu le pied hors des bornes de sa dissimulation naturelle : *ces propos*, dit Tacite, *arrachèrent enfin quelques mots à cet homme si caché ;* et usant d'un vers grec pour la reprendre, il lui dit : *ce qui vous déplaît, ma fille, c'est de ne pas régner* (1). Aussi le poëte, pour donner une idée de ces grandes émotions, les qualifie-t-il de *tortures*, parce qu'elles forcent les hommes à révéler leurs pensées les plus secrettes :

Le vin et la colère lui donnant la torture (2).

Certes, l'expérience même atteste qu'il n'est point d'homme tellement fidèle à son secret et maître de lui-même, qui, de temps à autres, soit par l'impétuosité

---

(1) Il faut se rappeller ici qu'Auguste avoit eu quelque dessein de désigner pour son successeur Germanicus, époux d'Agrippine.

(2) L'appliquant, pour ainsi dire, à la question, et lui donnant la torture, pour le forcer à dire ce qu'il pense.

de la colère, ou par jactance, ou encore dans les épanchemens de la plus intime amitié, soit enfin par la foiblesse d'une ame surchargée du poids de ses pensées, ou par l'impulsion de toute autre affection, ne révèle et ne communique ses plus intimes pensées et ses sentimens les plus secrets. Mais, de tous les moyens de forcer un homme à secouer ce qu'il cache dans son sein, le plus sûr est d'opposer dissimulation à dissimulation, conformément à ce proverbe espagnol : *dis un mensonge, et tu arracheras la vérité.*

Je dis plus : quoique les *actions* soient le gage le plus certain des dispositions de l'ame, il ne faut pas trop s'y fier (1), si

---

(1) Il est peu d'hommes qui ne trompent; mais les uns emploient des discours pour tromper, et les autres des actions : les fripons intéressés regagnant, par leurs actions, ce qu'ils ont perdu par leurs discours, ils amorcent avec leurs langues, et pêchent avec leurs mains; au lieu que les fripons glorieux, reprenant par leurs discours ce qu'ils ont

ce n'est après en avoir bien pesé et bien déterminé *l'importance* et la *propriété;* car rien de plus vrai que ce mot : *il tâche de gagner la confiance dans les petites choses, afin de tromper ensuite avec plus de profit dans les grandes.* Aussi l'italien, lorsque, sans aucun sujet manifeste, on le traite mieux qu'à l'ordinaire, croit-il être sur la pierre même où le crieur public fait ses proclamations.

---

perdu par leurs actions, effacent avec leurs langues le peu de bien qu'ils ont fait avec leurs mains. Comme il est une maxime qui dit que c'est par les actions, et non par les discours, que les hommes se font connoître, bien des gens, pour paroître des hommes, tâchent de pallier, par quelques bonnes actions très visibles, le mal qu'ils font par leurs discours; et leurs discours, commentés par leurs manières, les font beaucoup mieux connoître que leurs actions; car leurs actions ne s'adressent qu'à la gallerie, au lieu que leurs discours s'adressent à votre personne. On peut faire extérieurement beaucoup de bien, et être un fort méchant homme; mais ce qui ne trompe point, c'est le constant et parfait accord entre les discours, les manières et les actions.

En effet, tous ces petits services nous rendent négligens, ils assoupissent notre industrie et endorment notre vigilance ; et c'est avec raison que Démosthènes les qualifie *d'alimens de la paresse*. De plus, quant à la *nature* et à la *propriété* de certaines actions qu'on regarde ordinairement comme des services, il est aisé de voir ce qu'elles ont d'insidieux et d'équivoque, par la manière dont Mutius en imposa à Marc-Antoine. S'étant réconcilié avec lui, mais de très mauvaise foi, il avança la plupart des amis de ce triumvir. Aussi-tôt, dit l'historien, *il leur prodigua des tribunats et des gouvernemens;* et par cet artifice, au lieu de fortifier Antoine, comme il le sembloit, il le désarmoit au contraire, et attirant à soi, par ce moyen, tous les amis du triumvir, il le laissoit dans une sorte de solitude.

Mais la meilleure clef pour ouvrir les ames, c'est de bien observer et de connoître à fond *les génies* et *les naturels*, ou *les intentions et les fins* de tous les hommes qu'on veut pénétrer. On juge des gens simples et foibles, par leur *naturel*; des hommes plus prudens et plus cachés, par leurs *buts*. Une réponse assez spirituelle et assez plaisante, quoiqu'elle nous paroisse manquer de sincérité, c'est celle que fit certain nonce, à son retour du pays où il avoit résidé quelque temps en qualité d'ambassadeur ordinaire. Comme on le consultoit sur le choix de son successeur, voici le conseil qu'il donna : *il ne faut*, dit-il, *nullement penser à envoyer là un homme fort habile, mais plutôt un homme médiocre; car il ne seroit pas facile à un très habile homme de prévoir ce que pourroient faire des gens de cette espèce.* C'est en effet une faute très ordinaire aux gens les plus habiles, que de juger des autres par eux-mêmes, et de prendre leur propre esprit pour mesure de celui des autres : ensorte que trop souvent ils frappent au-delà du but, en supposant les hommes occupés de grands desseins et de ruses fines et déliées, dont ils ne sont guère capables de s'aviser; et c'est ce qu'exprime fort élégamment le proverbe italien, qui dit : *qu'en fait d'argent, de prudence et de bonne foi, on en trouve toujours moins qu'on ne croyoit.* Ainsi, quant aux personnes d'un esprit léger, qui sont sujettes à beaucoup d'inconséquences, il faut plutôt en juger par leur *naturel* que par leur *but*. Il en est de même des *princes*, mais par une toute autre raison ; c'est aussi par leur *naturel* qu'on en juge le mieux ; au lieu qu'on juge mieux des particuliers par la considération de leurs *fins*. Car les *princes* étant déja au plus haut point d'élévation auquel puissent tendre les désirs humains, ils n'ont presque point de *but* fixe auquel ils puissent aspirer avec une certaine ardeur et une certaine constance; de buts, par la situation et la distance desquels on puisse déterminer la direction et *l'échelle de leurs actions :* ce qui est entr'autres la principale raison qui a porté l'écriture à prononcer *que les cœurs des rois sont impénétrables.* Quant aux *hom-*

mes privés, il n'en est presque point qui ne soit une espèce de voyageur qui chemine avec ardeur vers un certain *but* qui est pour lui comme le terme du voyage; et par la connoissance de ce terme, il n'est pas difficile de deviner ce qu'il dira ou fera dans tel cas. Car si telle ou telle chose est pour lui un moyen d'arriver à son *but*, il est probable qu'il la fera; dans la supposition contraire, il l'est qu'il ne la fera pas. Or, quant à cette recherche sur les *inclinations et les buts* dans *les divers individus*, il ne suffit pas de la faire *simplement*, il faut encore la faire *comparativement*, c'est-à-dire qu'il faut tâcher de découvrir ce qui, dans chaque individu, prédomine et aligne tout le reste. Aussi lisons-nous dans Tacite, que Tigellinus, sentant bien qu'il le cédoit à Petronius-Turpilianus pour le talent de guider Néron dans ses plaisirs, et de lui en fournir continuellement de nouveaux, après en avoir fait lui-même l'essai, prit le parti *d'épier les terreurs de son maître*, et qu'à l'aide de cette prise, il ruina son adversaire.

Quant à cette *connoissance des hommes*, qu'on peut regarder comme *secondaire*, et qui se tire du *rapport d'autrui*, il suffira de dire en peu de mots, que pour connoître leurs vices et leurs défauts, il faut s'adresser à leurs ennemis; pour connoître leurs vertus et leurs talens, à leurs amis; pour connoître leurs mœurs et leurs momens de facilités, à leurs domestiques; pour connoître leurs opinions et leurs spéculations, à leurs amis les plus intimes, à ceux avec qui ils s'entretiennent le plus souvent. L'opinion populaire mérite peu d'attention. Le jugement des grands est plus hazardé; car devant eux, les hommes marchent plus couverts. En un mot, *la seule réputation fondée est celle que nous font les gens avec qui nous vivons.*

Mais de toutes les manières de faire cette recherche, la voie la plus courte consiste en trois points. Le premier est de nous *ménager un grand nombre d'amis*, et de nous *lier avec des gens qui, par des connoissances aussi variées qu'é-*

tendues, tant sur les choses que sur les personnes, soient en état de nous instruire de tout. Mais il faut sur-tout tâcher d'avoir sous sa main, pour chaque genre d'affaires et de personnes, un homme qui puisse nous donner, sur chaque point en particulier, des *instructions certaines et solides.* Le second est de *garder un juste tempérament,* de tenir une sorte de prudent milieu entre ces deux extrêmes, *parler trop librement et parler trop peu,* en prenant plus souvent le parti de *parler librement;* mais en sachant toutefois *se taire* dès qu'il le faut. Car l'avantage d'une certaine *liberté à parler,* est d'agacer les autres et de les exciter à user avec nous de la même *liberté,* et de nous instruire par ce moyen de mille choses que sans cela nous n'aurions jamais sues. Mais le *silence* fréquent nous procure une certaine confiance ; il fait que les hommes aiment à nous communiquer leurs secrets et à les déposer, pour ainsi dire, dans notre sein. Le troisième est de tâcher d'acquérir *l'habitude* d'être toujours éveillé, toujours présent à tout ce qui se dit et se fait devant nous; d'être *à la chose*, et en même temps attentif à tous les *incidens*. Car de même qu'Épictète veut que son philosophe à chaque action se dise à lui-même : *voilà, quant au présent, ce que je veux; et quant à l'avenir, je veux aussi être fidèle à mon plan ;* de même le politique doit se dire : *voilà ce que je veux pour le moment, et je voudrois en même temps y joindre quelque chose qui pût m'être utile par la suite* (1). Aussi ceux qui ont naturellement le défaut d'être *trop à la chose*, trop occupés de l'affaire qu'ils ont actuellement

---

(1) C'est-à-dire qu'en chaque saison, et même à chaque instant de la vie, il faut tout-à-la-fois moissonner et semer; moissonner, parce qu'on n'est pas certain d'exister le lendemain ; semer, parce qu'il est très probable qu'on existera. Ne penser qu'à l'une de ces deux choses, c'est ce qui fait l'avare ou le prodigue, dont l'un marche à travers l'abondance à la misère; et dont l'autre, trouve la misère au sein de l'abondance même.

dans les mains, et qui ne pensent pas même à tout ce qui survient (ce qui, de l'aveu de Montagne, étoit son défaut); ces gens-là peuvent être de bons ministres, de bons administrateurs de républiques : mais s'il s'agit d'aller à leur propre fortune, ils ne feront que boiter. Il faut, avant tout, *réprimer les saillies de son esprit et modérer sa trop grande vivacité,* afin de ne pas abuser de ses connoissances multipliées, en se mêlant de trop de choses; car cette *polypragmosine* (manie de se mêler de tout) a je ne sais quoi de téméraire, et qui empêche de réussir. Mais le véritable but de *cette connoissance variée sur les choses et les personnes,* que nous recommandons d'acquérir, est de nous mettre en état de faire un choix plus judicieux, dans les *choses* que nous entreprenons, et dans les *personnes* que nous employons; afin de faire de plus sages dispositions, et de tout exécuter avec plus de dextérité et de sûreté.

Après la connoissance *des autres,* suit

celle *de soi-même* (1). Car il ne faut pas prendre moins de peine, mettre moins de soins; que dis-je! il en faut mettre

---

(1) C'est un renversement d'ordre : il semble qu'il faudroit plutôt partir de la connoissance de soi-même, pour acquérir la connoissance des autres ; car, à proprement parler, on ne *connoît* que ce dont on a l'expérience, et l'on n'a l'expérience que des choses que l'on a senties. Or, chacun *ne sent* que soi, et à la rigueur, tout ce que nous savons sur les autres, se réduit à des conjectures, qui toutes ne peuvent être fondées que sur l'observation ou l'expérience de *nous-mêmes :* nous devinons les secrets sentimens des autres, lorsqu'ils sont à l'extérieur ce que nous étions nous-mêmes extérieurement, lorsque nous avions de tels sentimens; ou ce que nous conjecturons que nous serions, si nous les avions : en supposant toutefois que cette manière d'être extérieure des autres ne diffère que du plus au moins de ce que nous avons été nous-mêmes dans d'autres temps. Mais réciproquement certaines choses que nous ne verrions pas d'abord en nous, parce que les passions, et sur-tout la vanité, nous aveuglent, les appercevant dans les autres où elles nous blessent, nous en devenons un peu plus capables de les découvrir en nous-mêmes ; mais il n'en est pas moins

beaucoup plus, pour prendre de justes, d'exactes informations, par rapport à *soi-même*, que par rapport aux *autres*. Car cet oracle qui nous dit : *connois-toi toi-même*, n'est pas seulement une règle générale de prudence; mais un précepte qui tient le premier rang en *politique*. Saint Jacques nous donne, à cet égard, cet utile avertissement. *Que celui qui se regarde dans un miroir, oublie aussitôt l'air de son visage;* ensorte que c'est une nécessité de s'y regarder souvent : règle qui a également lieu en *politique*. En un mot, s'il est quelque différence à cet égard, c'est dans les *miroirs* seulement; car, ce *divin miroir* où nous devons nous regarder, c'est la parole de Dieu; mais le *miroir du politique* n'est autre que l'état actuel des choses, et le temps où il vit.

---

vrai que toute notre science commence à notre individu; et que si, dans l'exposition comme dans l'invention, il faut marcher du connu à l'inconnu, il faut commencer par s'étudier et se décrire soi-même.

Ainsi il faut, pour ainsi dire, se *tâter soi-même*, et faire, par rapport à soi, un examen bien détaillé, non pas un examen tel que pourroit le faire un homme trop amoureux de lui-même : il faut, dis-je, se bien étudier par rapport aux *talens*, aux *vertus* et aux *petites facilités* qu'on peut avoir ; comme aussi par rapport à ses *défauts*, aux *talens qu'on n'a pas*, et aux *obstacles* qu'on trouve en soi ; en faisant son compte de manière à s'exagérer toujours les derniers, et à rabattre beaucoup des premiers. Or, d'après un tel examen, il faut embrasser les considérations suivantes.

1°. Chacun doit *considérer* quel rapport se trouve entre ses mœurs, son naturel et le *siècle* où il vit. Que si l'un et l'autre sympathisent, on peut en toutes choses agir avec plus de liberté et suivre son penchant. Mais s'il s'y trouve de l'opposition, il faut alors, dans le cours de sa vie entière, marcher avec plus de précaution, plus couvertement, et paroître plus rarement en public. Ce fut le parti que prit Tibère; sentant bien que son caractère et ses goûts ne quadroient point du tout avec son siècle, il n'assista jamais aux jeux publics. Il y a plus: durant les douze dernières années de sa vie, il ne parut pas une seule fois dans le sénat; au lieu qu'Auguste parut continuellement en public. Et c'est ce qu'observe Tacite; puis il ajoute: *mais Tibère, qui avoit un tout autre caractère, tint une toute autre conduite*. Periclès suivit le même plan que le dernier de ces princes.

Il faut voir, en second lieu, quelle disposition l'on peut avoir pour ces *différentes professions*, ces *divers genres de vie* qu'on embrasse le plus ordinairement et qui sont les plus estimés, et en choisir un pour l'exercer, afin que, si vous n'avez pas encore fait ce choix, vous puissiez préférer le genre de vie le plus analogue et le plus convenable à votre naturel; et que si, ce choix étant déja fait, vous avez embrassé une profession à laquelle la nature ne vous avoit point destiné, vous profitiez de la première occasion pour vous en tirer, et vous jeter dans une autre : à l'exemple de Valentin Borgia, lequel quitta l'état ecclésiastique, pour lequel son père l'avoit élevé; et ne suivant plus que son penchant, prit le parti des armes. Quoiqu'à vrai dire il se soit montré également indigne du commandement et du sacerdoce, ayant déshonoré l'un et l'autre par le mauvais exemple qu'il donna dans tous deux.

En troisième lieu, il faut, *pour se bien apprécier,* se comparer à ses émules, à ceux qui aspirent à la même fortune, et que, selon toute apparence, l'on aura pour compétiteurs ; afin de choisir un métier où il y ait peu d'hommes qui se distinguent, et où il est vraisemblable qu'on pourra exceller soi-même. Telle fut la conduite que tint César, qui d'abord exerça la profession d'orateur, plaida des causes, et pour tout dire, prit le parti de la robe ; mais voyant qu'il y auroit pour émules trois personnages déja en haute réputation par leur éloquence ; savoir :

Cicéron, *Hortensius* et *Catulus*, et que, parmi les hommes d'épée, Pompée étoit le seul qui se distinguât, il abandonna son premier choix, et renonçant à cette considération qu'on peut acquérir dans le barreau, se tourna du côté des armes et s'adonna aux exercices qui peuvent former un homme de guerre. Et ce fut pour avoir pris ce parti, qu'à la fin il se trouva placé au premier rang.

En quatrième lieu, on doit aussi *avoir égard* à son propre *naturel* et à son propre *génie*, dans le choix de ses *amis* et de ses *liaisons*; car toutes sortes d'*amis* ne conviennent pas à toutes sortes de personnes : à telle personne, il en faut qui aient un air imposant, et qui parlent peu ; à telle autre, des gens plus hardis à parler et à se vanter; et à d'autres, d'autres encore ; et c'est une chose bien digne de remarque que cette sorte d'*amis* que César s'étoit choisis. C'étoient Antoine, Hertius, Pansa, Oppius, Balbus, Dolabella, Pollion et autres semblables ; tous avoient coutume de faire cette espèce de serment : *ainsi, puissé-je mourir, afin que César vive;* faisant gloire de ce dévouement sans réserve pour sa personne, et ne témoignant aux autres que du mépris et du dédain. Ils ne jouissoient pas d'une bien haute réputation, mais c'étoient tous hommes agissans et expéditifs.

En cinquième lieu, défiez-vous des *exemples,* et gardez-vous de vous attacher trop puérilement *à imiter les autres,* et de croire que ce qui leur est facile, le sera également pour vous; sans considérer quelle prodigieuse différence il peut y avoir, pour l'esprit et le caractère, entre vous et ceux que vous vous proposez pour modèles. C'est la faute que fit Pompée, lequel, comme nous l'apprennent les écrits de Cicéron, avoit coutume de dire : *ce qu'a bien pu Sylla, pourquoi ne le pourrois-je pas aussi, moi?* en quoi il se trompoit lourdement, vu la prodigieuse distance qui se trouvoit entre lui et Sylla, soit pour le naturel, soit pour le plan de conduite ; le dernier étant féroce, violent et allant toujours à son but; l'autre étant grave, respectant les loix, préférant les moyens imposans qui pouvoient augmenter sa réputation, et lui donner un certain air de majesté; et ayant, par cela même, moins d'activité et de vigueur dans l'exécution de ses desseins : il est d'autres *préceptes* de cette espèce; mais ceux que nous venons de donner, suffiront pour servir d'exemples par rapport aux autres.

Or, se *connoître soi-même,* c'est déja beaucoup pour l'homme; mais ce n'est pas assez : il faut encore savoir *se produire, se faire valoir;* en un mot, savoir *se mouler, se dessiner,* et cela avec toute la prudence et la dextérité possibles. Pour ce qui est de l'art de *se faire valoir,* il n'est rien de plus ordinaire que de voir des gens qui ont bien du désavantage, quant à la réalité même de la vertu, ne pas laisser de l'emporter par la seule apparence de cette vertu; et ce n'est pas la prérogative d'une prudence médiocre, que de savoir se présenter avec une certaine grace et un certain art, et de donner ainsi aux autres une haute idée de soi, en faisant avec adresse ressortir ses *vertus*, ses *services* et sa fortune ; en évitant avec soin tout air d'arrogance et de dédain ; et au contraire de savoir masquer ses défauts, ses disgraces, ses taches ; en s'arrêtant sur les premiers, et les tournant pour ainsi dire du côté du jour ; en évitant avec soin de parler des derniers, et les effaçant par de favorables interprétations, et autres semblables expédiens. Aussi Tacite parlant de Mutien, le personnage de son siècle le plus prudent et le plus actif dans les affaires, s'exprime ainsi à son sujet : *il avoit un certain art pour faire valoir tout ce qu'il avoit dit ou fait.* Il faut certainement un peu d'art pour exercer un pareil talent, sans fatiguer les autres et s'attirer leur mépris ; mais il ne laisse pas d'être utile, et toute ostentation, telle qu'elle puisse être, allât-elle même jusqu'au premier degré de vanité, seroit plutôt un vice en *morale* qu'en *politique*.

Car, comme on dit ordinairement : *va, calomnie hardiment, il en reste toujours quelque chose;* on peut dire aussi par rapport à la jactance : *crois-moi, vante-toi hardiment, il en reste toujours quelque chose,* à moins qu'elle ne soit tout-à-fait grossière et ridicule. Il n'est pas douteux qu'il en restera quelque chose auprès du peuple, quoique les sages ne fassent que s'en moquer. Ainsi, l'estime de la multitude sera une ample compensation du mépris du petit nombre : or, ce *talent de se faire valoir,* si on l'exerce avec décence et avec jugement ; par exemple, si ces louanges qu'on se donne, ont un certain air de candeur et d'ingénuité ; ou si ces vanteries, on ne les risque qu'au moment où l'on est environné de dangers (comme en parlant à des gens de guerre avant une action, ou lorsqu'on est en bute à l'envie); ou encore si ces paroles qui sont à notre avantage, semblent nous être échappées, et comme en pensant à toute autre chose, et qu'on n'ait pas l'air de se louer sérieusement, qu'on n'insiste pas trop sur ce sujet, ou qu'à ces éloges qu'on se donne, on mêle quelques critiques ou quelques plaisanteries, qu'on n'ait pas l'air de se louer ainsi de son propre mouvement, mais y étant comme forcé par les invectives et l'insolence des autres, ce genre de talent ne contribuera pas peu à votre réputation ; et l'on ne voit que trop de gens ayant naturellement des qualités solides, et à ce titre exempts de vanité, qui, par cela même, manquant de *cet art de se faire valoir*, sont punis de leur modestie même par la perte d'une partie de leur considération.

Mais quand tel esprit foible, ou tel moraliste trop rigide improuveroit *cet art de se faire valoir*, toujours seroit-il forcé de convenir que nous devons faire tous nos efforts pour que la vertu ne soit pas, par notre incurie, frustrée de la récompense qui lui est due, et de l'estime qu'elle mérite. Or, ce rabais auquel la vertu est exposée de la part de ceux qui l'apprécient, a lieu dans trois cas. 1°. Lorsqu'on est trop prompt à offrir sa personne et ses services, et qu'on accourt, pour ainsi dire, avant d'être appellé; car des services ainsi offerts, c'est, en quelque manière, les payer que de ne les point refuser. En second lieu, lorsqu'au commencement d'une entreprise on abuse trop de ses forces, en faisant tout d'un coup ce qu'il eût fallu ne faire que peu à peu; ce qui, à la vérité, concilie d'abord un peu de faveur aux entreprises bien conduites, mais finit par amener le dégoût.

En troisième lieu, quand on paroît trop sensible aux louanges, aux applaudissemens, à la gloire et à la faveur, qui sont le fruit des vertus dont on a fait preuve, qu'on se hâte trop de s'en réjouir, et qu'on semble s'y complaire; c'est à ce sujet qu'on nous donne cet utile avertissement : *prends garde de paroître trop peu familier avec les grandes choses, en témoignant que les petites te font autant de plaisir que les grandes.*

Mais le soin de *cacher ses défauts,*

n'est pas de moindre importance que celui de faire *ressortir ses propres vertus* avec un certain degré d'art et de prudence. Or, il est, pour voiler nos défauts, trois principales espèces de moyens, et pour ainsi dire, de cachettes; savoir, les *précautions*, les *prétextes* et la *confiance*. Nous qualifions de *précaution* cette prudence qui fait qu'on n'entreprend rien qui soit au-dessus de ses forces, au lieu d'imiter ces esprits inquiets, et quelque peu insolens, qui s'ingèrent trop aisément dans toutes sortes d'affaires; car, au fond, qu'y gagnent-ils ? rien autre chose que de publier et de proclamer, en quelque manière, leurs propres défauts. Nous usons de *prétexte*, lorsqu'avec une prudence et une sagacité qui nous fraie doucement le chemin, nous savons disposer les personnes qui nous jugent, à se contenter des favorables et benignes interprétations que nous donnons à nos défauts, et leur donnons à entendre qu'ils viennent d'une toute autre source, et ont un tout autre but qu'on ne le pense communément. En effet, ce n'est pas sans raison que, parlant de la manière dont le vice se cache, le poëte a dit :

Souvent le vice se cache à la faveur de sa ressemblance avec la vertu voisine.

Si donc nous appercevons en nous quelque défaut, nous devons tâcher d'emprunter le *personnage et l'habit de la vertu voisine*, pour le cacher sous son ombre. Par exemple, l'homme *tardif* et pesant doit se donner pour un homme *grave*; le *lâche*, pour un homme *doux*; et ainsi des autres. Un autre expédient qui n'est pas moins utile, c'est d'alléguer quelque prétexte plausible, et de répandre dans le monde quelque raison vraisemblable qui paroisse nous empêcher d'employer toutes nos forces; de manière que ce que dans le fond *nous ne pouvons*, nous ayons l'air seulement de *ne le pas vouloir*.

Quant à ce qui regarde la confiance, elle est certainement un remède impudent; mais qui est très certain et très efficace. Elle consiste à montrer du mépris pour les choses auxquelles on ne peut atteindre, à la manière de ces marchands adroits qui, comme l'on sait, sont dans l'habitude de vanter leur marchandise et de dépriser celle des autres.

Il est pourtant un autre genre de confiance encore plus impudent; c'est de se présenter de front devant l'opinion publique, de lui faire une sorte de violence, et de se *vanter* hautement de *ses défauts*, en se piquant d'exceller en cela même qui paroît la partie foible. Et pour en imposer plus aisément aux autres à cet égard, rien de mieux que de paroître se défier de soi-même par rapport au genre où l'on excelle véritablement; genre d'adresse dont nous voyons que les poëtes ne manquent guère d'user : car, lorsqu'un poëte vous récite ses vers, si vous vous avisez d'en relever un qui ne soit pas des meilleurs, il ne manquera pas de vous dire : *ce vers-là pourtant m'a coûté plus qu'une infinité d'autres;* et aussi-tôt il produira un autre vers qu'il sait bien être beaucoup meilleur, et pouvoir braver la critique, mais dont il paroîtra douter, et il vous demandera ce que vous en pensez. Avant tout, pour arriver au but dont il s'agit ici; je veux dire, pour donner de soi aux autres une haute idée, et garantir, en toutes circonstances, ses droits et sa considération, rien, selon nous, n'importe plus que de ne point se désarmer et se mettre en butte aux affronts et aux impertinences, par un excès de douceur et de bonté (1). Je dirai plus : il est bon, en toutes circonstances, de lancer, pour ainsi dire, quelques étincelles ; de témoigner qu'on a une ame libre et généreuse, et où l'acide est mêlé avec le miel. Cette conduite, pleine de nerf et de vigueur, unie à une

---

(1) Les hommes n'épargnent guère ceux dont ils croient n'avoir rien à craindre, et ils ne manquent pas d'insulter ceux qu'ils ne craignent point, pour imposer à ceux qu'ils craignent; et ce n'est point du tout *méchanceté*, mais seulement *lâcheté*.

certaine promptitude à se venger des affronts, il est telles personnes pour qui elle est une loi; loi qui leur est imposée par des disgraces accidentelles et par une sorte de nécessité inévitable, à cause d'une certaine tache inhérente à leur personne ou à leur situation. Tel est le cas des personnes *laides*, des *bâtards*, et *de tous ceux auxquels est attachée quelque note d'infamie*. Aussi voit-on communément que ces sortes de personnes, lorsqu'elles ne manquent pas de courage, sont presque toujours heureuses.

Quant à *l'art de se déclarer*, c'est toute autre chose que l'art de *se faire valoir*; car le premier n'a pas simplement pour objet les bonnes qualités qu'on doit mettre en vue, et les *défauts* qu'il faut voiler; mais de plus les *actions particulières de la vie*. Et l'on peut dire à ce sujet, qu'il n'est rien de plus politique que de savoir tenir un milieu aussi juste que prudent, en ne découvrant et ne cachant qu'à propos ses sentimens par rapport aux actes particuliers. Une profonde discrétion, le soin de cacher ses desseins, et cette manière de traiter les affaires qui marche couvertement, et pour emprunter plutôt une expression des langues modernes, *qui fait tout à la sourdine;* cette méthode est certainement utile et a des effets étonnans; mais il arrive assez souvent que la *dissimulation fait faire de lourdes fautes, où cet homme si caché se trouve embarrassé;* car nous voyons que les plus grands politiques n'ont pas fait difficulté de déclarer hautement leurs desseins, de montrer le but auquel ils visoient, et cela librement et sans détour. C'est ainsi que Sylla déclaroit hautement qu'il souhaitoit *que tous les mortels fussent heureux ou malheureux, selon qu'ils lui seroient amis ou ennemis.* Ce fut dans le même esprit que César, à son premier départ pour les Gaules, ne craignit pas de dire, *qu'il aimoit mieux être le premier dans un village obscur, que le second à Rome.* Ce même César, la guerre étant déja allumée, ne fut rien moins que dissimulé, si nous en croyons ce que Cicéron dit de lui : *que non-seulement il ne trouvoit pas mauvais, mais même qu'il souhaitoit, en quelque manière, qu'on le qualifiât de tyran*, comme il l'étoit en effet. Nous voyons aussi, dans une lettre de Cicéron à Atticus, combien peu César-Auguste prit la peine de dissimuler ; à son entrée même dans les affaires, et dans le temps où il faisoit encore les délices du Sénat, il avoit coutume d'employer, dans ses harangues au peuple, cette espèce de serment et de formule : *puissé-je, en me conduisant ainsi, m'élever aux honneurs dont a joui mon père !* qu'étoit-ce que cela, sinon la tyrannie même ? Il est vrai que, pour adoucir un peu l'odieux attaché à un tel langage, il étendoit les bras vers la statue de Jules-César, qui étoit placée dans la tribune aux harangues. Toutes ces hardiesses-là, les Romains ne faisoient qu'en rire : *Qu'est-ce que ceci ? quel jeune homme*, se disoient-ils les uns aux autres ? Or tous ces personnages que nous venons de nommer, ont, dans toutes leurs entreprises, complettement réussi. Au contraire, Pompée, qui tendoit au même but, mais par des voies plus couvertes et plus obscures ; Pompée, que Tacite a peint par ce peu de mots : *il étoit plus caché, sans être meilleur;* et à qui Salluste fait le même reproche, en disant de lui : *visage d'honnête homme et cœur de fripon.* Ce Pompée, dis-je, à quoi tendoit-il par toutes ces machines qu'il faisoit jouer ? A cela même que nous disons, à cacher ses desseins tyranniques et son ambition ; à précipiter la république dans un tel état d'anarchie et de confusion, qu'on fut trop heureux de se jeter dans ses bras et de lui déférer la souveraine puissance qu'il auroit eu l'air de n'accepter que malgré lui (1). Or, comme

---

(1) Les vrais partisans de la tyrannie, ce sont ceux qui, sous prétexte de pourvoir à la sûreté commune et d'humilier l'orgueil des riches, fatiguent continuellement la république par leurs discours ; ils appellent sans cesse la liberté, et par

il s'imaginoit avoir déja gagné ce point, ayant été créé seul consul (honneur qui n'avoit jamais été conféré à qui que ce fût), il n'en avançoit pas davantage vers son but; attendu que ceux mêmes qui étoient certainement très disposés à le seconder, ne savoient pas au juste à quoi il visoit. Ensorte qu'à la fin il fut obligé de recourir à ce moyen trivial et usé, de feindre qu'il ne levoit des troupes et ne prenoit les armes que pour faire tête à César; tant il y a de lenteur, de hazard, et le plus souvent de mauvais succès attachés aux desseins ensevelis dans une *dissimulation* trop profonde. C'est ce que Tacite paroît aussi avoir voulu faire entendre, lorsqu'il qualifie les petites ruses

---

leurs mesures violentes ils appellent la servitude. Lisez attentivement l'histoire d'Athènes, de Syracuse, de Rome, etc. vous y verrez que tout homme qui aspiroit à la tyrannie, s'est toujours servi de la faction *excessivement populaire* pour arriver à son but, parce que le peuple est plus aisé à agiter et à tromper, que ceux qui ont plus de lumières et plus à perdre.

d'un caractère *dissimulé*, de prudence du dernier ordre, et donne le premier rang aux *moyens vraiment politiques;* attribuant les premiers à Tibère, et les derniers à Auguste; car, en parlant de Livie il s'exprime ainsi : *son génie quadroit tout à la fois avec l'adresse de son époux et le caractère dissimulé de son fils.*

Quant à ce *pli* et ce *tour* qu'il faut donner à son esprit, on doit prendre peine à le rendre souple et obéissant aux occasions et aux circonstances; en ôter toute dureté, toute roideur. Car il n'est point de plus grand obstacle dans les affaires et dans le projet *d'établir sa fortune,* que le défaut exprimé par ces mots: *il demeuroit toujours le même,* et cependant *les mêmes qualités n'étoient plus de mise.* Je veux parler du défaut de ces gens qui demeurent toujours les mêmes et qui continuent de céder à leur penchant, quoique les temps soient changés. Aussi Tite-Live nous présente-t-il le premier Caton comme un très habile *artisan de sa propre fortune ;* ajoutant qu'il avoit un *esprit versatile.* Voilà pourquoi certains personnages d'un caractère grave et soutenu, qui ne savent point *se retourner,* parviennent plutôt à une certaine considération, qu'à de vrais succès : or, ce défaut, il est des hommes en qui il vient de leur *propre fonds,* où la *nature* l'a planté, et qui sont, pour ainsi dire, naturellement *visqueux, noueux.* Dans d'autres, c'est l'effet de *l'habitude* qui est une *seconde nature ;* ou de cette opinion qui se glisse aisément dans certains esprits, qu'ils ne doivent point du tout se départir de la conduite qui leur a d'abord procuré d'heureux succès. Car Machiavel observe judicieusement, au sujet de *Fabius-Maximus,* qu'il *s'attacha avec trop d'opiniâtreté à son ancienne et unique méthode, de temporiser et de tirer la guerre en longueur ; quoique la nature de la guerre actuelle fût toute autre, et exigeât plus de promptitude et de vigueur.* Dans d'autres, cette roideur est l'effet d'un défaut de jugement : les hommes de cette trempe ne savent point saisir l'à-propos, la saison de chaque action, de chaque chose ; ils ne se retournent jamais qu'après coup, et lorsque l'occasion est échappée. C'est cette espèce de défaut que Démosthènes relève dans les athéniens, lorsqu'il leur dit : *qu'ils ressemblent à ces villageois, qui, en s'essayant au métier de gladiateur, ne manquent pas, après le coup reçu, de porter aussi-tôt leur bouclier vers la partie frappée.* Dans d'autres enfin, cette roideur vient de ce qu'ils sont fâchés de perdre la peine qu'ils ont prise dans la route où ils sont une fois entrés, et de ce qu'ils ne savent pas battre la retraite ; se flattant plutôt de pouvoir, par la seule constance, maîtriser les circonstances mêmes. Quoi qu'il en soit, cette *roideur* et cette *viscosité* est fort préjudiciable aux affaires et à la fortune de ceux qui sont entachés de ce défaut. Il n'est rien de plus *politique*, que de rendre, pour ainsi dire, *les roues de son ame concentriques à celles de la fortune*, et prompt à la suivre dans toutes ses révolutions. Voilà donc ce que nous avions à dire sur les deux *préceptes sommaires*, relatifs à l'art *de bâtir sa fortune*. Quant aux *préceptes de détail*, ils ne sont pas en petit nombre; mais nous nous contenterons d'en choisir quelques-uns qui devront suffire à titre d'exemples.

Le premier *précepte* que doit suivre *l'artisan de sa fortune*, c'est d'avoir toujours *l'équerre à la main*, et de l'appliquer par-tout avec adresse; je veux dire qu'il ne doit apprécier toutes choses et les estimer, qu'en raison du plus ou moins d'influence qu'elles peuvent avoir sur sa fortune. Et ce n'est pas ici un soin qu'il faille prendre quelquefois en passant, mais c'est une attention qu'il faut avoir à chaque instant; car une chose non moins vraie qu'étonnante, c'est qu'on rencontre des gens de telle nature, que la partie *logique* de leur ame (s'il est permis de s'exprimer ainsi) est excellente, tandis que la partie *mathémathique* ne vaut rien du tout. Je veux dire qu'ils voient fort bien *les conséquences* des choses, mais n'entendent rien du tout à juger de *leur prix* (1). D'où il arrive qu'attachant par exemple un grand prix à l'entretien secret et familier avec les princes, ou à l'estime de la multitude, lorsqu'ils ont pu obtenir ces deux prétendus avantages, ils en sont tout éblouis, comme s'ils avoient atteint à quelque chose de fort grand. Quoique, dans le fait, de tels avantages n'aient souvent d'autre effet que de nous mettre en butte à l'envie, et de nous exposer à mille dangers; d'autres n'estiment les choses qu'en raison des difficultés qu'ils y trouvent et de la peine qu'ils y prennent; s'imaginant que tout l'espace qu'ils ont parcouru, est autant de chemin fait vers le but. C'est ce qu'ob-

---

(1) Cependant le prix réel d'une chose est une de ses conséquences, puisque ce prix dépend de ses effets sur ceux auxquels elle est destinée; mais il veut dire que ces personnes-là, jugeant bien des *premières conséquences*, jugent mal des *dernières*, de celles qui *touchent au but*.

serve César au sujet de Caton d'Utique, lorsqu'il nous dit combien il étoit laborieux, assidu, infatigable; et le tout sans que les affaires en allassent mieux : *dans tout*, dit-il, *il se donnoit de grands mouvemens, et se passionnoit pour tout ce qu'il faisoit*. C'est d'après ce préjugé que certaines gens, sitôt qu'ils jouissent de la protection de quelque grand, ou autre personnage éminent, s'imaginent avoir tout gagné, et se flattent qu'il n'est plus rien qui ne doive leur réussir; quoiqu'à dire la vérité, ce ne soient pas les *grands instrumens*, quels qu'ils puissent être, mais bien les *plus propres* pour un ouvrage, à l'aide desquels on le conduit à sa fin avec le plus de promptitude et de succès. Or, pour former cette espèce de *mathématiques* de *l'ame*, il faut d'abord savoir au juste et concevoir bien nettement ce qui, par rapport à l'établissement et à l'accroissement de notre fortune, doit être mis au premier rang, au second, et ainsi de suite. Pour moi, je mets au premier rang le soin de *réformer son caractère*, d'en ôter *les obstacles*, d'en *défaire*, pour ainsi dire, *les nœuds*. Il est plus aisé, en défaisant ces nœuds et en levant ces *obstacles* et applanissant la route, de se frayer un chemin à la fortune, qu'il ne l'est de lever ces obstacles, à l'aide des secours qu'on peut tirer de la fortune même. Au second rang je mets les *richesses* et sur-tout *l'argent*, que bien des gens seroient tentés de mettre au premier rang, vu le grand service dont il est en toutes choses. Cette opinion néanmoins nous la rejetons, par la même raison qui a porté Machiavel à le faire, par rapport à un autre objet peu différent de celui-ci. Car, comme un ancien proverbe dit, que *l'argent est le nerf de la guerre*, il soutient au contraire que le *vrai nerf de la guerre n'est autre que le nerf même des hommes courageux et guerriers*. C'est précisément dans le même esprit qu'on peut dire que le *vrai nerf de la fortune* n'est pas *l'argent*, mais bien la *vigueur de l'ame*, le génie, la fermeté, l'audace, la constance, la modération, l'industrie, et autres qualités semblables. Au troisième lieu je place *la réputation et la considération*; et cela d'autant plus que ces sortes de choses ont, pour ainsi dire, leurs saisons, leurs flux et reflux; ensorte que, si une fois on laisse échapper l'occasion, il est ensuite bien difficile de réparer entièrement cette négligence, vu qu'il est extrêmement difficile de relever une réputation qui commence à tomber. Je mets au dernier rang *les honneurs, les dignités*, auxquels on parviendra plus aisément par l'un ou l'autre de ces trois moyens; et mieux encore, par les trois réunis, qu'en partant de certaines dignités pour aller à tout le reste. Mais comme en tout il importe principalement d'observer *l'ordre* des *choses*, il n'importe guère moins de garder *l'ordre des temps*. Car cet ordre-ci, on n'est que trop sujet à commettre une lourde faute en le troublant; et c'est ce qui arrive, lorsque, courant trop vîte à la fin, on veut achever tout d'un coup ce qu'il faudroit ne faire que commencer; et qu'on s'élance, du premier vol, au degré le plus élevé, en franchissant imprudemment ce qui se trouve à moyenne hauteur. Mais c'est avec raison qu'on nous donne cet avertissement: *occupons-nous d'abord de ce qui presse le plus en ce moment.*

Pour suivre le *second précepte*, gardons-nous de nous laisser entraîner, par une certaine *grandeur et élévation d'ame*, à des entreprises qui soient au-dessus de nos forces, et de ramer, pour ainsi dire, contre le courant; car l'on trouve un fort bon conseil, par rapport à l'établissement de sa fortune, dans ces paroles du poëte: *marchons à l'ordre du destin et des dieux.* Il faut donc regarder bien attentivement autour de soi, pour voir de quel côté le passage est ouvert ou fermé, et reconnoître ce qui présente des facilités ou des difficultés, de peur de nous fatiguer à pure perte dans une route inaccessible. Moyennant cette précaution, nous nous garantirons des rebuts;

nous ne demeurerons pas trop longtemps attachés à une même affaire; nous nous ferons une réputation d'hommes modérés; nous choquerons moins de gens; enfin on nous estimera heureux, en voyant que telles choses qui peut-être seroient arrivées d'elles-mêmes, paroîtront un fruit de notre industrie.

Le troisième *précepte* semble contredire quelque peu celui dont nous venons de parler; mais, bien entendu, il n'y paroîtra rien moins qu'opposé : ce précepte est qu'il ne faut pas toujours *attendre les occasions*, mais quelquefois les *provoquer* et les amener. C'est ce que fait aussi entendre Démosthènes, en usant d'une sorte de langage magnifique. *De même*, dit-il, *qu'il est reçu que c'est au général de commander l'armée, un homme intelligent commande aux choses mêmes; de manière qu'il est toujours maître de faire ce qu'il juge à propos, sans être jamais réduit à ne faire que suivre le cours des événemens.* En effet, si nous y faisons bien attention, parmi les hommes réputés capables de gérer des affaires et de bien exécuter, nous distinguons deux classes fort différentes : les uns, qui savent très bien profiter des occasions, mais qui ne trouvent rien d'eux-mêmes, et ne savent rien inventer ; d'autres, qui sont tout entiers à imaginer des expédiens, mais qui, lorsque des occasions favorables se présentent, ne savent point du tout les saisir. Tout homme qui possède l'un de ces deux talens sans l'autre, ne doit point être réputé un *homme complet;* ce n'est qu'une sorte de *manchot*.

Le quatrième *précepte* est de ne rien entreprendre qui consume trop de temps; mais d'avoir sans cesse l'oreille agacée par ce vers :

Cependant le temps fuit, le temps dont la perte est irréparable.

Veut-on savoir pourquoi ces hommes qui se sont consacrés à certaines professions qui exigent un temps et une peine infinie, tels que les jurisconsultes, les orateurs, les théologiens, les auteurs, et autres semblables, ont moins de talent pour établir et avancer leur fortune? C'est par cette raison-là même dont il est ici question; c'est que, ce temps qu'ils consacrent à leurs études, ils en auroient besoin pour s'instruire sur une infinité de petites choses; pour épier les occasions; pour imaginer et ruminer cette foule de petits moyens nécessaires pour établir sa fortune. Je dirai plus : l'on rencontre dans les cours des princes assez de gens qui ont un talent admirable pour établir leur propre fortune et ruiner celle des autres; gens qui néanmoins ne sont revêtus d'aucune charge publique, mais qui n'ont d'autre métier que celui de pratiquer cet *art de s'avancer dans le monde*, dont nous parlons ici.

Le cinquième *précepte* est d'imiter, en quelque manière, la *nature qui ne fait rien en vain;* ce qui ne nous sera pas difficile, pour peu que nous sachions combiner savamment et enchaîner nos affaires de toute espèce, et y mettre de l'*ordre*, de la *suite* et de la *liaison*; car, dans chaque entreprise, il faut disposer son esprit, s'arranger avec soi-même, et *subordonner* ses vues les unes aux autres; de manière que si, dans la route qui mène à tel but, on ne peut atteindre *au premier degré* de succès, on puisse du moins prendre pied *au second*, ou tout au moins *au troisième*. Que si cet objet auquel on vise, on ne peut pas même y mordre, eh bien il faut, abandonnant son premier dessein, se tourner vers un autre, et tâcher de tirer quelque autre fruit de la peine déjà prise. Que, s'il n'est pas même possible d'en recueillir quelque fruit *pour le moment*, tâchons du moins d'en tirer quelque chose qui nous soit utile *pour la suite*. Si enfin il n'est pas même possible d'en tirer la plus petite utilité, soit pour le présent, soit pour l'avenir, reste donc à nous retourner, à faire tant, qu'à la fin il en résulte du moins quelque léger accroissement dans notre *réputation*; et ainsi du reste, en nous demandant sans cesse à nous-mêmes un compte dont il résulte que, de chacune de nos entreprises, de chacun de nos desseins, il résulte pour nous quelque fruit, soit plus, soit moins; nous gardant bien de nous laisser tomber dans un état de consternation et de découragement, pour avoir peut-être manqué notre but principal; car il n'est rien de moins séant à un politique, que de n'avoir *qu'une seule chose* en vue; c'est s'exposer à manquer une infinité d'occasions, qui, au milieu des affaires, se présentent indirectement; occasions telles quelquefois, qu'elles peuvent nous conduire plus sûrement et plus aisément à telle chose qui nous seroit très avantageuse, qu'au but que nous avons actuellement en vue, et qui nous occupe uniquement. Aussi rendons-nous bien familière cette règle: *oui sans doute, ceci, il faut le faire, mais sans oublier cela.*

Le sixième *précepte* est de ne point s'astreindre trop rigoureusement à une seule chose, quoiqu'elle semble, au premier coup d'œil, avoir peu d'inconvéniens; mais de tâcher d'avoir, pour ainsi dire, toujours quelque fenêtre pour s'envoler, et quelque porte de derrière pour rentrer.

Le septième *précepte* est cette antique maxime de Bias, pourvu toutefois qu'on n'y voie point une raison qui encourage à la *perfidie*; mais seulement une raison pour *être circonspect*, et pour *modérer* ses *affections* (1). *Aime ton ami*, dit-il, *comme pouvant devenir ton ennemi; et hais ton ennemi, comme pouvant devenir ton ami;* car c'est trahir ses intérêts et ruiner ses affaires, que de se livrer excessivement à certaines amitiés dont il ne peut résulter que du mal; de se pré-

---

(1) L'histoire qui ne dit presque jamais les choses qu'à moitié, a oublié de nous dire si ce Bias, après avoir lâché une telle maxime, conserva beaucoup d'amis; car eût-on les plus fortes raisons pour la pratiquer, il en est peut-être de plus fortes encore pour ne la pas publier; un cœur, où une telle maxime prendroit pied, seroit à jamais fermé à la confiance et au bonheur ; et en voulant tout conserver, par une telle défiance, on perdroit tout.

ter à des haines importunes ou turbulentes, et à de puériles rivalités.

Ce peu de préceptes *sur l'art de se pousser dans le monde*, suffiront à titre d'*exemples*. Car ce que nous devons rappeller de temps en temps aux lecteurs, c'est qu'il s'en faut de beaucoup que ces *esquisses* que nous donnons des *sujets à suppléer*, doivent être regardées comme des *traités complets*. Ce ne sont tout au plus que des coupons, des échantillons par lesquels on peut juger de la pièce entière. Et nous ne sommes pas assez déraisonnables pour prétendre qu'on ne puisse faire fortune sans tant d'appareil; car nous n'ignorons pas qu'elle semble couler d'elle-même dans le sein de certaines gens. D'autres y arrivent par le seul bénéfice de leur diligence et de leur assiduité, en y mêlant quelque peu de précautions, et cela sans beaucoup d'art et de travail. Mais de même que Cicéron, en faisant le portrait du parfait orateur, ne prétend pas que tel ou tel avocat puisse ou doive s'élever si haut; de même encore qu'en donnant l'idée d'un prince ou d'un courtisan accompli (sujet que quelques écrivains ont entrepris de traiter), on prend pour modèle le plus haut degré de perfection de l'art, et non une pratique banale : c'est ainsi que, dans le dessein de former un *politique*, dis-je, qui ait le talent *d'établir sa fortune*, nous considérons plutôt ce qui *doit être*, que ce qui *est*.

Mais ce dont nous ne devons pas manquer d'avertir, c'est que les *préceptes* que nous avons choisis et que nous offrons, sont tous du genre de ceux qu'on peut qualifier de *moyens honnêtes*. Quant aux *moyens condamnables*, s'il se trouve quelqu'un qui soit tenté de prendre pour maître Machiavel, lequel prétend *qu'il ne faut pas beaucoup se soucier de la vertu même, mais seulement de cette partie de son visage qui est tournée vers le public, et qui n'est que pour les spectateurs; attendu que, si la réputation d'homme vertueux est utile, la vertu même n'est au fond qu'un obstacle*, et qui ailleurs veut que son *politique*, pour établir sa prudence sur un fondement bien solide, commence par se dire : *que, pour tourner les hommes à sa fantaisie, et les déterminer à faire tout ce qu'on veut, il n'est d'autre moyen que la crainte ; qu'il faut donc prendre peine à les jeter dans toutes sortes d'embarras et de dangers, et les tenir toujours sur le qui-vive :* ensorte que son prétendu *politique* semble n'être que ce que les Italiens appellent un *semeur d'épines*. Ou si quelqu'un est curieux d'adopter ce principe cité par Cicéron : *à la bonne heure que mes amis périssent, pourvu que mes ennemis périssent avec eux* (1),

---

(1) Une maxime qui vaudroit beaucoup mieux, ce seroit l'opposée : *à la bonne heure, que mes ennemis se sauvent, pourvu que mes amis se sauvent aussi;* car on s'expose presque toujours, en frappant sur les méchans, à frapper aussi sur les gens de bien entrelacés avec eux : et d'ailleurs, après avoir sauvé un méchant, on peut encore le tuer, s'il est nécessaire; au lieu qu'après avoir tué un honnête homme, on ne peut plus le sauver.

à l'imitation des triumvirs, qui achetèrent la perte de leurs ennemis par celle de leurs amis; ou encore si, prenant pour modèle Catilina, l'on veut jouer, dans l'état, le rôle d'incendiaire et de perturbateur, afin de pêcher en eau trouble, et de faire fortune plus rapidement; ce Catilina qui osoit dire : *si quelqu'un ose mettre le feu dans mes affaires, j'éteindrai ce feu, non avec de l'eau, mais en abattant tout;* si enfin l'on veut convertir à son usage cette maxime de Lysander, qui avoit coutume de dire *qu'on amusoit les enfans avec des jouets, et les hommes faits avec des sermens;* et une infinité d'autres maximes perverses et pernicieuses de cette trempe, lesquelles, comme il arrive en toute chose, sont en bien plus grand nombre que les bonnes; si quelqu'un, dis-je, se complaisoit dans cette sorte de *politique,* pour ainsi dire, *sâle,* je ne disconviendrai pas qu'un homme de ce caractère, par cela même que s'étant tout-à-fait dégagé des liens de la charité et de la justice, il se seroit dévoué uniquement à la fortune, et seroit tout à cela, ne pût arriver à la fortune avec plus de promptitude et de facilité. Mais il en est de la *vie* comme d'un *voyage* où le chemin le plus court est aussi le plus fangeux et le plus sâle; mais si l'on ne veut que suivre le meilleur chemin, on n'a pas besoin de tant de détours. Or, tant s'en faut que les hommes doivent s'adonner à ces odieux artifices, qu'ils doivent plutôt (pour peu qu'ils soient maîtres d'eux-mêmes, et sachent se posséder, au lieu de se laisser entraîner par le tourbillon et pousser par le vent impétueux de l'ambition), avoir toujours présente à l'esprit cette maxime, qui est comme la chorographie générale du monde : *que tout n'est que vanité et tourment d'esprit;* ainsi que cette autre plus spéciale : *que l'être même séparé du bien-être, n'est qu'une vraie malédiction;* malédiction d'autant plus grande, que cet *être* a plus de grandeur et d'élévation; que le plus magnifique prix de la *vertu* est la vertu même, comme le vice est pour lui-même le dernier supplice; pensée que certain poëte a si bien exprimée par ces mots : *quel prix, quel digne prix, ô mes amis ! pourrois-je vous offrir pour des actions si glorieuses ! mais le plus beau, vous le recevrez des dieux, et le trouverez aussi dans vos actions mêmes.* Au contraire, un autre, en parlant des scélérats, a dit avec non moins de vérité : *hé ! il trouvera dans son caractère même le châtiment mérité.* Je dirai plus : tandis que les mortels tournent leur esprit en tous sens, et promènent leurs pensées çà et là, cherchant les moyens d'*établir leur fortune,* ils doivent, dans ces allées et venues de leur esprit, élever leurs regards vers les jugemens divins et l'éternelle providence, qui se plaît à renverser l'édifice élevé par les méchans ; à déconcerter leurs desseins, quelque profonds qu'ils puissent être, et à les réduire à néant, conformément à cette parole de l'écriture : *il a conçu l'iniquité, et n'a enfanté que la vanité.* Je dis plus : en supposant même qu'on s'abstînt de toute injustice et de tout mauvais moyen, ce soin perpétuel qu'on se donne, ce travail sans relâche et, pour ainsi dire, sans dimanche, auquel on se condamne pour arriver à cette fortune après laquelle on soupire, empêchent de payer à Dieu cette partie de son temps qui lui est due à titre de tribut; car il paroît que n'exigeant que la dîme de nos biens, il exige la septième partie de notre temps. En effet, à quoi bon porter un visage élevé vers le ciel, si l'on tient son esprit courbé vers la terre, et mangeant, pour ainsi dire, la poussière, comme le serpent? C'est ce qui n'est pas non plus échappé aux païens.

Et il tient attachée à la terre une portion de la substance divine.

Que si quelqu'un, se flattant et se faisant illusion à lui-même, se promettoit de bien user de sa fortune, quoiqu'établie par de mauvais moyens, comme on a dit d'Auguste et de Septime-Sévère, *qu'ils auroient dû, ou ne jamais naître, ou ne jamais mourir;* tant ils firent de mal pour établir leur fortune; et de bien, après l'avoir établie: qu'il se dise néanmoins que cette manière de compenser le mal par le bien, quoiqu'elle obtienne des éloges après coup, on ne laisse pas, et avec de très justes raisons, d'en condamner le projet. Il ne sera donc pas inutile, dans cette course si rapide et si précipitée vers la fortune, de jeter, sur ce grand feu, un peu d'eau puisée dans ce mot assez ingénieux de l'empereur Charles-Quint, et qui se trouve parmi les instructions qu'il adresse à son fils : *que la fortune est d'une humeur semblable à celle des femmes qui dédaignent ceux de leurs prétendans qui s'empressent trop autour d'elles;* mais ce dernier remède n'est destiné qu'à ceux dont le goût est dépravé par quelque maladie de l'ame. Que les hommes s'appuient plutôt sur une pierre qui est comme la *pierre angulaire* de la *théologie et de la philosophie;* deux sciences dont les principes sont presque entièrement d'accord par rapport à ce qu'on doit chercher en premier lieu ; car la *théologie* nous dit : *cherchez d'abord le royaume de Dieu, et tout le reste vous sera donné.* Puis vient la *philosophie,* qui nous dit : *cherchez d'abord les biens de l'ame; quant aux autres biens, ou ils viendront aussi, ou ils ne vous nuiront pas.* Or, ce fondement posé par la main humaine, porte de temps à autres sur le sable, comme on le voit par l'exemple de Marcus-Brutus, qui, un instant avant sa mort, laissa échapper ce mot : *je t'ai adorée, ô vertu! comme quelque chose de réel; mais tu n'es qu'un vain nom;* mais ce même fondement posé par la main divine est toujours appuyé sur la pierre. Nous terminerons ici la *doctrine de l'art de s'avancer dans le monde,* et en même temps la *doctrine générale des affaires.*

CHAPITRE III.

Les divisions de la doctrine sur l'art de commander, *ou sur la* république, *sont ici omises. On se contente de frayer la route à* deux choses à suppléer; *savoir:* l'art de reculer les limites d'un empire, *et la* doctrine qui a *pour* objet la justice universelle, *ou les* sources du droit.

JE passerai donc maintenant à l'*art de commander,* ou à la *doctrine sur l'administration de la république,* doctrine dans laquelle est comprise l'*économique,* comme la *famille* l'est dans la *cité.* Or, sur cette partie, comme je l'ai déja dit, je me suis imposé la loi de garder le silence. Ce n'est pas néanmoins que je me défie assez de moi-même, pour me croire tout-à-fait hors d'état d'en discourir avec quelque peu d'intelligence et d'utilité, moi qui, après avoir passé successivement par tant d'emplois et de charges honorables, comme par autant de degrés, ai été élevé à la plus haute magistrature de ce royaume; honneur que j'ai dû plutôt à la faveur et à l'indulgence de Votre Majesté qu'à mon propre mérite; qui ai exercé cette magistrature durant quatre années entières; et qui, à tant de titres, puis me regarder comme instruit par une longue expérience; moi enfin qui ai été honoré, pendant dix-huit ans sans interruption, des entretiens et des commandemens de Votre Majesté (avantage qui, d'une souche même, auroit pu faire un politique), et qui, entr'autres genres de connoissances, ai fait une longue étude de l'histoire et des loix. Et toutes ces choses, si je les rappelle, ce n'est point du tout par jactance, et pour donner une haute idée de moi à la postérité; mais bien plutôt parce que je pense qu'il importe quelque peu à la dignité des lettres, qu'un homme, quel qu'il puisse être, né plutôt pour les lettres que pour tout autre genre d'occupations, et jeté dans les affaires par je ne sais quel destin, et contre son génie, n'ait pas laissé d'être élevé à des emplois civils, si honorables et si difficiles, sous un roi infiniment sage. Mais si par la suite mon loisir enfante quelque chose sur la *politique,* ce sera tout au plus un *avorton* ou un enfant *posthume.* En attendant, toutes les sciences étant déja pour ainsi dire placées sur leur siége, ne voulant pas que ce siége si élevé demeure vide, je me suis décidé à parler seulement de deux portions de la *science civile,* qui ne touchent point aux *secrets d'état,* mais qui sont d'une nature plus commune, de les noter comme étant *à suppléer,* et d'en donner des exemples, suivant ma coutume.

Or, toutes ces espèces de moyens dont se compose *l'art de gouverner,* embrassent trois offices *politiques;* savoir : 1°. celui de *conserver un état;* 2°. celui de le *rendre heureux et florissant;* 3°. celui de *l'agrandir* et d'en *reculer les limites.* Quant aux deux premiers *offices,* quelques écrivains en ont traité d'une manière distinguée, du moins pour la plus grande partie. Quant au troisième, ils n'en ont rien dit; ainsi nous le rangerons parmi les *choses à suppléer,* lui donnant le nom de *consul sous le harnois,* ou d'*art de reculer les limites d'un empire.*

Exemple d'un traité sommaire sur l'art de reculer les limites d'un empire.

Certainement ce mot fameux de Thémistocle, si on se l'applique à soi-même, comme il le fit, a je ne sais quoi d'incivil et de trop enflé. Mais si n'ayant que les autres en vue, on ne parloit ainsi qu'en général, alors sans doute ce mot nous paroîtroit renfermer une observation très judicieuse, et une censure très grave. Invité dans un festin à jouer de la lyre, il répondit *qu'il ne savoit point toucher de cet instrument, mais qu'il sauroit fort bien d'une petite bourgade faire une grande cité.* Nul doute que ces paroles, traduites dans le sens *politique,* ne marquent et ne distinguent très bien, dans ceux qui tiennent en main le gouvernail, deux espèces de talens fort différens. En effet, si nous considérons attentivement les conseillers des rois, les sénateurs et les autres personnages admis au maniement des affaires publiques, qui ont pu exister jusqu'ici, on en trouve quelques-uns (quoique très rarement) qui seroient très capables de faire d'un *petit royaume, d'une petite cité, un grand empire,* et qui ne laissent pas d'être de fort mauvais *joueurs de flûte.* Au contraire, il en est une infinité d'autres qui sont d'admirables artistes pour jouer de la *lyre* ou de la *guitare* (c'est-à-dire bien au fait du petit manège de cour); mais qui, loin d'être capables d'*agrandir un état,* semblent plutôt composés et organisés tout exprès pour ébranler et renverser l'état le plus heureux et le plus florissant; car, au fond, quel nom peut-on donner à tous ces talens du bas étage, et à ces prestiges, dont les conseillers et autres hommes puissans se prévalent pour s'insinuer dans la faveur des princes, ou pour se donner la vogue parmi la multitude, sinon celui d'un certain talent de *joueur de flûte*, attendu que ce sont là plutôt de ces choses qui plaisent pour le moment, et qui font honneur aux artistes mêmes, que des moyens vraiment utiles et propres pour augmenter l'étendue et la puissance des états dont ils sont les ministres. Nul doute qu'on ne rencontre encore d'autres hommes d'état, d'autres conseillers estimables d'ailleurs, bien au niveau des affaires, très capables de les gérer avec dextérité, et de garantir un état de tout inconvénient notable, de toute catastrophe manifeste ; mais qui sont bien loin de posséder cet *art d'élever et d'agrandir les états*.

Mais enfin, quels que puissent être les *ouvriers*, jetons les yeux sur l'*œuvre même*, et tâchons de voir en quoi consiste la véritable *grandeur* des royaumes et des républiques, et par *quels moyens* on peut arriver à ce but : sujet si important, que les princes en devroient être perpétuellement occupés, et le méditer avec l'attention la plus soutenue, afin que, d'un côté, ne se faisant pas une trop haute idée de leurs forces, ils ne s'embarquent point dans des entreprises inutiles ou trop difficiles; et que de l'autre, ils ne méprisent pas non plus leurs forces, au point de se rabattre à des résolutions timides et pusillanimes.

1. La *grandeur* des empires, quant à leur *masse* et à l'*étendue* de leur territoire, est soumise à la *mesure;* et quant à leurs revenus, elle l'est au *calcul*. On peut, par le moyen du *cens*, s'assurer du nombre des citoyens, des têtes. Quant au nombre et à la grandeur des villes et des bourgs, on peut aussi en faire le tableau. Mais dans tous ces calculs politiques, qui ont pour objet les *forces* et la *puissance* d'un empire, rien n'est plus difficile que de déterminer avec justesse la *valeur* réelle et intrinsèque des choses; rien de plus sujet à l'erreur. Ce n'est pas à un *gland* ou à une sorte de *noix* d'un grand volume, que le royaume des cieux

est assimilé, mais au *grain de moutarde*, qui de tous les grains est le plus petit, et qui ne laisse pas de recéler en lui-même une certaine force, un certain esprit inné, en vertu duquel il se développe, s'élève à la plus grande hauteur, et étend au loin ses rameaux. C'est ainsi qu'on trouve des royaumes, des états, lesquels, quant à l'étendue de leur territoire et de leur enceinte, peuvent passer pour très grands, et qui n'en sont pas plus propres pour *reculer leurs limites*, et pour étendre au loin leur empire; et d'autres dont les dimensions sont assez petites, et qui ne laissent pas d'être des bases sur lesquelles on peut asseoir de grandes monarchies.

2. Des villes fortifiées, des arsenaux pleins, des races généreuses de chevaux, des chariots armés, des éléphans, des machines de toute espèce. Qu'est-ce au fond que tout cela, sinon la *brebis revêtue de la peau du lion*, si la nation même n'est, et par sa race et par son génie, courageuse et guerrière? Je dirai

plus : le nombre même des troupes n'y fait pas beaucoup, dès que le soldat est sans force et sans courage; et c'est avec raison que Virgile a dit : le *loup ne s'inquiète guère du nombre des brebis.* L'armée des Perses campée dans les champs d'Arbelle, sous les yeux des Macédoniens, leur sembloit un vaste océan d'hommes; ensorte que les généraux d'Alexandre, un peu étonnés de ce spectacle même, tâchoient de l'engager à livrer la bataille de nuit; *non, non,* répondit-il, *je ne veux pas dérober la victoire.* Ce fut une opinion semblable à celle de ces généraux, qui rendit plus facile la défaite de Tigranes. Ce prince étant campé sur une certaine colline avec une armée de quatre cent mille hommes, et considérant l'armée romaine de quatorze mille tout au plus, qui marchoit contre lui, dit à ses courtisans : *si ce sont-là des ambassadeurs, c'est beaucoup trop; mais si ce* sont des *soldats, c'est trop peu,* et il se complaisoit dans ce bon mot. Cependant avant le coucher du soleil il éprouva qu'il y en avoit encore assez pour faire de ses gens un carnage effroyable.

Il est une infinité d'exemples qui montrent combien entre la multitude et le courage le combat est inégal. Ainsi, qu'on tienne pour une vérité certaine et bien constatée, que par rapport à la *grandeur* d'un royaume ou d'un état, le principal point est que la nation soit de *race et d'humeur belliqueuse*. Et c'est un proverbe plus rebattu que vrai, que celui qui dit : *l'argent est le nerf de la guerre* ; si d'ailleurs il s'agit d'une nation molle et efféminée, qui n'ait point de nerf dans les bras. Car c'est avec raison que Solon répondit à Crésus, qui faisoit devant lui un étalage de son or : *oui; mais s'il vient un homme qui sache mieux que vous manier le fer, tout cet or lui appartiendra bientôt*. Ainsi que tout prince et tout état, quel qu'il puisse être, dont les sujets naturels manquent de courage et de qualités guerrières, ne se fasse pas une trop haute idée de ses forces ; et qu'au contraire les princes qui commandent à des nations courageuses et martiales, sachent qu'ils ont assez de force, pourvu qu'ils paient de leurs personnes. Quant à ce qui regarde les *troupes mercenaires*; remède qu'on emploie ordinairement, lorsqu'on manque de troupes *natives*, tout est plein d'exemples qui montrent clairement que tout état qui s'appuie sur une telle ressource, pourra peut-être, en étendant ses aîles, déborder un peu son nid; mais les plumes lui tomberont peu après.

3. La *bénédiction de Judas et celle d'Issachar* ne se trouvent jamais ensemble dans une même nation; je veux dire que jamais tribu, ou nation, ne sera tout-à-la-fois et le *lionceau* et l'*âne qui succombe sous sa charge*. Car un peuple accablé d'impôts, qui soit en même temps courageux et guerrier, c'est ce qu'on ne verra jamais. La vérité est que les contributions établies par le vœu général, abattent moins les ames, et découragent moins les peuples que celles qu'impose le pouvoir arbitraire. C'est ce qu'il est aisé de

voir par ces taxes de la basse Allemagne, qui portent le nom d'*Excises*, et jusqu'à un certain point aussi, par ce que les Anglois qualifient de *subsides*. Car il est bon d'observer que nous parlons ici de la disposition des ames dans les sujets, et non de leurs fortunes. Or, quand les *taxes* établies par le consentement de la nation et celles qui se lèvent à l'ordre d'un maître, seroient la même chose, quant à l'effet, d'épuiser les fortunes, elles ne laisseroient pas d'affecter les amos bien différemment. Ainsi, qu'on établisse comme principe, qu'un *peuple* accablé *d'impôts*, est inhabile au *commandement*.

4. Mais une attention que doivent avoir les royaumes et les états qui aspirent à *s'agrandir*, c'est de prendre garde que les *nobles*, les *patriciens*, et ce que nous appellons les *gentils-hommes*, ne se multiplient excessivement; l'effet de cette multiplication excessive est que le peuple du royaume devient vil et abject, et n'est presque plus composé que d'escla-

ves et de manœuvres. Il en est, à cet égard, des *états* comme des *taillis :* si on laisse un trop grand nombre de *baliveaux*, le bois qui repoussera ne sera pas bien net et bien franc; mais la plus grande partie dégénérera en *buissons* et en *broussailles*. C'est ainsi que chez les nations où la *noblesse est trop nombreuse*, le *bas-peuple* sera *vil et lâche*, et dégénérera à tel point, que sur cent têtes, à peine en trouvera-t-on une capable de porter un casque, sur-tout s'il s'agit de l'infanterie, qui le plus ordinairement est la principale force des armées : ainsi, on aura une grande population, et peu de forces réelles. Or, ce que nous avançons ici, il n'est point d'exemples qui le prouvent mieux, que ceux de l'Angleterre et de la France. Car, quoique l'Angleterre le cède de beaucoup à la France pour l'étendue du territoire et le nombre des habitans, elle ne laisse pas d'avoir presque toujours l'avantage dans les guerres, par cette raison-là même que, chez les anglois, les cultivateurs et les hommes du dernier ordre sont propres pour la guerre; au lieu que les paysans de France ne le sont point. Et c'est en quoi Henri VII, roi d'Angleterre, (comme nous l'avons expliqué plus en détail dans *l'histoire de ce prince*) semble avoir été inspiré par une prudence admirable et vraiment profonde, lorsqu'il imagina d'établir de petites métairies ou maisons de culture, à chacune desquelles étoit annexé un petit champ, qui n'en devoit point être détaché, et d'une étendue suffisante pour que, de son produit, le propriétaire pût vivre commodément; statuant aussi que ce champ seroit cultivé par le propriétaire même du fonds, ou tout au moins par les usufruitiers, et non par des fermiers ou des mercenaires, des hommes à gages: car c'est par les heureux effets d'une telle institution, qu'une nation pourra mériter cette qualification dont Virgile honore l'antique Italie.

C'étoit, dit-il, *une contrée puissante par la valeur de* SES GUERRIERS ET LA FERTILITÉ DE SES CHAMPS.

Il ne faut pas non plus oublier cette partie du peuple qui est presque particulière à l'Angleterre, et qu'on ne trouve point ailleurs que je sache, si ce n'est peut-être en Pologne, je veux dire les *domestiques des nobles;* car les hommes de cette classe, pour l'infanterie, ne le cèdent nullement aux cultivateurs : ainsi nul doute que cette pompe, cette magnificence hospitalière, ce nombreux domestique, et, pour ainsi dire, cette multitude de satellites qui sont en usage chez les nobles et les gens de qualité en Angleterre, ne contribuent très réellement à la puissance militaire; et qu'au contraire, quand les nobles mènent une vie plus obscure, plus retirée et plus renfermée en elle-même, cela même ne diminue beaucoup les forces militaires.

5. Ainsi il ne faut épargner aucun soin pour que cet *arbre de la monarchie,* semblable à celui de *Nabuchodonosor,*

ait un *tronc assez ample et assez robuste pour pouvoir soutenir ses branches et ses feuilles*, c'est-à-dire, que le nombre des *naturels* doit être plus que suffisant pour contenir les *sujets étrangers*; l'on peut donc regarder comme bien constitués pour *étendre leur empire*, les états qui confèrent volontiers le *droit de cité*. Car ce seroit folie de croire qu'une poignée d'hommes, quelque supériorité de génie et de courage qu'on lui suppose, puisse mettre et contenir sous le joug, des contrées vastes et spacieuses. C'est ce qu'ils pourroient peut-être faire pour un temps; mais un tel empire n'est point susceptible de durée. *Les Spartiates* étoient avares de ce droit de cité, et lents à s'agréger de nouveaux citoyens. Aussi, tant qu'ils ne dominèrent que dans un espace borné, leur empire fut-il ferme et stable; mais sitôt qu'ils eurent commencé à *reculer leurs limites*, et à donner à leur empire trop d'étendue pour que la seule race des *Spartiates naturels* pût contenir aisément la multitude des *étrangers*, l'édifice de leur puissance croula bientôt (1). Jamais république n'ouvrit son sein à de nouveaux citoyens avec autant de facilité que la *république romaine*. Aussi sa fortune répondit-elle à une si sage institution, et la vit-on, s'étendant par degrés, former un empire aussi grand que l'univers entier. Les Romains étoient dans l'usage de conférer le *droit de cité*, et cela au plus haut degré; je veux dire, non pas seulement le *droit de commerce, de mariage, d'hérédité*, mais même le *droit de suffrage*, le *droit de pétition*, et celui de *briguer les honneurs* : et cela encore non pas seulement à tel ou tel *individu;* mais à des *familles*, à des *villes*, et même à des *nations* entières. Ajoutez l'usage où ils étoient de tirer du corps des citoyens de quoi *fonder des colonies*, à l'aide desquelles la race ro-

---

(1) Il faut compter aussi pour quelque chose le terrible choc que leur donna Épaminondas, c'est-à-dire le concours du génie, du courage et de la vertu.

maine se transplantoit dans un sol étranger. Or, ces deux moyens, si vous les mettez ensemble, et concevez bien ce que peut leur concours, vous direz hardiment, non que les Romains se répandirent sur l'univers entier, mais que l'univers même se répandit sur les Romains: et telle est la plus sûre méthode pour *reculer les limites d'un empire*. Ce qui me cause quelquefois de l'étonnement, c'est que *l'empire des Espagnols* puisse, avec un si petit nombre de *natifs*, embrasser et tenir sous le joug tant de royaumes et de provinces. Mais certainement *l'Espagne,* proprement dite, peut être regardée comme un assez grand tronc, vu que son territoire est beaucoup plus étendu, que celui qui étoit tombé en partage à *Rome* et à *Sparte* naissantes. Or, quoique les *Espagnols* n'accordent le *droit de cité* qu'avec assez d'épargne, ils ne laissent pas de faire quelque chose d'approchant; vu qu'assez souvent ils reçoivent dans leurs troupes des hommes de toute nation, et que, dans leurs guerres, ils défèrent le commandement en chef à des étrangers. Cependant cet inconvénient-là même du petit nombre des habitans *naturels*, il n'y a pas si long-temps qu'ils paroissent l'avoir senti, et avoir pensé à y remédier ; témoin la *pragmatique sanction*, qu'ils n'ont publiée que cette année.

6. Il est certain que tous ces *arts sédentaires* qui s'exercent, non en plein air, mais sous le toit, et que ces *mains-d'œuvres délicates* qui demandent plutôt le travail des *doigts*, que celui des *bras*, sont, de leur nature, contraires à l'esprit militaire. En général, les peuples belliqueux aiment à ne rien faire, et craignent moins le *danger* que le *travail*; et cette disposition, il faut bien se garder de la réprimer en eux, pour peu qu'on ait à cœur de maintenir leurs ames en vigueur. Aussi étoit-ce une grande ressource pour Athènes, Spartes et Rome, que d'avoir, au lieu d'hommes *libres*, des *esclaves* auxquels ils abandonnoient

ces sortes de travaux (1). Mais, depuis l'établissement du christianisme, l'usage des esclaves est presque entièrement tom-

---

(1) Voici quel étoit, à cet égard, l'esprit de l'institution de Lycurgue. Tout homme continuellement occupé d'un *métier* qui le fait *subsister*, ou qui l'enrichit, est trop souvent ramené à son *intérêt particulier*, et pas assez à l'*intérêt commun*; et un homme animé d'un tel esprit, ne peut être un *bon citoyen* : reste donc, pour faire *subsister l'homme*, sans détruire le *citoyen*, à le faire vivre de *brigandage*; ou à faire exercer par des *esclaves* l'*agriculture*, les *métiers*, les *arts* et le *commerce*; ou encore à ne laisser le droit de *suffrage* et d'*éligibilité*, qu'à ceux qui exercent continuellement et uniquement la profession *militaire*; en l'ôtant à tous ceux qui exercent les professions *pacifiques*. Car les seuls hommes qui aiment à voir fleurir l'arbre de la liberté, et qui sachent le cultiver, ce sont ceux qui savent arroser de leur sang la terre où il est planté. Il faut, ou savoir *adoucir sa servitude par une obéissance volontaire*, ou *mériter la liberté en méprisant la vie*; ce bien inestimable, comme tout s'efforce de nous le ravir, le seul moyen, pour le conserver, est de se mettre en état de le disputer sans cesse;

bé en désuétude (1). Un moyen toutefois qui approche fort de celui-là, c'est d'abandonner ces arts aux étrangers, que, dans cette vue, il faut tâcher d'attirer, ou du moins accueillir aisément. Or, *le peuple* des *natifs* doit être composé de trois sortes d'hommes, de *cultivateurs*, de *domestiques libres*, et de cette classe d'*artisans* dont les travaux demandent de la *force* et des *bras d'hommes*; tels que sont ces ouvriers qui travaillent en *fer*, en *pierre* ou en *bois*; sans compter les *troupes réglées*.

7. De tout ce qui peut contribuer à *l'agrandissement de l'empire* d'une nation; ce qui tend le plus directement à ce but, c'est que cette nation *fasse profession d'aimer les armes;* qu'elle en fasse gloire; qu'elle les regarde comme

---

et le seul moyen, pour jouir d'une *paix* perpétuelle, est de *céder sans cesse*, ou *lâchement*, ou *sagement;* car ces deux choses, *paix* et *liberté*, ne marchent point ensemble.

(1) Témoin nos colonies, où l'on trouve cent esclaves pour un homme libre.

la plus noble de toutes les professions ; qu'elle y attache les plus grands honneurs : car ce que nous avons dit jusqu'ici ne regarde encore que la simple disposition à l'égard des armes. Mais au fond que serviroit cette disposition, si l'on ne s'appliquoit jamais à la chose même, pour la réduire en acte ? *Romulus*, à ce qu'on rapporte, ou comme on le feint, légua, en mourant, à ses concitoyens le conseil de cultiver, avant tout, l'art militaire, leur assurant que, par ce moyen, leur ville s'éleveroit au-dessus de toutes les autres, et deviendroit la capitale de l'univers.

Toute la structure de *l'empire des Spartiates* (disposition qui n'étoit pas des plus prudentes, mais qui supposoit du moins un certain soin tendant à ce but), étoit organisée à cette fin de les rendre belliqueux. Les *Macédoniens* et les *Perses* eurent les mêmes institutions, mais avec moins de constance et de durée. Il fut aussi un temps où les *Bretons*, les *Gaulois*, les *Germains*, les *Goths*, les *Saxons* et les *Normands* se consacroient principalement à la profession des armes. Les *Turcs*, un peu aiguillonnés en cela par leur loi, suivent aujourd'hui le même plan ; mais chez eux l'art militaire, dans l'état où il est aujourd'hui, a fort décliné. Dans l'Europe chrétienne, la seule nation qui conserve aujourd'hui cet usage, et qui en fasse profession, ce sont les *Espagnols* : mais, après tout, c'est une vérité si claire et si palpable, que le genre où l'on réussit le mieux, c'est celui dont on fait sa principale étude, qu'il n'est pas besoin de paroles pour la prouver ; qu'il suffise de faire entendre que toute nation qui ne cultive pas *ex-professo* les armes et l'art militaire, qui n'en fait pas sa principale occupation, sa continuelle étude, ne doit pas prétendre à un certain *agrandissement*, ni se flatter qu'un tel avantage lui viendra comme de soi-même ; au contraire, qu'elle tienne pour certain, et de tous les oracles du temps c'est le plus sûr, que ces nations qui ont fait long-temps profession des armes, et qui en ont eu long-temps la passion (et c'est ce qu'on peut dire principalement des Romains et des Turcs), étendent leur empire avec une étonnante rapidité. Je dirai plus : ces nations mêmes qui n'ont fleuri par la gloire militaire que durant un seul siècle, n'ont pas laissé d'en tirer cet avantage, que, durant ce siècle, elles sont parvenues à un tel point d'accroissement, qu'ensuite, durant un grand nombre de siècles, quoique, chez eux, la discipline militaire se soit fort relâchée, elles n'ont pas laissé de rester à ce point.

8. Un précepte très analogue au précédent, c'est qu'un état ait des *loix* et des *coutumes* qui lui fournissent aisément et comme à la main de justes causes, ou du moins des prétextes pour faire la guerre. Car il est, dans les ames de tous les hommes, un sentiment de la justice tellement inné, que, lorsqu'il s'agit de la guerre, qui entraîne après soi tant de calamités, ils ne se décident

point à la faire sans une raison très grave, ou du moins très spécieuse (1). Les Turcs ont toujours sous la main, et comme à volonté, un prétexte de guerre ; savoir : la *propagation de leur loi* et de leur *secte*; et les Romains, quoique leurs généraux tinssent à grand honneur d'avoir *pu reculer les limites de leur empire*, n'ont pourtant jamais entrepris de

---

(1) Par exemple, par l'espérance d'y perdre peu et d'y gagner beaucoup. Ce qu'il avance ici, est démenti par toute l'histoire, où nous voyons que la plupart des guerres, même les plus *justes*, quant *au fond*, ne laissent pas d'être allumées par des *motifs visiblement injustes*. Ce n'est point par amour pour la justice qu'on évite la guerre, mais par amour pour sa propre conservation, et pour acquérir tout au plus la réputation de justice, à laquelle chacun aspire, afin de se prévaloir de la confiance qu'elle fait naître : et si l'amour de la justice est inné dans le cœur humain, ce n'est pas en tant que chaque individu aime à l'observer avec les autres ; mais en tant qu'il souhaite que les autres l'observent avec lui ; et s'il exige que les autres soient justes entr'eux, c'est afin qu'ils le soient aussi avec lui.

guerre à cette seule fin de *reculer ces limites*. Ainsi, toute nation qui aspire à *commander*, doit se faire une habitude d'avoir un *sentiment vif et prompt de toute injure*, quelle qu'elle puisse être, faite à ceux de leurs sujets qui occupent la frontière, où à leurs marchands, ou à leurs fonctionnaires publics; et à la première provocation, *ne point différer la vengeance;* par la même raison, qu'elle soit *prompte et alerte pour secourir ses alliés et ses confédérés* : c'est une règle dont les *Romains* ne s'écartèrent jamais; et cela, au point que, si l'on commettoit des hostilités contre quelqu'un de leurs alliés, même contre ceux qui avoient contracté avec d'autres des alliances défensives, et qui imploroient le secours d'un grand nombre d'autres, les Romains accouroient toujours les premiers, ne se laissant jamais prévenir à cet égard, ni enlever l'honneur attaché à un tel service. Quant à ce qui regarde les guerres allumées dans les anciens temps, en conséquence d'une certaine *conformité* ou *cor-*

respondance tacite des états, je ne vois pas trop sur quels droits elles étoient fondées. Mais du genre de celles dont nous parlons ici, furent les guerres entreprises par les Romains, *pour affranchir la Grèce* et lui *rendre la liberté* (1). Telles aussi celles des *Lacédémoniens* et des *Athéniens*, pour établir ou renverser des *démocraties* ou des *oligarchies*. Telles encore celles que firent certaines républiques, ou certains princes, sous prétexte de protéger les sujets d'autres états, et de les délivrer de la tyrannie. Mais, quant à notre objet actuel, il suffit de statuer

---

(1) Telle fut la raison ou le prétexte de Titus-Quintius-Flamininus ; mais ce n'étoit qu'un piége : considérant les forces de la ligue achéenne, qui, par la confédération d'un grand nombre de villes, formoit dans la Grèce une puissance imposante, il trouva moyen de la dissoudre, en statuant qu'à l'avenir chacune des villes de la ligue se gouverneroit par ses propres loix ; ce que ces villes étendirent aux règlemens mêmes qui maintenoient la confédération : il délioit ainsi le faisceau, et en détachoit tous les brins, pour les rompre un à un.

qu'un état ne doit pas se flatter de pouvoir *s'agrandir*, si, à la première occasion juste, il ne s'éveille aussi-tôt pour courir aux armes.

9. Aucun *corps*, soit *naturel*, soit *politique*, ne peut, sans faire d'*exercice*, jouir d'une *santé* ferme et inaltérable. Or, quant aux royaumes et aux républiques, une *guerre* juste et honorable est ce qui leur tient lieu d'*exercice*. (1). La guerre civile est comme la chaleur de la fièvre; mais une guerre au-dehors

---

(1) C'est aussi, je crois, une espèce de *saignée*, qui de temps en temps est, je ne dirai pas *nécessaire*, mais seulement *nécessitée*; cet autre genre d'*évacuation*, qu'on opère en formant des *colonies*, étant presque toujours *funeste* aux *métropoles*: car les états, comme les individus, sont, par l'effet naturel de l'abondance, du repos et d'un bon régime, sujets à des plénitudes, dont le remède, comme dans le corps humain, est une *évacuation*. Il faut que le corps politique fasse une sorte de diète, en se privant de quelques-uns de ses membres; et pour que l'état vive, il faut que quelques citoyens meurent: cela est bien triste sans doute, mais cela est.

est comme cette chaleur qui naît du mouvement et qui contribue à la santé; car l'effet d'une paix accompagnée d'inertie et d'une sorte d'engourdissement, est d'amollir les ames et de corrompre les cœurs. Mais, quoi qu'il en puisse être par rapport au bonheur réel d'un état quelconque, il ne laisse pas d'importer fort à son *agrandissement*, qu'il soit toujours en armes. Et quoiqu'une armée de vétérans, tenue perpétuellement sous le drapeau, soit d'une grande dépense et d'un grand entretien, c'est pourtant une force qui met une nation en état de donner la loi à ses voisins, ou qui du moins ajoute, en toutes choses, à sa réputation. C'est ce dont nous voyons un exemple frappant dans les *Espagnols*, qui, depuis cent vingt ans, entretiennent toujours une armée de vétérans dans certaines parties, quoique ce ne soit pas toujours dans les mêmes (1).

---

(1) C'est aussi cette belle invention qui a fourni aux souverains une raison et des prétextes pour

10. L'*empire de la mer* est comme un abrégé de la monarchie. Cicéron écrivant à Atticus sur les préparatifs de Pompée contre César, s'exprime ainsi à son sujet :

Le plan de Pompée ressemble tout-à-fait à celui de Thémistocle; il pense que celui qui est maître de la mer, est maître de tout. Aussi n'est-il pas douteux qu'à la longue il ne fût parvenu à lasser César et à le consumer, si, enflé d'une vaine présomption, il ne se fût écarté de ce plan. Une infinité d'exemples montrent de quel poids sont les *batailles navales*. La *bataille d'Actium* décida de l'empire de l'univers ; celle de *Lépante* (1) attacha une bride aux Turcs : combien de fois les victoires

---

entretenir, même en temps de paix, ces grandes armées, qui appuyoient leur despotisme ; puis l'existence même de ces armées leur a servi de prétexte pour multiplier les impôts, et les rendre si excessifs, qu'à la fin, en certain lieu qui n'est pas éloigné, l'âne accablé par le fardeau, a jeté sa charge, et est redevenu cheval.

(1) Gagnée par dom Juhan d'Autriche.

remportées sur mer n'ont-elles pas suffi pour terminer les guerres; ce qui pourtant n'a eu lieu que dans les cas où l'on avoit commis toute la fortune de ces guerres au hazard d'un pareil combat. Quoi qu'il en soit, il n'est pas douteux que celui qui est le maître de la mer, agit en toute liberté, et que, par rapport à la guerre, il n'en prend qu'autant qu'il veut; au lieu que celui qui ne doit sa supériorité qu'aux troupes de terre, ne laisse pas d'être exposé à une infinité d'inconvéniens; mais, si aujourd'hui, et chez nous autres Européens, la *puissance navale* (qui sans contredit est échue en partage à ce *royaume de la grande Bretagne*) est plus qu'en tout autre temps et en tout autre lieu d'un grand poids pour élever une nation au premier rang, c'est ou parce que la plupart des royaumes de l'Europe ne sont pas simplement *méditerranées,* mais en très grande partie ceints par la mer; ou encore parce que les trésors et les richesses des deux Indes sont attachées à cet empire de la mer, et en sont comme l'accessoire.

11. Les *guerres* modernes *semblent se faire dans les ténèbres*, en comparaison de cette gloire et de cet éclat, qui, dans les temps anciens, réjaillissoit des exploits militaires sur les guerriers mêmes. Nous avons bien aujourd'hui, pour animer les courages, certains *ordres militaires* assez honorables, mais qui malheureusement sont devenus communs à la robe et à l'épée. Au même but tendent ces *marques distinctives et glorieuses*, qu'on voit dans les *armoiries de certaines familles*. Tels sont encore les *hospices publics* établis pour les soldats vétérans ou invalides; mais chez les anciens, c'étoit bien autre chose. Sur les lieux mêmes où les victoires avoient été remportées, on élevoit des *trophées*, on prononçoit des *oraisons funèbres*, on érigeoit de *magnifiques monumens* en faveur de ceux qui étoient morts au champ d'honneur; ajoutez ces *couronnes civiques, militaires*, qu'on décernoit à tel ou tel individu.

Et ce titre même d'*empereur*, que dans la suite les plus grands souverains empruntèrent des généraux d'armée, il faut le compter pour quelque chose. Oublions encore moins ces *triomphes si fameux* décernés aux généraux d'armée à leur retour des expéditions militaires heureusement terminées. Telles étoient enfin ces *gratifications*, ces *largesses* faites aux armées au moment de les licencier. Ces moyens, dis-je, étoient si multipliés, ils étoient si grands, si éclatans, si imposans, qu'ils portoient, pour ainsi dire, le feu dans les ames, échauffoient les cœurs les plus glacés, et les enflammoient de l'ardeur des combats ; mais sur-tout cet usage de *triompher*, chez les Romains, n'étoit pas, comme on pourroit le penser, une simple *pompe*, une sorte de *vain spectacle*, mais bien une des plus sages et des plus nobles institutions, attendu qu'elle renfermoit trois avantages. D'abord, l'*honneur et la gloire des chefs*, puis celui d'*enrichir le trésor public* des dépouilles des ennemis ;

enfin, celui de fournir de quoi faire des *largesses aux soldats*. Mais l'honneur du *triomphe* ne convient peut-être pas aux *monarchies*, si ce n'est en la personne du *roi* même, ou des *fils du roi*. Et tel étoit l'usage à Rome, du temps des empereurs, qui, après les guerres qu'ils avoient faites en personne, réservoient pour eux et leurs enfans, l'honneur même du triomphe, comme leur étant propre ; n'accordant aux autres généraux que des *robes triomphales* et autres *décorations* de cette espèce.

Mais, afin de terminer ces discours, nous dirons, et c'est ce qu'atteste l'écriture même, qu'il n'est *point d'homme qui, à force d'y songer, puisse ajouter une coudée à sa taille,* ce qui n'est vrai que par rapport à la stature du *corps humain*; mais dans les dimensions beaucoup plus grandes des *royaumes* et des *républiques,* la vérité est que l'avantage *d'étendre un empire* et d'en *reculer les limites,* est au pouvoir des rois et de ceux qui commandent ; car, qui seroit assez sage pour introduire des loix, des institutions et des coutumes de la nature de celles que nous venons de proposer, et d'autres semblables, jeteroit, pour les siècles suivans et la postérité, des semences d'*agrandissement*. Mais ce sont là de ces sujets qu'on traite rarement devant les princes; et la plupart du temps, c'est à la seule fortune qu'on commet toutes ces choses.

Voilà donc, par rapport à *l'art de reculer les limites d'un empire*, ce qui, pour le moment, se présente à notre esprit; mais à quoi bon toute cette dissertation, la *monarchie romaine* devant être (du moins à ce qu'on croit) la dernière des monarchies mondaines? c'est afin d'être fidèles à notre plan, que nous ne perdons jamais de vue; car, ces trois *offices* de la *politique,* que nous avons marqués distinctement, celui d'*agrandir un empire* étant le *troisième*, nous n'avons pas dû le passer entièrement sous silence. Ainsi, de ces deux choses que nous avions notées comme étant *à sup-*

pléer, reste la seconde ; savoir : celle qui a pour objet la *justice universelle*, ou les *sources du droit*.

Si quelques auteurs ont écrit sur les *loix*, c'est en *philosophes* ou en *jurisconsultes* qu'ils ont traité ce sujet. Quant aux *philosophes*, ils ont proposé une infinité de choses fort belles pour le discours, mais trop éloignées de la pratique ; et les *jurisconsultes*, assujettis, dévoués à la lettre des loix de leur patrie, ou même des loix romaines ou pontificales, n'ont pas suffisamment usé de la liberté de leur jugement ; et tout ce qu'ils disent sur ce sujet, ils semblent le dire du fond d'une prison. C'est sans contredit un genre de connoissances qui appartient aux *hommes d'état*, c'est à eux qu'il faut demander ce que comportent la nature de la société humaine, le salut du peuple, l'équité naturelle, les mœurs des nations, les diverses formes de gouvernement. Ainsi, c'est à eux de donner leurs décisions sur les *loix*, d'après les principes et les préceptes, soit de l'équité naturelle, soit de la politique. Il ne s'agit donc ici que de remonter aux *sources* de la *justice* et de l'*utilité publique*, et de présenter, dans chaque partie du droit, un *certain caractère*, une *certaine idée du juste*, à laquelle on puisse rapporter les *loix particulières* des royaumes et des républiques, afin de les mieux apprécier et de les corriger; pour peu qu'on ait cette entreprise à cœur, et qu'on s'occupe de ce soin. Ainsi nous en donnerons un *exemple*, suivant notre coutume, et *sous un seul titre*.

Exemple d'un traité sommaire sur la justice universelle et sur les sources du droit, rédigé sous un seul titre, et par aphorismes.

APHORISME 1.

Dans la société civile, c'est ou la *loi* ou la *force* qui commande. Or, il est une certaine espèce de *violence* qui singe la *loi*, et une certaine espèce de *loi* qui respire plus la *violence* que l'*équité de droit.* L'*injustice* a trois sources ; savoir : la *violence pure, un certain enlacement malicieux,* sous prétexte de la loi ; enfin, l'*excessive rigueur* de la *loi* même.

APHORISME 2.

Tel est le vrai fondement du *droit privé.* L'effet d'une injustice, pour celui qui la commet, et en conséquence du fait même, est ou une certaine utilité, ou un certain plaisir, ou un certain risque, à cause de l'exemple qu'il donne. Quant aux autres, ils ne participent point à ce plaisir ou à cette utilité ; mais ils pensent que cet exemple s'adresse à eux-mêmes. C'est pourquoi ils se déterminent aisément à se réunir, pour se garantir tous, par le moyen des loix, de peur que l'injustice ne faisant, pour ainsi dire, le tour, ne s'adresse successivement à chacun d'eux. Que si, par l'effet de la disposition des temps et de la complicité, il arrive que ceux qu'une loi menace, soient en plus grand nombre et plus puissans que ceux qu'elle protège, alors une faction dissout la loi, et c'est ce qui arrive souvent.

Aphorisme 3.

Mais le *droit privé* subsiste, pour ainsi dire, à l'ombre du *droit public*; car c'est la loi qui garantit le citoyen, et le magistrat qui garantit la loi. Or, l'autorité des magistrats dépend de la majesté du commandement, de la structure de la police et des *loix fondamentales*. Ainsi, pour peu que ces parties soient saines, et que la constitution soit bonne, les loix seront bien observées et d'un heureux effet, sinon on y trouvera peu d'appui.

Aphorisme 4.

Or, l'objet du *droit public* n'est pas seulement d'être une simple addition au *droit privé*, de lui servir comme de garde, d'empêcher qu'on ne le viole, et de faire cesser les injures; mais de plus il s'étend à la religion, aux armes, à la discipline et aux décorations publiques, à tous les moyens de puissance; en un mot, à tout ce qui concerne le bien-être de la cité.

Aphorisme 5.

Le *but*, la *fin*, que les loix doivent envisager, et vers laquelle elles doivent diriger toutes leurs jussions et leurs sanctions, n'est autre que celle-ci : de faire que les citoyens vivent heureux. Or, ce but, ils y parviendront, si, la religion et la piété ayant présidé à leur éducation, ils sont honnêtes, quant à leurs mœurs; en sûreté, à l'égard de leurs ennemis, par leurs forces militaires ; à l'abri des séditions et des injures particulières, par la protection des loix ; obéissans à l'autorité et aux magistrats; enfin, par leurs biens et leurs autres moyens de puissance, riches et florissans. Or, les instrumens et les nerfs de toutes ces choses-là, ce sont *les loix*.

Aphorisme 6.

Ce *but*, les meilleures *loix* y atteignent ; mais la plupart des *loix* le manquent. Or, entre telles et telles loix on observe des différences infinies, et il en est qui sont à une distance immense les unes des autres ; ensorte qu'il en est d'*excellentes* et de tout-à-fait *vicieuses*. Nous dicterons donc, en raison de la mesure de notre jugement, certaines ordonnances qui sont comme des *loix* de *loix*, à l'aide desquelles on verra aisément ce que dans chacune des *diverses loix* il se trouve de bien ou de mal posé et constitué.

Aphorisme 7.

Mais avant de passer au *corps* même des *loix particulières*, nous dirons un mot des *qualités* et du *mérite* des loix en général. Une *loi* peut être réputée *bonne*, lorsqu'elle est, quant à son *intimation*, bien certaine ; *juste*, quant à ce qu'elle *prescrit; facile*, dans l'*exécution*, et de plus *bien d'accord avec la forme de la police,* et tendante *à enfanter la vertu dans les sujets.*

Aphorisme 8.

Il importe tellement à la *loi* qu'elle soit

certaine, que, sans cette condition, elle ne peut pas même être *juste*. En effet, *si la trompette ne rend qu'un son incertain, qui est-ce qui se préparera à la guerre?* De même, si la *loi* n'a qu'une voix *incertaine*, qui est-ce qui se disposera à obéir? Il faut donc qu'elle avertisse avant de frapper; et c'est avec raison qu'on établit en principe : que la *meilleure loi est celle qui laisse le moins à la disposition du juge*, et c'est un avantage qui résulte de sa *certitude*.

Aphorisme 9.

L'*incertitude* de la *loi* peut avoir lieu dans deux cas: l'un, quand il *n'y a point de loi portée*; l'autre, lorsque la *loi établie est obscure et ambiguë*. Il faut donc parler d'abord *des cas omis par la loi;* afin de trouver, par rapport à ces *cas-là*, quelque *règle* de *certitude*.

Des cas omis par la loi.

Aphorisme 10.

Les limites de la *prudence humaine*

sont si étroites, qu'elle ne peut embrasser *tous les cas* que le temps peut faire naître. Aussi n'est-il pas rare de voir des *cas omis* et *nouveaux*. Or, par rapport à *ces cas*, on emploie trois sortes de remèdes. Ou l'on procède *par analogie;* ou l'on se règle sur *des exemples,* quoiqu'ils n'aient pas encore *force de loi;* ou par des juridictions qui statuent d'après les *décisions d'un prud'homme*, et d'après des distinctions bien justes; soit que ces tribunaux soient *prétoriens* ou *censoriens* (1).

De la manière de procéder par analogie*, et d'étendre les loix.*

APHORISME II.

Il faut, par rapport aux *cas omis*, déduire la *règle du droit, des cas semblables,* mais avec précaution et avec jugement: en quoi il faut observer les règles suivantes; *que la raison soit prolifique, mais que la coutume soit stérile et n'en-*

---

(1) Je suis obligé de forger ce mot pour abréger.

fante pas de cas nouveaux. Ainsi, ce qui est *contraire* à la *raison du droit*, ou encore ce dont la *raison est obscure*, ne doit point être tiré en conséquence.

Aphorisme 12.

Un *bien public et frappant, attire à soi les cas omis*. Ainsi, lorsqu'une *loi* procure à la République un avantage notable et manifeste, il faut, en *l'interprétant*, lui donner hardiment de *l'extension* et de *l'amplitude*.

Aphorisme 13.

C'est cruauté de donner la torture aux *loix* pour la donner aux hommes. Ainsi, je n'aime point qu'on *étende les loix pénales*; beaucoup moins encore les *loix capitales*, à des *délits nouveaux*. Que si le crime étant ancien et désigné par la *loi*, la poursuite de ce crime tombe dans un cas nouveau que la loi n'ait pas prévu; alors il faut s'écarter tout-à-fait des maximes du droit, plutôt que de laisser les crimes impunis.

Aphorisme 14.

Dans les *statuts* qui abrogent le *droit commun*, principalement lorsqu'il s'agit de choses qui arrivent fréquemment, et qui ont pris pied, je n'aime point qu'on procède par voie d'*analogie*, des *cas désignés* aux *cas omis*. Car, si la république a bien pu se passer si long-temps de la loi toute entière, même dans les *cas exprimés*, on risque peu d'attendre qu'un *nouveau statut* vienne suppléer aux *cas omis*.

Aphorisme 15.

Quant aux *statuts* qui sont visiblement des *loix de circonstances*, et qui sont nés des situations où se trouvoit la république, lorsqu'elles faisoient sentir toute leur force, si la situation actuelle est différente, c'est assez pour ces statuts que de se soutenir dans les cas qui leur sont propres; et ce seroit renverser l'ordre, que de les appliquer, par une sorte de *retrait*, aux *cas omis*.

Aphorisme 16.

Il ne faut point tirer d'une conséquence une autre conséquence; mais l'*extension* doit s'arrêter dans les limites des *cas les plus voisins;* sans quoi l'on tombera peu à peu dans des cas dissemblables, et la pénétration d'esprit aura plus d'influence que l'autorité des loix.

Aphorisme 17.

Quant aux *loix* et aux *statuts* d'un style plus concis, on peut, en les *étendant*, se donner plus de liberté; mais, par rapport à celles qui font l'énumération des cas particuliers, il faut user d'une plus grande réserve; car, comme l'exception renforce la *loi* dans les cas non exceptés; par la raison des contraires, l'énumération l'infirme dans les cas non dénombrés (1).

---

(1) Car, puisqu'elle a pris la peine de dénombrer les cas qu'elle avoit en vue, elle témoigne, par cela même, qu'elle n'a pas en vue ceux qu'elle n'a pas dénombrés; au lieu qu'en désignant les

APHORISME 18.

Tout *statut explicatoire* bouche, pour ainsi dire, l'écluse du statut précédent, et n'admet plus d'*extension* par rapport à l'un ou à l'autre *statut*; et lorsque la *loi* a commencé elle-même à *s'étendre*, le juge ne doit point faire de *sur-extension*.

APHORISME 19.

Les *mots* et les *actes solemnels* n'admettent point d'*extension aux cas semblables*; car tout ce qui, étant d'abord consacré par l'usage, devient ensuite sujet au caprice, perd alors son caractère de solemnité, et l'introduction des nouveaux usages détruit la majesté des anciens.

APHORISME 20.

Mais on peut se permettre d'*étendre la loi* aux *cas nés après coup*, et qui

---

cas qu'elle veut excepter, elle avertit, par cela même, qu'elle n'excepte aucun de ceux qu'elle n'a pas désignés dans son exception.

n'existoient point dans la nature des choses dans le temps où la *loi* fut portée ; car, ou il étoit impossible d'exprimer un cas de cette espèce, parce qu'il n'en existoit point encore de tel; ou le *cas omis* peut être réputé exprimé, s'il a beaucoup d'analogie avec les cas désignés. En voilà assez sur les *extensions des loix*, dans les *cas omis;* parlons actuellement de *l'usage des exemples.*

Des *exemples* et de *leur usage.*

APHORISME 21.

Il est temps de parler des *exemples* où il faut puiser le *droit* lorsque la *loi* manque. Et quant à la *coutume*, qui est une sorte de *loi*, et aux *exemples* qui, par un fréquent usage, ont passé en *coutume* et sont une sorte de *loi tacite*, nous en parlerons en leur lieu ; nous ne parlons ici que des *exemples* qui se présentent *rarement* et de loin en loin, et qui n'ont point acquis *force de loi.* Il s'agit de savoir *quand* et avec *quelles précautions* il en faut tirer la *règle du droit*, lorsque la *loi* manque.

Aphorisme 22.

Ces *exemples* doivent se tirer des meilleurs temps, des plus modérés, et non des temps de tyrannie, de factions et de dissolution ; car les exemples de cette dernière espèce ne sont que des *bâtards du temps ;* ils sont plus nuisibles qu'utiles.

Aphorisme 23.

En fait d'*exemples*, les plus récens sont ceux qu'il faut regarder comme les plus sûrs ; car ce qui s'est fait peu auparavant, et dont il n'est résulté aucun inconvénient, qui empêche de le refaire ? Il faut convenir pourtant que ces *exemples si récens* ont moins d'autorité ; et si par hazard il étoit besoin d'amender les choses, on trouveroit que ces exemples si nouveaux respirent plus l'esprit de leur siècle, que la droite raison.

Aphorisme 24.

Quant aux *exemples plus anciens,*

il ne les faut adopter qu'avec précaution et avec jugement; car le *laps du temps* amène tant de changemens, qu'il est telles choses qui, à considérer *le temps*, paroissent *anciennes;* mais qui, par rapport aux troubles qu'elles excitent, et à la difficulté de les ajuster au *temps présent*, sont tout-à-fait *nouvelles*. Ainsi, les *meilleurs exemples* sont ceux qui se tirent des *temps moyens*, et sur-tout des *temps* qui ont beaucoup d'analogie avec le *temps présent :* et cette analogie quelquefois on la trouve plutôt dans un *temps éloigné*, que dans un *temps voisin*.

APHORISME 25.

Renfermez-vous dans les *limites de l'exemple*, ou plutôt dans *son voisinage;* mais gardez-vous bien, dans tous les cas, de passer ces limites. Car où manque une *loi* qui puisse servir de *règle*, on doit tenir presque tout pour suspect. Ainsi, il en doit être de ces *exemples* comme des choses *obscures;* ne vous y attachez pas trop.

APHORISME 26.

Il faut se défier aussi des *fragmens* et des *abrégés* d'exemples ; mais considérer le tout ensemble avec tout l'appareil de sa marche. Car s'il est contre le *droit* de juger d'une *partie de la loi*, sans avoir envisagé la *loi toute entière*, à plus forte raison doit-on considérer le tout, lorsqu'il s'agit des *simples exemples*, lesquels sont d'une utilité très équivoque, à moins qu'ils ne quadrent parfaitement.

APHORISME 27.

Dans le *choix des exemples*, ce qui importe fort, c'est de savoir par quelles mains ils ont passé, et qui les a maniés : car s'ils n'ont eu cours que parmi les *greffiers* seulement et les *ministres de la justice*, et d'après *le courant du tribunal*, sans que les *supérieurs* en aient eu pleine connoissance, ou encore parmi le *peuple*, qui, en fait d'*erreur*, est un grand *maître*, il faut marcher dessus et en faire peu de cas : mais si c'est parmi les *sénateurs,* les *juges* ou dans les *grands tribunaux,* et qu'ils aient été mis sous leurs yeux, au point qu'on soit en droit de supposer qu'ils ont été appuyés de l'approbation des juges, tout au moins tacite, alors ils ont plus de poids et de valeur.

Aphorisme 28.

Quant aux *exemples* qui ont été publiés, en supposant même qu'ils aient été moins en usage ; cependant, comme ils ont dû être discutés, et, pour ainsi dire, tamisés dans les conversations et les disputes journalières, on doit leur accorder plus d'autorité : mais ceux qui sont demeurés comme ensevelis dans les bureaux et les cabinets d'archives, et condamnés publiquement à l'oubli, ils en méritent moins ; car il en est des *exemples* comme de l'*eau ;* ce sont les plus courans qui sont les plus sains.

Aphorisme 29.

Quant aux *exemples* qui regardent les *loix,* nous n'aimons point qu'on les emprunte des *historiens;* mais nous voulons qu'on les tire des *actes publics* et des *traditions* les plus exactes. Car c'est un malheur attaché aux historiens, même aux meilleurs, qu'ils ne s'arrêtent point assez aux *loix* et aux *actes judiciaires;* et que s'ils font preuve de quelque attention sur ce point, ils ne laissent pas de s'éloigner des *documens les plus authentiques.*

Aphorisme 30.

Un *exemple* qu'a rejeté le *temps* même où il s'est offert, ou le *temps voisin,* en supposant même que le *cas* auquel il se rapporte se présente de temps à autres; cet *exemple,* dis-je, ne doit pas être admis trop aisément. Et que les hommes en aient quelquefois fait usage, c'est une raison qui fait moins pour cet *exemple,* que le parti qu'ils ont pris de l'abandonner d'après l'épreuve, ne milite contre.

Aphorisme 31.

On n'emploie les *exemples* qu'à titre de *conseil,* et non à titre d'*ordre* ou de *commandement;* il faut donc en diriger l'usage de manière qu'ils se plient et s'ajustent au *temps présent.*

Voilà ce que nous avions à dire sur les lumières qu'on peut tirer des *exemples*, lorsque la *loi* vient à manquer : parlons actuellement des *tribunaux prétoriens et censoriens* (1).

Des tribunaux prétoriens et censoriens.

Aphorisme 32.

Qu'il y ait des *tribunaux* et des *juridictions* qui statuent, d'après l'arbitrage d'un prud'homme et des distinctions bien justes, dans tous les cas où manque une *loi* qui puisse servir de *règle :* la *loi,* comme nous l'avons déjà dit, ne suffisant pas à *tous les cas ;* mais elle ne s'adapte qu'à ce qui arrive le plus souvent. Car,

---

(1) Comme le principal caractère et le mérite le plus frappant de ce morceau est la précision, nous sommes obligés, pour éviter les longueurs, de forger encore ces deux mots; mais sans tirer à conséquence pour l'avenir, et nous ne les emploierons qu'ici.

comme l'ont dit les anciens, il n'est rien de *plus sage que le temps*, qui, chaque jour, fait naître et invente, pour ainsi dire, de *nouveaux cas*.

APHORISME 33.

Or, parmi ces *nouveaux* cas qui surviennent, il en est, dans le *criminel*, qui exigent une peine; et dans le *civil*, d'autres qui demandent un remède. Or, ces *tribunaux* qui se rapportent aux cas de la première espèce, nous les qualifions de *censoriens*; et ceux qui connoissent des cas de la dernière, nous les désignons sous le nom de *prétoriens*.

APHORISME 34.

Que les tribunaux *prétoriens* aient la jurisdiction et le pouvoir nécessaires, non-seulement pour punir les *délits nouveaux*, mais même pour aggraver les *peines* déja *portées par les loix* pour les *délits anciens*; si les cas sont odieux et énormes, en supposant toutefois qu'il ne s'agisse point de *peines capitales*; car tout ce qui est énorme est comme nouveau.

APHORISME 35.

Que les *tribunaux prétoriens* aient aussi le pouvoir, tant d'adoucir l'excessive *rigueur de la loi*, que de suppléer à son *défaut* sur ce point. Car si l'on doit offrir un remède à celui que la loi a laissé sans secours, à plus forte raison le doit-on à celui qu'elle a blessé.

APHORISME 36.

Que ces *tribunaux censoriens et prétoriens* se renferment dans les *cas énormes* et *extraordinaires*, et qu'ils n'envahissent pas les *jurisdictions ordinaires;* de peur que par hazard le tout n'aboutisse qu'à *supplanter* la loi, au lieu de la *suppléer*.

APHORISME 37.

Que ces *jurisdictions* résident d'abord dans les *tribunaux suprêmes*, et ne descendent pas jusqu'aux *tribunaux inférieurs;* car un pouvoir qui s'éloigne peu de celui *d'établir des loix*, c'est celui de les *suppléer*, de les *étendre* et de les *modérer*.

Aphorisme 38.

Cependant, qu'on se garde bien de confier un tel pouvoir à *un seul homme*; et que chacun de ces *tribunaux* soit composé de *plusieurs membres*. Il ne faut pas non plus que les *décrets* sortent en *silence*, mais que les *juges* rendent *raison* de leurs sentences, et cela *publiquement*, en présence d'une *assemblée* qui les environne; afin que ce qui est libre, quant au pouvoir de décider, soit du moins circonscrit par la renommée et l'opinion publique.

Aphorisme 39.

Point de *rubriques de sang* : qu'on se garde bien de prononcer, dans quelque *tribunal* que ce soit, sur les *crimes capitaux*, sinon d'après une *loi fixe* et connue. Dieu commença par décerner la peine de mort, puis il l'infligea. C'est ainsi qu'il ne faut ôter la vie qu'à un homme qui ait pu savoir, avant de pécher, qu'il pécheroit au risque de sa vie.

Aphorisme 40.

Dans les tribunaux censoriens, il faut donner aux juges une troisième balotte (1), afin de ne pas leur imposer la nécessité d'*absoudre* ou de *condamner*; et afin qu'ils puissent prononcer aussi que *l'affaire n'est pas suffisamment éclaircie*. Or, ce n'est pas assez d'une peine décernée par ces *tribunaux censoriens*, il faut de plus une *note*, non un *décret* qui inflige un *supplice*, mais qui se termine par une *simple admonestation*, qui imprime aux coupables une *légère note d'infamie*, et qui les châtie par une sorte de *rougeur* dont elle couvre leur visage.

Aphorisme 41.

Dans les *tribunaux censoriens*, lorsqu'il s'agit de *grands crimes*, de *grands*

---

(1) Petite boule qu'on met dans une urne pour donner son suffrage.

attentats, il faut punir *les actes commencés* et les *actes moyens*, quoique *l'effet consommé* ne s'ensuive pas : et que telle soit la principale destination de ces *tribunaux*, attendu qu'il importe, et à la sévérité, que les commencemens des crimes soient punis; et à la clémence, qu'on empêche de les consommer, en punissant les *actes moyens*.

APHORISME 42.

Il faut sur-tout prendre garde que, dans les tribunaux *censoriens*, on ne supplée au défaut de *loi*, dans les cas que la *loi* n'a pas tant omis que *méprisés*, les regardant ou comme *trop peu importans*, ou comme *trop odieux*, et comme tels, *indignes* de remèdes.

APHORISME 43.

Mais, avant tout, il importe à la *certitude des loix* (ce qui est notre objet actuel) d'empêcher ces *tribunaux* de s'enfler et de se déborder tellement que, sous prétexte *d'adoucir la rigueur de la loi*, ils n'aillent jusqu'à *l'affoiblir*, et, pour ainsi dire, à en relâcher, à en couper *les nerfs*, en ramenant tout à l'arbitraire.

Aphorisme 44.

Que ces tribunaux *prétoriens* n'aient pas le droit de décréter contre *un statut formel* ; car, si l'on souffre cela, bientôt le juge deviendra *législateur* ; et tout dépendra de son caprice.

Aphorisme 45.

Chez quelques-uns, il est reçu que les *jurisdictions* qui prononcent suivant le *juste* et le *bon*, et ces autres qui prononcent selon le *droit strict*, doivent être attribuées aux *mêmes tribunaux* ; d'autres veulent avec plus de raison, qu'elles le soient à *des tribunaux différens* et *séparés* ; car ce ne seroit plus garder *la distinction des cas*, que de faire un *tel mélange de jurisdictions* : mais alors *l'arbitraire* finiroit par attirer à lui la *loi même*.

Aphorisme 46.

Ce n'étoit pas sans raison que, chez les

Romains, étoit passé en usage l'*album* du préteur; *album* sur lequel il prescrivoit et publioit d'avance la manière dont il rendroit la justice, et quelle espèce de *droit* il suivroit : à leur exemple, dans les tribunaux *censoriens*, les juges doivent, autant qu'il est possible, se faire des règles certaines, et les afficher publiquement. En effet, la meilleure *loi* est celle qui laisse le moins à la disposition du juge; et le meilleur juge, celui qui laisse le moins à sa propre volonté. Mais nous traiterons plus amplement de ces *tribunaux*, lorsque nous en viendrons au lieu où il sera question des *jugemens*. Nous n'en parlons ici qu'en passant et en tant qu'ils aident à se tirer d'affaire, dans *les cas omis par la loi*, et en tant qu'ils y *suppléent*.

De la rétrospection *des loix.*

APHORISME 47.

Il est une certaine manière de *suppléer les cas omis*, qui a lieu lorsqu'une *loi*, montant, pour ainsi dire, sur une autre *loi*, tire *avec elle ces cas omis.* C'est l'effet de ces *loix* et de ces *statuts* qui *regardent en arrière*, comme on le dit ordinairement : sorte de *loix* qu'on ne doit employer que très rarement et avec les plus grandes précautions ; car nous n'aimons point à voir *Janus au milieu des loix.*

Aphorisme 48.

Celui qui, par des *subtilités* et des *argumens captieux*, élude et circonscrit les paroles ou l'esprit d'une loi, mérite que la *loi suivante* l'enlace lui-même. Ainsi, dans les cas de *dol* et d'*évasion frauduleuse*, il est juste que les *loix regardent en arrière*, et qu'elles se prêtent un mutuel secours, afin que celui dont l'esprit travaille pour *éluder* et *ruiner* les *loix présentes*, ait tout à craindre des *loix futures.*

Aphorisme 49.

Quant aux *loix* qui appuient et fortifient les *vraies intentions* des *actes* et des *instrumens* contre les défauts des *for-*

malités et de la *marche judiciaire*, c'est avec toutes sortes de raisons qu'elles *embrassent le passé*; car le principal vice d'une *loi qui regarde en arrière*, consiste en ce qu'elle est *inquiétante :* mais le *but* de ces *loix confirmatoires* dont nous parlons, est de maintenir la *sécurité* et de consolider ce qui est déja fait : il faut toutefois prendre garde de déraciner ce qui est déja jugé.

Aphorisme 50.

Cependant il faut bien se garder de croire que les *loix* qui *infirment les actes antérieurs*, soient les seules qui *regardent en arrière;* mais tenir aussi pour telles, celles qui renferment des *prohibitions* et des *restrictions* par rapport aux *choses futures*, qui ont une *connexion nécessaire avec le passé*. Par exemple, s'il existoit une loi qui défendît à certains *artisans* de vendre le produit de leur travail, une telle *loi* parleroit dans l'*avenir*, mais elle agiroit dans le *passé;* car ces ouvriers n'auroient plus d'autre moyen pour gagner leur vie.

Aphorisme 51.

Toute *loi déclaratoire*, quoique, dans son *énoncé*, elle ne dise pas un mot du *passé*, ne laisse pas de s'y appliquer par la *force de la déclaration même*; car l'*interprétation* ne commence pas au moment où cette *déclaration* a lieu; mais elle devient, pour ainsi dire, *contemporaine de la loi même* : ainsi ne portez point de *loix déclaratoires*, sinon dans les cas où les *loix* peuvent avec justice *regarder en arrière*. Mais nous terminerons ici la partie qui traite de *l'incertitude des loix*, dans les *cas* où aucune *loi n'est portée*. Maintenant il faut parler de cette partie qui traite des *cas* où il y a bien une *loi*, mais une *loi obscure* et *ambiguë*.

De l'obscurité *des loix*.

Aphorisme 52.

L'*obscurité* des loix tire son origine de quatre causes; savoir : la trop *grande accumulation des loix*, sur-tout quand on y mêle *les loix trop vieilles; l'ambiguité de leur expression*, ou le défaut de *clarté* et de *netteté* dans cette expression; la négligence totale par rapport aux *méthodes d'éclaircir le droit*, ou le *mauvais choix de ces méthodes;* enfin, la *contradiction* et la *vacillation des jugemens.*

De la trop grande accumulation des loix.

APHORISME 53.

Il pleuvra sur eux des filets, dit le prophête : or, il n'est point de *pires filets* que les *filets des loix*, sur-tout ceux des *loix pénales :* lorsque leur nombre étant immense, et que le laps de temps les ayant rendues inutiles, ce n'est plus une *lanterne* qui éclaire notre marche, mais un *filet* qui embarrasse nos pieds.

APHORISME 54.

Il est deux *manières* usitées d'établir un *nouveau statut :* l'une *confirme* et *consolide* les *statuts précédens* sur le même sujet; puis elle y fait quelque *addition* ou quelque *changement :* l'autre *abroge* et *biffe* tout ce qui *a été statué* jusques là; puis reprenant le tout, elle y substitue une *loi nouvelle* et *homogène.* Nous préférons cette dernière méthode; car l'effet de la première est que les ordonnances se compliquent et s'embarrassent les unes dans les autres : en la suivant, on remédie bien au mal le plus pressant; mais cependant on rend le *corps* même des *loix* tout-à-fait *vicieux.*

Quant à la dernière, elle exige de plus grandes précautions; car alors ce n'est pas moins que sur la *loi* même qu'on délibère. Il faut donc, avant de porter la *loi*, bien examiner tous les actes antérieurs et les bien peser; mais aussi le fruit de cette méthode est de mettre pour l'avenir toutes les *loix* parfaitement d'accord.

Aphorisme 55.

C'étoit un usage établi chez les *Athéniens*, par rapport à ces *chefs de loix contraires*, qu'ils qualifioient d'*Antino-*

mies, de nommer chaque année six personnes pour les *examiner*; et lorsqu'absolument ils ne pouvoient les *concilier*, de les *proposer au peuple*, afin qu'il *statuât* sur ce point quelque chose de *certain et de fixe*. A cet exemple, ceux qui, dans chaque police, sont revêtus du *pouvoir législatif*, doivent, tous les-trois, tous les cinq ans, ou après telle autre période qu'on aura choisie, remanier ces *Antinomies;* mais que des hommes *délégués ad hoc* les *examinent* et les *préparent*, pour les présenter ensuite aux comices, afin que ce qu'on aura dessein de conserver, soit établi et fixé par les suffrages.

Aphorisme. 56.

Et ces *chefs de loix contraires*, il ne faut pas prendre trop de peine et se donner la torture pour les *concilier* et pour *sauver le tout* par des distinctions subtiles et recherchées; car ce ne seroit là qu'une sorte de toile tissue par l'esprit. Et quoiqu'un pareil travail ait un certain air de modestie et de respect pour ce qui est établi, on doit néanmoins le regarder comme très-nuisible ; attendu qu'il ne fait, de tout le *corps des loix*, qu'un tissu inégal et irrégulier. Il vaut mieux abattre tout le mauvais, et ne laisser debout que le meilleur.

APHORISME 57.

Les loix *tombées en désuétude*, et, pour ainsi dire, *usées,* ne doivent pas moins que les *Antinomies*, être soumises à l'examen d'hommes *délégués* avec pouvoir de les supprimer. Car, une loi *expresse* qui est *tombée en désuétude*, n'étant pas pour cela régulièrement *abrogée,* il arrive de là que ce mépris pour les loix trop vieilles réjaillit sur les autres, et leur fait perdre quelque peu de leur autorité. Et il en résulte quelque chose de semblable au *supplice de Mézence;* je veux dire que les *loix vivantes périssent par leurs embrassemens avec les loix mortes.* Il ne faut épargner aucune précaution pour garantir les loix de la *gangrène.*

Aphorisme 58.

Je dirai plus, que les *tribunaux prétoriens* aient le *droit* de décréter contre les *statuts trop anciens* qui n'ont point été promulgués de nouveau. Car bien qu'on n'ait pas eu tort de dire, *qu'il ne faut pas que personne soit plus sage que les loix*, néanmoins cette maxime ne doit s'entendre que des loix qui *veillent*, et non de celles qui *dorment*.

Quant aux *statuts* plus *récens*, qui se trouvent être contraires au *droit public*, ce n'est pas aux *préteurs*, mais aux *rois*, à des *conseils plus augustes*, aux *puissances suprêmes*, qu'il appartient d'y *remédier*, en suspendant leur exécution, par des édits ou des actes, jusqu'au retour des comices, ou de toute autre assemblée de cette nature, qui ait le pouvoir de les *abroger;* et cela de peur qu'en attendant, le salut du peuple ne périclite.

Sur les nouveaux digestes de loix.

Aphorisme 59.

Que si les loix, à force de *s'entasser les unes sur les autres*, ont acquis un volume si énorme, et sont tombées dans une si grande confusion, qu'il soit devenu nécessaire de les remanier en entier et de les réorganiser, pour n'en former qu'un seul corps plus sain et plus agile, c'est de ce travail qu'avant tout il faut s'occuper : une telle œuvre tenez-la pour une entreprise vraiment héroïque, et croyez que ceux qui l'exécutent, méritent de tenir place parmi les législateurs ou les réformateurs.

Aphorisme 60.

Or, cette espèce de *purification des loix*, ce *nouveau digeste*, cinq choses sont nécessaires pour l'achever : 1°. Il faut supprimer *les loix trop vieilles*, que *Justinien* qualifioit de *vieilles fables*. 2°. Bien choisir, parmi les *antinomies*, les *loix* les *mieux éprouvées*, en *abolissant les contraires*. En troisième lieu, rayer aussi les *homoïonomies*, c'est-à-dire, les loix qui ont le même son, et qui ne sont que des répétitions d'une même chose ; bien entendu que, parmi ces *loix*, vous *choisirez la plus parfaite*, laquelle tiendra lieu de toutes. 4°. S'il se trouve des *loix* qui *ne décident rien*, mais qui se contentent de proposer des *questions*, les laissant *indécises, supprimez - les* également. 5°. Quant à celles qui sont *trop verbeuses* et *trop prolixes*, il faut en rendre le *style* plus *concis* et plus *serré*.

Aphorisme 61.

En formant le *nouveau digeste*, il faut mettre, d'un côté, les loix reçues à titre de *droit commun*, et d'une origine, en quelque manière, immémoriale ; de l'autre, les *statuts qu'on y a ajoutés de temps en temps*, rédiger distinctement ces deux espèces de loix, et faire de chacune un *corps à part ;* attendu qu'à bien des égards, lorsqu'il s'agit de rendre la justice, l'*interprétation* et l'*administration du droit commun*, et celle de ces *statuts particuliers*, ne sont point du tout la même chose. Or, c'est ce qu'a fait *Tribonien*, dans le *digeste* et dans le *code*.

APHORISME 62.

Mais, dans la *régénération* et la *réorganisation* de cette sorte de *loix*, et des *anciens livres,* conservez religieusement *les paroles* et *le texte* même *de la loi,* fût-il nécessaire pour cela de les transcrire par *centons* et par *petites portions;* puis mettez-les en ordre et formez-en un tissu. Car peut-être seroit-il plus aisé, et même (à envisager les principes de la droite raison) peut-être vaudroit-il mieux composer un texte tout neuf, que de coudre ainsi ensemble tous ces morceaux. Cependant, en fait de loix, c'est moins au *style* et à l'*expression* qu'il faut regarder, qu'à l'*autorité* et à l'*antiquité*, qui est comme son *patron* (1). Sans quoi un

___
(1) Le législateur ne doit point raisonner avec le peuple; non que le peuple ne soit très susceptible de raison, par rapport aux choses qu'il con-

pareil ouvrage aura je ne sais quoi de scholastique ; il aura plutôt l'air d'une

---

noît bien, mais parce qu'il n'est point capable de raisonnemens très composés et très généraux, comme le sont tous ceux dont résultent les vérités politiques qui lui importent le plus, et les loix qui n'en sont que les conséquences pratiques, revêtues d'une forme impérative. Au moment où l'utilité publique appelle, pour ainsi dire, certaines loix, et où le législateur les établit, tous les raisonnemens doivent être faits, examinés, revus, et nettement exprimés dans sa tête ou dans son porte-feuille, et il n'en doit présenter que les résultats : la loi n'est point un philosophe qui argumente, mais un sage qui commande à une nation entière, laquelle veut bien se reposer sur lui de sa sûreté et de son bonheur. Lorsque le législateur s'amuse à prouver la bonté de ses loix, il excite à en douter, il invite à les éplucher, à les respecter moins, à disputer au lieu d'obéir. Ce n'est point à force de preuves qu'on parvient à se faire croire ; mais en agissant et en parlant avec dignité. Et le premier moyen, pour faire observer les loix, est d'en établir de bonnes ; le second est de les faire aimer ; le troisième, de les faire craindre, en leur faisant prendre ce ton qui inspire un commencement de terreur, et où l'on sent la force qui les appuie.

méthode, que d'un corps de loi *intimant des ordres*.

Aphorisme 63.

En formant le *nouveau digeste*, il ne faut pas *supprimer tout-à-fait* les *anciens livres*, et les condamner à un oubli total : mais les laisser subsister dans les *bibliothèques* seulement, sans permettre au grand nombre et à toutes sortes de personnes d'en faire usage. En effet, dans les causes les plus graves, il ne sera pas inutile de considérer les changemens et l'enchaînement des *anciennes loix*, et d'y donner un coup d'œil : on ne peut disconvenir que ce vernis d'*antiquité* dont on couvre les institutions *nouvelles*, ne leur donne je ne sais quoi d'*auguste* et d'*imposant*. Or, ce nouveau *corps de loix*, c'est à ceux qui, dans chaque police, sont revêtus du pouvoir *législatif*, qu'il appartient de le *consolider*; de peur que, sous prétexte de *digérer* les anciennes loix, on n'impose invisiblement des *loix nouvelles*.

'Aphorisme 64.

Cette *restauration des loix*, il seroit à souhaiter qu'on la fît dans des *temps* qui, pour les *lumières* et les *connoissances*, l'emportassent sur ces *temps* plus *anciens*, dont on remanie les actes et le travail; et malheureusement, dans cette refonte de *Justinien*, le contraire est arrivé. Car, quoi de plus malheureux que de s'en rapporter au discernement et au choix des siècles moins sages et moins savans, pour mutiler l'œuvre des anciens et la recomposer? Cependant trop souvent ce qui n'est rien moins que le meilleur, ne laisse pas d'être nécessaire. Mais en voilà assez sur cette *obscurité des loix*, qui résulte de leur *excessive et confuse accumulation*. Parlons maintenant de *l'ambiguité* et de *l'obscurité* dans leur expression.

De l'expression obscure et équivoque des loix.

Aphorisme 65.

L'obscurité dans *l'expression des loix*

vient, ou de ce qu'elles sont *trop verbeuses, trop bavardes,* ou au contraire, de leur *excessive brièveté;* ou enfin, de ce que le *préambule de la loi* est *en contradiction* avec le *corps même de cette loi.*

Aphorisme 66.

Il est temps de parler de cette *obscurité des loix* qui résulte de leur *mauvaise expression.* Le *bavardage* et la *prolixité* qui est passée en usage dans *l'expression des loix,* ne nous plaît guère. Et loin que ce style diffus n'atteigne le but auquel il vise; au contraire, il lui tourne le dos. Car, en prenant peine à spécifier et à exprimer chaque cas particulier en termes propres et convenables, se flatte-t-on en vain de donner ainsi aux loix plus *de certitude;* on ne fait, au contraire, par cela même, qu'enfanter une infinité de disputes de mots. Et graces à ce *fracas de mots,* l'interprétation, suivant *l'esprit* de la loi, laquelle est la plus saine et la mieux fondée, n'en marche que plus difficilement (1).

Aphorisme 67.

Il ne faut pas pour cela donner dans une *brièveté* trop *concise* ou *affectée*, pour donner aux loix un certain air de *majesté*, et un ton plus *impératif*, surtout de notre temps, de peur qu'elle ne ressemble à la *règle* de *Lesbos* (2). Ce qu'il faut affecter, c'est seulement le style moyen, en choisissant des *expressions générales bien déterminées*; lesquelles, sans *spécifier* minutieusement tous les *cas* qu'elles *comprennent*, ne

---

(1) La plupart des opinions, vraies et utiles, du moins celles qui ne heurtent point de front les passions communes, sont faciles à persuader, pour peu qu'on les énonce en style précis et avec modestie; mais dès qu'on appuie trop, dès qu'on *glose* ou *paraphrase*, on éveille la contradiction; et ce n'est point alors à l'opinion qu'on en veut, mais à l'homme.

(2) Règle d'autant plus admirable, que personne ne l'entendoit.

laissent pas *d'exclure* visiblement tous ceux qu'elles *ne comprennent pas*.

Aphorisme 68.

Dans les *loix ordinaires et politiques*, pour l'intelligence desquelles on n'a point recours à un jurisconsulte, et l'on ne s'en rapporte qu'à son propre sens, tout doit être expliqué plus en détail et proportionné à l'intelligence du vulgaire : tout, en ce genre, doit, pour ainsi dire, être montré du doigt.

Aphorisme 69.

Quant à ces *préambules de loix*, qui autrefois étoient réputés ineptes, et dans lesquels les loix ont l'air de *disputer* et non de *donner* des *ordres*, ils ne nous plairoient guère, si nous étions capables de *supporter les coutumes antiques* Mais, eu égard au temps où nous vivons, trop souvent ces *préambules* de loix sont nécessaires ; non pas tant pour *expliquer* la *loi*, que pour *la persuader*, pour se ménager la facilité de *la présenter aux comices* ; en un mot, pour *contenter le peuple.* Quoi qu'il en soit, autant qu'il est possible, évitez ces *préambules*, et que *la loi* commence à la *jussion* (1).

APHORISME 70.

Bien que ce qu'on appelle ordinairement *préfaces* ou *préambules* de *la loi*, fournisse quelquefois des lumières pour en bien *saisir l'intention et l'esprit*, néanmoins on ne doit pas s'en servir pour donner à cette *loi* plus d'*extension* et de *latitude*. Car souvent le *préambule* se saisit de certains faits plausibles et spécieux à titre d'*exemples*, quoique la *loi* ne laisse pas d'embrasser beaucoup plus (2); ou qu'au contraire la loi renferme

---

(1) Sur-tout lorsque, par le moyen de cette loi, le législateur veut réformer un abus qui tient aux passions dominantes de ceux auxquels la loi est destinée; car il faut alors qu'il cache son but, sinon son préambule ne fait qu'éveiller ses passions, et les exciter à imaginer des moyens pour éluder sa loi, ou pour la violer ouvertement.

(2) C'est ce qu'on peut appliquer à toutes les *propositions*, en partie vraies, qu'on veut conver-

des restrictions et des limitations dont il n'est pas besoin d'insérer la raison dans le préambule. Ainsi c'est dans le *corps même de la loi* qu'il faut chercher ses *dimensions* et *sa latitude;* car souvent le *préambule* tombe en deçà ou en delà.

Aphorisme 71.

Mais il est une manière *très vicieuse d'exprimer les loix :* par exemple, lorsque les *cas* que la *loi a en vue* sont exprimés en détail dans le *préambule;* car alors le *préambule* s'insère et s'incorpore à la *loi* même, ce qui y jette de l'*obscurité* et n'est rien moins que sûr; parce qu'ordinairement on n'examine et l'on ne pèse pas avec le même soin les paroles du *préam-*

---

tir en *maximes* ou en *principes généraux* ; et que, pour parvenir à ce but, du moins en apparence, on appuie d'*exemples très frappans*, qui éblouissent l'*imagination*, surprennent le jugement, et font ainsi qu'on n'exige point d'autres preuves; car il se trouve quelquefois que la proposition vraie, par rapport aux sujets cités en exemple, ne l'est point par rapport aux autres sujets qu'elle embrasse.

bule, que celles qu'on emploie dans le *corps* même de *la loi.* Nous traiterons plus amplement cette partie qui a pour objet l'*incertitude des loix* résultante de leur *mauvaise expression,* quand il sera question de l'*interprétation des loix.* En voilà assez sur l'*obscurité* dans l'*expression des loix* : il est temps de parler de la *manière d'éclaircir le droit.*

Des différentes manières d'éclaircir le droit et d'y lever les équivoques.

Il est cinq manières d'*éclaircir le droit* et de *lever les équivoques;* savoir ; les *recueils de jugemens,* les *écrivains authentiques,* les *livres auxiliaires,* les *leçons;* enfin, les *réponses* ou les *consultations* des habiles *jurisconsultes.* Tous ces moyens, s'ils sont tels qu'ils doivent être, sont d'un grand secours pour remédier à l'*obscurité des loix.*

Sur l'enregistrement des sentences.

APHORISME 72.

Avant tout, ces *jugemens rendus* dans

les *tribunaux suprêmes* et *principaux*, et dans les *causes* les plus *graves*, surtout dans les *causes douteuses* et dans toutes celles qui présentent quelque *difficulté* et quelque *nouveauté*, il faut les recueillir avec autant d'exactitude que de sincérité. Car les *jugemens* sont *les ancres des loix, comme les loix sont les ancres des républiques.*

Aphorisme 73.

Voici quelle doit être la manière de recueillir *ces jugemens* et de les *consigner dans des écrits.* Écrivez les *cas* avec précision et les *jugemens* avec exactitude; ajoutez-y les *raisons* des *juges,* je veux dire, celles *que les juges ont alléguées pour motiver leurs jugemens;* ne mêlez point avec les *cas principaux,* l'autorité des *cas cités en exemples.* Quant aux *plaidoyers des avocats,* à moins qu'il ne s'y trouve quelque chose d'excellent, n'en dites rien.

Aphorisme 74.

Les *personnes* chargées de *recueillir*

les jugemens de cette espèce, doivent être choisies parmi les plus *savans avocats*, et il faut leur allouer d'amples *honoraires* sur le *trésor public*. Les *juges* doivent s'abstenir de tout *écrit de cette espèce;* de peur que, trop attachés à leurs propres opinions, et s'appuyant trop sur leur propre autorité, ils ne passent les limites prescrites à un *simple référendaire*.

Aphorisme 75.

Digérez aussi ces *jugemens* suivant l'*ordre* et la *suite* des *temps*, non sous une forme *méthodique* et par *ordre de matières;* car les *écrits* de cette nature sont comme les *histoires* et les *narrations* des *jugemens;* et non-seulement les *actes* mêmes, mais encore le *temps* où ils ont eu lieu, donnent des lumières à un *juge prudent*.

Des écrivains authentiques.

Aphorisme 76.

Les *loix* mêmes qui constituent le *droit commun;* puis les *constitutions* ou les *statuts*; en troisième lieu, ces *jugemens enregistrés* : voilà les seuls matériaux qui doivent composer le *corps du droit*. Quant à d'autres *documens authentiques*, ou il n'en est point; ou, s'il en est, il ne faut les admettre qu'avec réserve.

Aphorisme 77.

Il n'est rien qui importe à la *certitude des loix* dont nous traitons ici, autant que le soin de *réduire les écrits authentiques à une étendue modérée*, et de se débarrasser du *nombre immense* des *auteurs* et des *maîtres en ce genre*; masse énorme dont l'effet est que *l'esprit de la loi* est *comme lacéré*; que le *juge s'étonne*; que les procès deviennent éternels; et que l'avocat lui-même, désespérant de pouvoir lire avec assez d'attention tant de livres, et de se voir jamais au-dessus d'un pareil travail, recherche les abrégés et va au plutôt fait. On pourroit tout au plus recevoir et tenir pour *authentiques*, soit une *bonne glose*, soit un *petit nombre d'auteurs classiques*, ou plutôt quelque *petite portion* d'un *petit nombre d'écrivains*. Quant aux autres, ils pourroient encore être de quelque usage dans les *bibliothèques*, où on les laisseroit subsister, afin que les *juges* et les *avocats* pussent au besoin y jeter un coup d'œil. Mais dès qu'il s'agit de *plaider*, ne permettez pas qu'on les cite au *barreau*, et qu'ils fassent *autorité*.

Des livres auxiliaires.

Aphorisme 78.

Mais ne souffrez pas que la *science* et la *pratique du droit* soient dénuées de *livres auxiliaires*. Ces livres sont de six espèces ; savoir : les *institutions;* ceux qui traitent de la *signification des mots;* les *règles du droit;* les *antiquités des loix;* les *sommes* et les *formules des actions*.

Aphorisme 79.

Le meilleur livre, pour préparer les jeunes-gens et les novices à étudier les parties les plus difficiles du droit, à puiser dans cette science plus aisément et plus profondément, et à s'en bien pénétrer, ce sont les institutions : ainsi donnez à ces *institutions* un *ordre clair* et *facile à saisir*. Dans cet ouvrage-là même, parcourez tout le *droit privé*, non en supprimant certaines choses, et vous arrêtant sur d'autres plus qu'il ne faut, mais en touchant chaque point avec une certaine brièveté, afin qu'à l'élève, qui se dispose à lire, avec toute l'attention requise, le *corps même des loix*, il ne se présente plus rien qui soit tout-à-fait *nouveau* pour lui, et dont il n'ait par avance quelque notion, quelque teinture. Quant au *droit public*, ne le touchez pas dans les *institutions;* car ce *droit-là*, c'est aux *sources* mêmes qu'il faut le puiser.

Aphorisme 80.

Composez un ouvrage pour *expliquer les termes du droit;* mais sans vous attacher trop laborieusement, trop minutieusement à les *expliquer* et à en *déterminer* la *signification*. Car il ne s'agit pas ici de chercher des *définitions exactes* de ces *mots*; mais seulement des *explications* qui aident à entendre les *livres de droit*. Or, ce traité-là, il ne faut pas en ranger les matières par *ordre alphabétique*; ordre qu'on pourra réserver pour quelque *index*; mais il faut mettre *ensemble* tous les *mots* qui se rapportent à un *même sujet*, afin qu'ils se prêtent un mutuel secours, et que l'un aide à entendre l'autre.

Aphorisme 81.

S'il est encore un ouvrage qui puisse contribuer à la *certitude des loix*, c'est un *traité* bien fait et bien soigné sur les *règles du droit*. Et telle est l'importance d'un ouvrage de cette nature, qu'il mérite d'être commis aux plus grands génies et aux plus habiles jurisconsultes; car ce que nous avons en ce genre, ne nous plaît pas trop. Or, ces règles qu'il faut ainsi rassembler, ce ne sont pas seulement les règles connues et rebattues, mais aussi d'autres règles plus subtiles et plus profondes, que l'on pourra extraire de la relation réciproque des *loix* et des *choses jugées*, du *tout ensemble*, et telles que l'on en trouve dans les meilleures *rubriques*. Ce sont comme autant de conseils dictés par la raison universelle, lesquels s'étendent aux diverses matières de la loi; c'est comme le *lest* du *droit*.

Aphorisme 82.

Mais il ne faut pas prendre les *déclarations*, les *décisions* du *droit* pour autant de *règles*; et c'est ce que trop souvent l'on fait avec assez peu de jugement. Si l'on suivoit cette méthode, il y auroit autant de *règles* que de *loix*; car la *loi* n'est autre chose qu'une *règle qui commande*; mais on ne doit tenir pour règle que ce qui est *inhérent à l'essence même de la justice*. Et c'est parce qu'il est de tels principes, que le plus souvent, dans le *droit écrit* des états divers, on trouve presque les *mêmes règles*, qui varient toutefois en raison des *formes* particulières de gouvernement.

Aphorisme 83.

Après avoir *énoncé* la règle à l'aide d'un assemblage de mots, précis et solide, ajoutez-y les *exemples* et les *décisions des cas;* mais sur-tout les *distinctions* les plus justes qui peuvent servir à les *expliquer;* ou les *exceptions* qui peuvent les *limiter.* Enfin, tout ce qui, par son *analogie*, peut servir à *étendre* cette même *règle.*

Aphorisme 84.

On a raison de dire qu'il ne faut pas *tirer le droit des règles;* mais au contraire puiser les *règles* dans le *droit positif.* Et ces *mots de la règle,* il ne faut pas y chercher *une preuve,* comme si c'étoit le *texte d'une loi;* car la *règle* n'établit pas *la loi,* mais ce n'est tout au plus qu'une sorte de *boussole* qui l'*indique* (1).

---

(1) En morale et en politique, les bons principes sont la base des bonnes règles, et les bonnes règles sont la base des bonnes loix. Mais quoique le *principe* ne soit qu'une *règle théorique;* c* la

Aphorisme 85.

Outre le *corps même* du *droit*, il sera encore utile de jeter un coup d'œil sur les *antiquités des loix* auxquelles, quoique leur autorité se soit évanouie, est encore attachée une certaine vénération. Or, on doit regarder comme *antiquités* les écrits sur les *loix* et les *jugemens*, publiés ou non, qui, pour le temps, ont précédé le *corps* même des *loix* ; et il faut tâcher de ne les pas perdre. Ainsi, *extrayez-en*

---

règle, qu'un *principe pratique* ; cependant la *règle* n'est pas la *loi*, et la *base* n'est pas l'*édifice*. Car cette règle a beau être utile et fondée sur des principes très vrais, tant que la *volonté générale*, ou celle qui la *représente*, ne l'a pas *sanctionnée*, et présentée sous la forme d'un *ordre*, il est prudent de la suivre, dans tout ce qui ne heurte point les loix établies, mais au fond on n'y est pas obligé ; et comme l'a observé Paschal, le mérite de l'obéissance aux loix n'est pas dans l'intelligence qui en fait sentir la bonté, mais dans cette obéissance même, et dans le sentiment qui fait obéir. Il vaut mieux obéir aux mauvaises loix, que raisonner sur les bonnes.

ce qui peut s'y trouver de plus utile; car on y trouve bien des choses inutiles et frivoles; et rédigez-les en un seul volume, de peur que les *vieilles fables,* pour employer l'expression de *Trébonien,* ne se mêlent avec les *loix mêmes.*

Aphorisme 86.

Il importe fort à la *pratique* de digérer la totalité du *droit* sous la *forme de lieux,* et par *ordre de matière;* genre d'ouvrage auquel on pourra recourir au besoin, et qui sera comme une sorte de *magasin* pour les usages journaliers. Ces *livres sommaires* mettent en *ordre* ce qui est épars, et abrègent ce que la loi a de trop diffus et de trop prolixe. Mais prenez garde que ces *sommes* ne rendent les hommes *ardens* pour la *pratique,* et paresseux à *étudier* la *science* même; car leur destination est tout au plus d'aider à *repasser* le droit, et non d'aider à l'*apprendre.* Or, ces *sommes* il faut les composer avec autant de bonne foi que de soin et de jugement, de peur qu'elles *ne fassent un larcin aux loix.*

APHORISME 87.

Recueillons aussi les diverses *formules judiciaires* en chaque genre d'*affaires*. Elles sont d'un grand secours pour la pratique, nous révélant les oracles des loix, et dévoilant ce qu'elles ont de plus caché; car il s'y trouve bien des choses qui ne sont pas faciles à saisir : mais dans les *formules judiciaires*, on les voit plus clairement et plus en détail; il en est de cela comme du *poing* et de la *main ouverte* (1).

Des réponses et des consultations.

APHORISME 88.

Quant à ces *doutes particuliers* qui s'élèvent de temps en temps, il faut avoir un moyen pour les dissiper; car il est malheureux pour ceux qui voudroient se

___

(1) Ce mot est de Zénon, le chef des Stoïciens, qui comparoit la logique au poing fermé; et la rhétorique, à la main ouverte; parce que la première, dans ses exposés, use d'un style plus serré, et que la dernière se développe davantage.

garantir de l'*erreur*, de ne point trouver de *guide*. Il l'est alors que l'*acte* même *périclite*, et qu'il n'y ait point, avant que l'affaire soit décidée, de moyen pour connoître le *droit*.

Aphorisme 89.

Que les *réponses*, soit des *avocats*, soit des *docteurs*, à ceux qui les consultent sur le droit, aient une telle autorité, qu'il ne soit pas permis au *juge* de s'en écarter ; c'est ce qui ne nous plaît point du tout ; car c'est des seuls *juges assermentés* qu'il faut tirer le *droit*.

Aphorisme 90.

Qu'on essaie les *jugemens* à l'aide de *causes* et de *personnes feintes*, afin d'entrevoir d'avance quelle pourra être la *règle de la loi* ; c'est ce qui ne nous plaît pas davantage. Car un tel jeu qui rabaisse la *majesté des loix*, doit être regardé comme une sorte de *prévarication*, et il est indigne de donner aux *jugemens* un air de *jeu comique*.

APHORISME 91.

Ainsi, que les *jugemens* et les *réponses* à ces *consultations* n'appartiennent qu'aux seuls *juges*, les premiers, par rapport aux *affaires* actuellement *pendantes*; les dernières, relativement aux *questions difficiles* qui sont actuellement sur *le tapis*. Or, ces *consultations* sur les affaires soit privées, soit publiques, ce n'est pas aux *juges* mêmes qu'il faut les demander (car si l'on se mettoit sur ce pied, le *juge* se changeroit en avocat); mais c'est au *prince*, c'est à *l'état* qu'il faut les demander, et c'est de là qu'elles doivent passer aux *juges*. Puis les *juges*, appuyés d'une telle autorité, entendront les *plaidoyers* des *avocats*, choisis par ceux que l'affaire regarde, ou assignés par les *juges* mêmes, s'il est nécessaire; ils entendront les raisons de part et d'autre; enfin, l'affaire bien considérée, ils feront *droit* et prononceront leur *sentence*. Que les *consultations* de cette espèce soient rapportées parmi les *jugemens rendus publiquement,* et qu'elles jouissent d'une égale *autorité.*

Des leçons.

APHORISME 92.

Quant aux *leçons* et aux *exercices* nécessaires à ceux qui s'appliquent à l'étude du *droit,* qu'on les règle et qu'on les ordonne de manière qu'ils tendent à *terminer les questions* et les *controverses* sur le *droit,* plutôt qu'à les *exciter.* A la manière dont on s'y prend aujourd'hui, il semble qu'on ouvre *école* exprès pour multiplier les *altercations* et les *disputes* sur le *droit,* comme pour faire montre de son *esprit :* abus fort ancien; un vrai mal ; car, chez les anciens aussi, l'on faisoit gloire de se partager en *sectes* et en *factions,* par rapport à une infinité de *questions de droit,* et de travailler plus à les *fomenter,* qu'à les *éteindre.*

De la vacillation des jugemens.

APHORISME 93.

Les *jugemens vacillent,* ou parce que

la *sentence* n'est pas assez mûrie, et qu'on se presse trop de la rendre, ou par la jalousie réciproque des divers tribunaux, ou à cause du peu de *bonne foi* et d'*intelligence* avec lequel on enregistre les *jugemens*, ou parce qu'on offre trop de *facilité à la rescision;* il faut donc pourvoir à ce que les *jugemens n'émanent* qu'après une *délibération bien mûre;* à ce que les *tribunaux se respectent mutuellement;* enfin, à ce que les *jugemens soient recueillis avec autant de bonne foi* que d'*intelligence*. Que la *voie à la rescision des jugemens* soit *étroite, scabreuse*, et comme *semée de chaussestrapes*.

Aphorisme 94.

Si un *jugement*, ayant été rendu sur un certain *cas*, dans tel des principaux *tribunaux*, il intervient, dans un *autre tribunal*, un *cas semblable*, qu'on ne procède pas au *jugement* avant que *consultation* à ce sujet n'ait été faite dans quelque compagnie composée de juges *supérieurs* : car si par hazard il est absolument nécessaire de *casser* quelque *jugement*, il faut du moins l'*enterrer avec honneur*.

APHORISME 95.

Que les *tribunaux soient* sujets à *ferrailler les uns contre les autres*, et qu'il y ait *conflit de jurisdiction*, c'est un inconvénient attaché à l'*humanité*; et il ne faut pas pour cela qu'en vertu de cette inepte maxime, qui dit : *qu'un bon juge, un juge vigoureux, doit travailler à étendre la jurisdiction de son tribunal*; il ne faut pas, dis-je, nourrir ce vice de constitution, et user de l'*éperon* où le *frein* seroit nécessaire. Mais qu'en vertu de cet esprit contentieux, les divers *tribunaux* se permettent de *casser* les *jugemens* les uns des autres, quoiqu'ils ne ressortissent point à leurs *jurisdictions*, c'est un abus insupportable, et auquel les *rois*, les *sénats*, et en général, le *gouvernement* ne doit pas manquer de remédier avec vigueur. Car, quel plus mauvais exemple que de voir les *tribunaux*, qui sont destinés à établir la *paix*, s'appeller, pour ainsi dire, *en duel*.

Aphorisme 96.

Ne montrez pas trop d'inclination et de facilité pour la *rescision des jugemens*, soit par la voie d'*appel*, ou par les *impétitions d'erreur*, ou les *révisions*, ou d'autres semblables moyens. Chez quelques-uns il est reçu que l'affaire doit être *évoquée au tribunal supérieur*, comme si elle étoit encore toute neuve, sans égard au *premier jugement*, et le *sursis* ayant tout-à-fait lieu. D'autres veulent que le *jugement* même subsiste dans toute sa vigueur; mais que l'*exécution* seulement cesse d'avoir lieu. Or, ni l'un ni l'autre ne nous plaît, à moins que les *tribunaux* par lesquels le *jugement* a été *rendu*, ne soient tout-à-fait du *dernier ordre*. Nous aimerions mieux que le *jugement* subsistât, et qu'on procédât à l'*exécution*; pourvu toutefois que caution fût donnée par le *défendeur* pour les *dépens* et dom-

mages, au cas que le *jugement* encourût la *rescision.*

Ce sommaire sur *la certitude des loix* suffira pour donner un *exemple* du reste de ce *digeste* que nous projetons ; ainsi nous avons désormais terminé la *doctrine civile,* eu égard du moins à la manière dont nous avons cru devoir la traiter. Terminons en même temps la *philosophie humaine,* et avec elle, la *philosophie en général.* Enfin, respirant quelque peu et tournant nos regards vers ce que nous avons laissé derrière nous, nous pensons que ce traité que nous venons de donner, ressemble assez à ces *préludes* à l'aide desquels les *musiciens essaient* leurs *instrumens* lorsqu'ils les mettent d'accord ; prélude qui, à la vérité, a je ne sais quoi de rude et de désagréable à l'oreille, mais dont l'effet sera que tout le reste n'en paroîtra que plus doux. C'est précisément dans cet esprit qu'en accordant la lyre des muses, et en la mettant au véritable ton, nous la mettons en état de rendre, sous les doigts des autres et sous leur archet, des sons plus mélodieux. Certes, lorsque, mettant sous nos yeux la disposition du temps où nous vivons ; temps où les lettres semblent être revenues trouver les mortels pour la troisième fois, et que nous considérons en même temps les grands moyens, les grandes ressources dont elles sont armées dans cette troisième visite ; la pénétration et la profondeur qui distingue un si grand nombre de génies de notre siècle ; ces monumens admirables que les anciens nous ont laissés dans leurs écrits, et qui sont comme autant de flambeaux placés devant nous pour éclairer notre marche ; l'art typographique, qui, d'une main libérale, distribue des livres aux gens de tout état ; ces grandes navigations, par lesquelles l'océan a comme ouvert son sein à tous les mortels, voyages auxquels on a dû une infinité d'expériences inconnues aux anciens, et qui ont fait prendre *à l'histoire naturelle* un accroissement immense ; ce loisir et cette tranquillité dont jouissent si complettement les meilleurs esprits dans les royaumes et les différentes provinces de l'Europe; les hommes de cette classe étant aujourd'hui moins embarrassés dans les affaires publiques, qu'ils ne le furent chez les Grecs, dont le gouvernement étoit populaire; ou chez les Romains, à cause de l'étendue de leur empire; cette paix dont jouissent, à cette époque, la grande Bretagne, l'Espagne, l'Italie, la France même en ce moment, et une infinité d'autres contrées qui ne sont pas en petit nombre; l'épuisement de tout ce qu'il semble qu'on pouvoit imaginer ou dire sur les controverses de religion, qui depuis si long-temps détournoient les esprits des autres genres d'études; l'éminente et souveraine érudition de Votre Majesté, à laquelle semblent se rallier tous les esprits, comme les oiseaux au phénix; enfin, cette propriété inséparable du temps, qui lui est comme inhérente, et dont l'effet est que la vérité va se découvrant de jour en jour: quand, dis-je, je réfléchis sur tout cela, il ne se peut que je n'élève assez haut mes espérances, pour penser que cette *troisième période* des lettres l'emportera de beaucoup sur les *deux autres* périodes qui eurent lieu chez les Grecs *et les Romains ;* pourvu que les hommes veuillent connoître, avec autant de sincérité que de jugement, et leurs forces réelles, et ce qui leur manque à cet égard; et que, se passant, pour ainsi dire, de main en main, le flambeau des sciences, et non le boute-feu de la contradiction, ils regardent la recherche de la vérité comme la plus noble des entreprises, et non comme un objet d'amusement ou d'ornement; qu'ils signalent leur magnificence et emploient leurs fortunes dans des choses solides et dignes de leur attention, au lieu de les consumer à des choses triviales et qui se trouvent sous la main. Quant à ce qui regarde nos propres travaux, s'il plaisoit à quelqu'un d'en faire un sujet de critique, il n'y gagneroit autre chose que de tirer de nous ce mot qui est le témoignage d'une souveraine patience : *frappe, mais écoute.*

Que les hommes nous critiquent autant qu'ils le voudront; mais du moins qu'ils prêtent l'oreille, et qu'ils fassent attention à ce que nous leur disons; et ce seroit choisir une voie d'appel très légitime (quoique peut-être un tel expédient ne fût pas des plus nécessaires), que d'en appeller des premières pensées des hommes à leurs secondes pensées, et du siècle présent à la postérité. Venons donc à cette *science* qui a manqué aux *deux premières périodes;* car un si grand bonheur ne leur fut point accordé, je veux dire, à la *théologie sacrée*, à celle qui est *inspirée par la divinité* même, et qui est, par rapport à tous les travaux et tous les voyages humains, comme le port, le lieu du repos.

LIVRE IX.

Les divisions de la théologie inspirée sont ici omises; on se contente de frayer la route à trois sujets qui sont regardés comme étant à suppléer; *savoir:* la doctrine *sur le* légitime usage de la raison humaine dans les choses divines; la doctrine des degrés d'unité dans la cité de Dieu; *enfin, les* émanations des écritures.

Désormais, roi plein de bonté, nous avons, en naviguant sur un très petit vaisseau (car telles sont les dimensions du nôtre), fait le tour, tant de l'*ancien* que du *nouveau continent des sciences;* mais avons-nous eu, dans cette navigation, le vent favorable, et notre expédition a-t-elle été heureuse? C'est ce dont nous abandonnons le jugement à la postérité. Que nous reste-t-il donc à faire, sinon à nous acquitter de notre vœu, après avoir achevé notre entreprise? Cependant reste encore la *théologie sacrée* ou *inspirée*. Mais si nous prenons le parti de la traiter avec un peu de suite, il nous faut passer de cette petite barque de la *raison humaine*, dans le vaisseau de l'*église*, le seul qui soit pourvu d'une *boussole* divine pour diriger sa course; car ce ne sera plus assez de ces *étoiles philosophiques* qui jusqu'ici ont éclairé notre navigation. Le mieux peut-être seroit de garder le silence sur ce sujet. Ainsi, quant aux *divisions régulières* de cette *science*, nous n'en parlerons point ici. Nous ne laisserons pas cependant de donner aussi sur ce sujet quelque léger essai, proportionné à notre peu de capacité en ce genre, et seulement à titre de *vœu :* ce que nous faisons d'autant plus volontiers, que nous ne trouvons, dans le corps de la *théologie*, aucun département, aucun canton entièrement désert ou inculte; tant les hommes ont eu de soin et d'attention pour semer, soit le bon grain, soit l'ivraie.

Ainsi, nous proposerons trois *appendices* de la *théologie;* lesquels traiteront, non de la *matière* à laquelle la théologie a donné ou pu donner la *forme*, mais de cette *forme* seulement : et par rapport à ces traités, nous ne donnerons point, comme à notre ordinaire, d'*exemples* ni de *préceptes;* c'est un soin que nous abandonnons aux *théologiens*. Car, comme nous l'avons dit, ce ne sont ici que des espèces de *vœux*.

1°. La *prérogative de Dieu* embrasse l'*homme* tout *entier*, et ne s'étend pas moins à la *raison* qu'à la *volonté humaine;* je veux dire qu'elle exige de l'homme un renoncement total à lui-même, pour se dévouer uniquement à *Dieu* et se rendre semblable à lui. Ainsi, de même que nous sommes tenus d'obéir à la *loi divine*, quoique notre *volonté* y résiste, nous le sommes également d'avoir pour la *parole de Dieu* une *foi entière*, quoique notre *raison regimbe* contre. En effet, si nous n'ajoutons foi qu'aux choses conformes à notre raison, cet assentiment ce sera aux *choses* mêmes que nous le donnerons, et non à leur *auteur*; et c'est une déférence que nous avons même pour les témoins d'une foi suspecte. Mais cette *foi d'Abraham*, qui lui fut imputée à *justice*, avoit pour objet une promesse dont *Sara* ne faisoit que se moquer. En quoi elle étoit une sorte d'image, d'emblême de la *raison naturelle*. Ainsi, plus un des *divins mystères* est *incroyable* et *mal sonnant*, plus en le croyant l'on rend d'honneur à Dieu, et plus aussi la victoire que remporte la foi est éclatante (1). Et de même on peut dire que, plus les hommes, convaincus de leur indignité par le témoignage de leur conscience, placent tout l'espoir de leur salut, dans la seule miséricorde divine, plus l'hommage qu'ils rendent à Dieu est éclatant; car tout désespoir est comme un affront fait à Dieu même. Il y a plus, si l'on y fait bien at-

---

(1) Je soupçonne qu'il y a ici un peu d'ironie, et que dans son intention ce n'est qu'une contrevérité.

tention, c'est quelque chose de plus méritoire et de plus noble de *croire* que de *savoir*, du moins de la manière dont nous savons dans cette vie ; car dans la *science*, l'esprit humain obéit à l'action de la *sensation*, qui se réfléchit, pour ainsi dire, des choses matérielles ; au lieu que, dans la *foi*, il obéit à l'action de l'*ame*, qui est l'agent le plus noble. Il en sera tout autrement dans l'état de gloire ; car alors la *foi* n'aura plus lieu, et nous connoîtrons comme nous aurons été connus.

Concluons donc que c'est dans la *parole* et *les oracles de Dieu*, et non dans les *suggestions de la raison humaine*, qu'il faut puiser la *théologie sacrée*; car il est écrit : *les cieux même racontent la gloire de Dieu*. Et non pas, *les cieux racontent la volonté de Dieu*. C'est de cette *volonté* qu'il est dit : *c'est à la loi et aux témoignages qu'il faut les renvoyer, lorsque leurs actions ne sont pas conformes à cette parole*, etc. règle qui n'a pas seulement lieu par rapport à ces *grands mystères* de la *nature divine*, de la *création*, de la *rédemption*; mais aussi par rapport à la *parfaite interprétation* de la *morale : aimez vos ennemis ; faites du bien à ceux qui vous haïssent : c'est ainsi que vous serez vraiment les enfans de ce père qui est dans les cieux, et qui pleut également sur le juste et l'injuste.* Paroles sans contredit bien dignes de ce genre d'applaudissement ; *et sa voix n'a rien d'humain.* Car c'est là une voix qui est au-dessus de la lumière naturelle (1). De plus, nous voyons que les poëtes païens, sur-tout lorsqu'ils prennent le ton pathétique, se plaignent assez souvent des *loix et des doctrines morales*, qui sont pourtant beaucoup plus indulgentes et plus relâchées que les *loix divines*; et semblent croire qu'avec une sorte de malignité, elles attentent à la liberté naturelle ;

---

(1) De la musique naturelle, falloit-il dire; car la voix se rapporte à la musique ; et les regards, à la lumière.

Et ce *que nous accordoit la nature même, les loix, les envieuses loix, nous le dénient.*

C'est ainsi que s'exprima l'indien *Dendamis*, parlant aux envoyés d'*Alexandre* : *à la vérité,* disoit-il, *j'ai entendu parler de Pythagore et des autres sages de la Grèce ; je les regarde comme de grands personnages. Ils ont eu pourtant la simplicité d'attacher trop de vénération à je ne sais quels fantômes qu'ils qualifioient de loix et de mœurs* (1). Ainsi, c'est encore un point qu'il ne faut pas révoquer en doute : que la plus grande partie de la loi morale est trop sublime pour que la *lumière naturelle* puisse s'élever si haut. Néanmoins ce qu'on dit ordinairement, que de la *seule lumière, de la seule loi naturelle*, les

---

(1) C'est un fantôme, si le bonheur n'en résulte pas ; mais comme il est visible que nous sommes tous fort heureux, il est clair que c'est un être très réel.

hommes tirent quelque notion de la *vertu* et du *vice*, de la *justice* et de l'*injustice*, du *bien* et du *mal*, est parfaitement vrai. Mais ce mot de *lumière naturelle* peut être pris dans deux sens différens : 1°. en tant que cette *lumière* vient des *sens*, de l'*induction*, de la *raison*, des *argumens*, conformément aux loix du ciel et de la terre. 2°. En tant qu'elle éclaire l'ame humaine par le sens intime, par l'instinct, selon les *loix de la conscience*, qui est comme une étincelle, comme un reste de cette pureté antique et primitive. Or, dans ce dernier sens, l'ame humaine ne laisse pas de participer de quelque lumière, pour envisager et discerner la perfection de la loi morale ; lumière qui pourtant n'est pas parfaitement nette ; mais de nature à nous mettre plutôt en état de relever les *vices* jusqu'à un certain point, qu'à nous instruire pleinement sur nos *devoirs*. Ainsi, la *religion*, soit par rapport aux *mystères*, soit par rapport aux *mœurs*, dépend entièrement de la *révélation divine*.

Cependant, la *raison humaine*, dans les choses spirituelles, a encore une infinité d'usages, un vaste champ lui est ouvert; et ce n'est pas sans raison que l'on qualifie la *religion, de culte raisonnable rendu à Dieu*. Qu'on se rappelle les *cérémonies* et les *types* de l'ancienne loi ; ils étoient *rationels* et *significatifs*, en cela bien différens des *cérémonies de l'idolâtrie* et de la *magie*, qui, étant comme sourdes et muettes, n'enseignent rien le plus souvent, et sont tout-à-fait insignifiantes; outre tant d'autres avantages que le *christianisme* a sur les autres *religions*, par rapport à l'usage de la *raison*, et de la *dispute* qui est un *enfant de la raison*, il garde un sage milieu entre le *paganisme* et le *mahométisme*, qui donnent dans les *extrêmes* : car la *religion* des *païens* n'offre rien de semblable à cette foi si constante des courageux confesseurs du *christianisme;* et dans la *religion mahométane*, au contraire, toute dispute est interdite : ensorte que l'une présente l'idée d'une masse d'erreurs infiniment multipliées et diversifiées; et l'autre, celle d'une imposture adroite et circonspecte : au lieu que cet usage de la *raison* et des *disputes*, renfermé toutefois dans les limites convenables, le *christianisme* et l'adopte et le rejette suivant les cas.

Dans les choses qui regardent la *religion*, la *raison humaine* peut avoir deux espèces d'usages : l'un, pour l'*explication des mystères;* l'autre, pour les *conséquences* qu'on en peut tirer. Quant à ce qui regarde l'*explication des mystères*, nous voyons que *Dieu* même ne dédaigne pas de s'abaisser à la portée de notre foible entendement, en expliquant ses mystères de manière que nous puissions les saisir; en greffant, pour ainsi dire, *ses révélations* sur les *principes* et les *notions* de notre *raison;* et en ajustant ses inspirations à la nature de notre entendement, comme on ajuste la clef à la serrure : en quoi pourtant nous devons aussi nous aider un peu nous-mêmes. Car, comme Dieu, dans ses *illuminations,* emprunte le secours de notre *raison,* nous devons aussi nous retourner, pour ainsi dire, dans tous les sens, pour nous rendre capables de recevoir ses *mystères* et de nous en bien pénétrer ; pourvu toutefois que notre ame se dilate et s'étende à la mesure de ces mystères, au lieu de les rétrécir et de les ramener à sa propre mesure.

Quant aux *conséquences,* nous ne devons pas ignorer que cet *usage de la raison* et du *raisonnement,* qui nous est laissé par rapport aux *mystères,* n'est qu'un usage *secondaire* et *relatif;* car une fois que les *dogmes principaux* et les *principes* de la *religion* ont été, pour ainsi dire, *instalés sur leurs siéges,* au point d'être entièrement soustraits à l'examen de la *raison ;* alors seulement il est permis d'en déduire, d'en dériver des *conséquences* par la voie d'*analogie;* règle qui, à la vérité, n'a pas lieu dans les *choses naturelles.* Car là les *principes* mêmes sont soumis à l'examen ; ils le sont, dis-je, par le moyen de l'*induction,* et point du tout à l'aide du *syllogisme*. Or, ces derniers *principes* n'ont rien de contraire à la *raison*; ensorte que c'est de la même source qu'on déduit et les propositions *primaires*, et les *moyennes*. Dans la *religion*, il en est autrement. Ici les propositions *primaires*, ou *principes*, sont des *hypostases*; c'est-à-dire, des *propositions subsistantes* par *elles-mêmes* : et de plus, elles ne sont pas au pouvoir de cette *raison* qui déduit les *conséquences*. Or, c'est ce qui n'a pas seulement lieu dans la *religion*; mais même dans toutes les *sciences*, soit graves, soit frivoles; où les propositions *primaires* sont établies par *convention*, et non par *raison*. Car, dans ces genres-là même, la *raison*, par rapport aux *principes*, n'est absolument d'*aucun usage*. Nous voyons que, dans les *jeux*, par exemple, dans le jeu d'*échecs* et autres jeux semblables, les premières *règles*, les premières *loix* sont purement *positives*, purement *conventionnelles*; règles qu'il faut adopter purement et simplement, et sans disputer.

Mais s'il s'agit de gagner et de bien conduire son jeu, c'est ce qui demande de l'*art* et l'exercice de la *raison* (1): Il en est de même des *loix humaines,* où il est une infinité de *maximes,* de *déclarations du droit,* qui s'appuient beaucoup plus sur l'*autorité* que sur la *raison*. Ce sont choses sur lesquelles on ne dispute point : mais de savoir ce qui est le *plus juste,* non *absolument,* mais *relativement* et par *analogie* avec ces *maximes,* c'est l'affaire de la *raison,* et c'est ce qui ouvre à la dispute un vaste champ. De cette nature est cette *raison secondaire* qui trouve place dans la *théologie sacrée,* et qui est fondée sur les *ordonnances* de *Dieu* même.

Or, de même que la *raison humaine* peut avoir, dans les choses *divines,* deux espèces d'*usages ;* ces usages sont aussi susceptibles de *deux* sortes d'*excès :* l'un a lieu lorsqu'on va recherchant avec trop

---

(1) Autre ironie : s'il parloit sérieusement, il choisiroit un autre objet de comparaison.

de curiosité, le *mode du mystère*; l'autre, lorsqu'on donne aux *conséquences autant d'autorité qu'aux principes*. Car on peut regarder comme un vrai *disciple de Nicodème*, celui qui, avec trop d'opiniâtreté, réitère cette question : *comment pourrois-je renaître homme, moi qui suis déja si vieux?* Et il ne faudroit pas non plus réputer pour un disciple *de Paul*, celui qui n'auroit pas l'attention d'insérer de temps à autres dans ses instructions cette formule : *c'est moi qui parle ainsi, et non le seigneur*. Et cette autre : *du moins telle est ma manière de penser*. Car, tel est le style qui convient à la plupart de ces *conséquences*. Ainsi, une entreprise qui nous paroît éminemment utile et salutaire, c'est la composition d'un *traité* exact et circonspect, qui donne d'utiles *préceptes* sur l'*usage de la raison humaine*, dans les matières de *théologie*; ce seroit une sorte de *logique divine*. Ce seroit comme une espèce d'*opiate* qui auroit la propriété, non-seulement d'assoupir ces spéculations qui travaillent l'*école* de temps en temps, mais encore de calmer la fureur des controverses qui excitent tant de troubles dans l'*église*. Un traité de cette nature, nous lui donnerions pour titre SOPHRON, ou *du légitime usage de la raison humaine dans les choses divines*.

Ce qui importeroit encore beaucoup à la *paix de l'église*, ce seroit d'expliquer bien clairement et bien nettement ce que c'est que cette *alliance des chrétiens*, que le *Sauveur établit* par ces deux sentences, qui semblent se contredire *quelque peu*; sentences dont l'une dit : *celui qui n'est pas avec nous, est contre nous*. Et *l'autre* : *celui qui n'est pas contre nous, est avec nous*. Par ces deux sentences, l'on voit clairement qu'il est quelques articles par rapport auxquels n'être pas du sentiment général, c'est être réputé *hors de l'alliance;* et qu'il en est d'autres sur lesquels on peut, *sauf l'alliance*, s'écarter de ce sentiment ; car les *liens de la communion chrétienne* sont ainsi marqués : une *même foi*, un *même baptême*, et non pas un *seul rit*, une *seule opinion*. Nous voyons aussi que la *tunique du Sauveur* étoit sans couture (1): or, le *vêtement de l'église* est un vêtement de plusieurs couleurs. Il faut, dans le *bled*, séparer la *paille* d'avec le *grain*; mais il faut bien se garder d'arracher l'*ivraie* dans le champ. Lorsque *Moïse* trouva un égyptien querellant avec un israélite, il ne leur dit point: *pourquoi querellez-vous?* il tira son épée et tua l'égyptien (2). Mais, lorsqu'ensuite il rencontra deux israélites qui se querelloient, quoiqu'il ne se pût qu'ils eussent également raison tous deux, il ne laissa pas de leur parler ainsi : *vous êtes frères, pourquoi querellez-vous?* Ainsi, toutes ces choses bien considérées, c'est un soin qui semble être de la plus grande importance et utilité, que de bien déterminer quelle est l'*espèce* et la *latitude*

---

(1) Aussi ne pouvant la découdre, a-t-on pris le parti de la déchirer.

(2) Argument précis et péremptoire.

des *points* qui retranchent les hommes du *corps de l'église*, et qui les excluent de la *communion des fidèles*. Que si quelqu'un s'imagine que cela est déja fait, qu'il considère avec quelle modération et quelle sincérité, et qu'il y pense à plus d'une fois. Quoi qu'il en soit, il y a toute apparence que tel qui s'aviseroit de parler de *paix*, n'y gagneroit que cette réponse : *est-ce qu'il faut parler de paix à Jéhu ? Qu'y a-t-il de commun entre la paix et toi ? Passe, et suis-moi ;* car ce n'est pas la *paix*, mais la *guerre*, le *schisme*, qui est du goût de la plupart. Nous avons cru néanmoins devoir classer parmi les *choses à suppléer*, un *traité sur les degrés d'unité dans la cité de Dieu ;* le croyant utile et salutaire.

L'écriture sainte, lorsqu'il s'agit de former la *théologie*, joue un si grand rôle, qu'il faut sur-tout s'occuper de son *interprétation*. Or, nous ne parlons pas ici de l'*autorité* en vertu de laquelle on peut les *interpréter ;* autorité qui s'appuie sur le *consentement de l'église ;*

mais seulement la *manière même de les interpréter*. Et il est deux manières de le faire : l'une, *méthodique ;* l'autre, *plus libre*. En effet, ces *eaux divines*, qui l'emportent infiniment sur celle du *puits de Jacob*, laquelle n'en est que *l'image*, se puisent et se distribuent de la même manière que les *eaux naturelles* tirées des puits ordinaires. Celles-ci, dès qu'elles sont tirées, on les recueille dans des réservoirs, dont on les dérive par une infinité de tuyaux pour la commodité de l'usage : ou on les verse aussi-tôt dans des vases pour les trouver sous sa main. Or, c'est la première de ces deux manières, la manière *méthodique*, qui a enfanté la *théologie scholastique,* laquelle a rassemblé la *théologie en corps d'art*, comme dans un *réservoir ;* et de là les *filets d'axiômes et de principes* ont été dérivés et se sont distribués de toutes parts. Mais, dans la manière *libre d'interpréter,* se glissent deux sortes d'*excès :* l'un a lieu lorsqu'on suppose dans les *écritures* une perfection de telle nature, qu'on soit obligé de puiser dans cette source *toute espèce* de *philosophie*; comme si tout autre genre de philosophie, quel qu'il pût être, étoit quelque chose de *profane* et de *païen*. C'est sur-tout dans l'*école* de *Paracelse* que ce genre d'excès a pris pied, et on le retrouve aussi dans quelques autres. C'est aux *rabbins* et aux *cabalistes* qu'il doit sa naissance; mais il s'en faut de beaucoup que ce but auquel ils visent, ils y atteignent. Au lieu de rendre hommage à l'*écriture*, comme ils le prétendent, ils ne font que la ravaler et la souiller; car, chercher la *terre* et le *ciel matériel* dans la *parole divine*, dont il est dit : le *ciel et la terre passeront*, mes *paroles ne passeront point*, c'est chercher parmi les *choses éternelles* ce qui n'est que passager. Et de même que, chercher la *théologie* dans la *philosophie*, c'est, en quelque manière, chercher les *vivans* parmi les *morts*; de même aussi et par la raison des contraires, chercher la *philosophie* dans la *théologie*, n'est autre chose que chercher les *morts* parmi les *vivans*. Cette autre manière d'*interpréter*, que nous qualifions d'*excès*, a, au premier coup d'œil, un certain air de *réserve* et de *modestie*; mais elle ne laisse pas d'outrager aussi l'*écriture*, et d'être fort préjudiciable à l'*église*; elle a lieu, en un mot, lorsqu'on explique les écrits d'*inspiration divine*, de la même manière que les *écrits humains*. Or, il ne faut pas oublier qu'à *Dieu*, auteur des *écritures*, sont parfaitement connues deux choses qui échappent à l'esprit humain ; savoir : le *secret des cœurs* et la *succession des temps*. Ainsi les *sentences* de *l'écriture* étant de telle nature, qu'elles parlent au *cœur*, et embrassent les *vicissitudes de tous les siècles*, en vertu d'une préscience éternelle et certaine de toutes les hérésies, de toutes les contrariétés, de tous ces différens états par lesquels l'église doit passer, considérés, tant dans le tout, que dans chacun des élus, la vraie manière de les *interpréter* n'est pas de les prendre dans la latitude la plus apparente, et dans le sens qui se présente d'abord : ou de considérer seulement à quelle occasion les paroles ont été dites ; ou encore de chercher le sens précis dans l'enchaînement d'un passage avec ce qui précède et à ce qui suit. Mais, pour les bien entendre, il faut concevoir qu'elles embrassent, non pas seulement en *totalité* et *collectivement*, mais aussi *distributivement*, même par telle *phrase*, tel *mot*, une *infinité de ruisseaux* et de *veines* de doctrine, destinées à arroser les diverses parties de l'église, et les ames des fidèles *une à une* ; car c'est avec beaucoup de raison qu'on a observé que les *réponses de notre Sauveur* à un assez grand nombre de questions qu'on lui proposoit, ne semblent pas être trop *ad rem*, et paroissent comme peu pertinentes. Cette manière de répondre est fondée sur deux raisons : l'une, que, connoissant les véritables pensées de ceux qui l'interrogeoient, non pas simplement par leurs *discours*, à peu près comme nous pourrions le faire nous autres hommes, mais *immédiatement* et par *lui-même*; c'étoit en conséquence à leurs *pensées*, et non à leurs *discours*, qu'il répondoit. L'autre, est qu'il ne parloit pas seulement à ceux qui étoient alors *présens*, mais de plus à *nous* qui vivons aujourd'hui, *aux hommes de tous les temps et de tous les lieux*, à qui son *évangile* devoit être prêché.

Après cette première *touche*, passons au *traité* que nous regardons comme *étant à suppléer*. On ne trouve sans doute, parmi les écrits des *théologiens*, que trop de livres de *controverse;* la masse de cette *théologie* que nous qualifions de *positive*, est immense : *lieux communs, traités particuliers, cas de conscience, discours publics* et *homélies;* enfin, une infinité de *commentaires prolixes sur les livres des écritures*. Quant à ce que nous souhaitons et regardons *comme à suppléer*, voici ce dont il s'agit. C'est une *collection succincte, saine et judicieuse d'annotations* et d'*observations* sur *les textes particuliers* de l'*écriture;* sans se jeter

dans *des lieux communs*; sans s'attacher
aux *controverses*; enfin, une *collection*
qui ne sente pas trop l'*art* et la *méthode*,
et où les *observations* soient exposées
telles qu'elles se présentent naturellement
à l'esprit. C'est une perfection sans contredit qui se montre quelquefois dans les
discours les plus savans; discours qui,
pour la plupart, sont bientôt oubliés.
Mais elle n'a point pris racine dans les
livres qui passent à la postérité. Nul doute
que les vins qui, après un premier foulage, sont doucement dérivés, ne soient
plus *suaves* que ceux que le pressoir a
exprimés; parce que ceux-ci contractent
toujours un peu de la saveur de la grappe
et de la peau du raisin. C'est ainsi que
les *doctrines* les plus suaves et les plus
salutaires, sont celles qui coulent *des
écritures doucement exprimées*, et qui
n'ont aucune teinte de *controverse* ou de
lieux communs. Or, un *traité* de cette
nature, nous l'appellons *émanation des
écritures*.

Il me semble désormais avoir achevé

ce *petit globe* du *monde intellectuel*, avec le plus d'exactitude qu'il m'a été possible, ayant eu soin en même temps de désigner et d'esquisser ces parties, dont, à mon sentiment, l'industrie et l'activité des hommes ne se sont pas assez constamment occupées, et qui ne nous paroissent pas assez cultivées. Que si, dans cet ouvrage, je me suis quelquefois écarté du sentiment des anciens, on doit penser que je ne l'ai fait qu'en vue d'*un mieux*, et point du tout dans l'intention d'*innover* et de suivre une route différente. Et je n'aurois pu être d'accord avec moi-même et avec le sujet que j'avois dans les mains, si je n'eusse eu la ferme résolution d'*ajouter*, autant qu'il étoit en moi, aux *inventions* des *autres*; ce qui ne m'empêchera pas de souhaiter que par la suite mes inventions soient surpassées par celles des autres. Et pour s'assurer de l'équité avec laquelle je me suis conduit à cet égard, il suffit de considérer que par-tout, en exprimant mes propres opinions, je les présente *toutes nues,* et que je ne m'efforce point d'attenter à la liberté d'autrui par des réfutations contentieuses : car, dans les points où j'ai saisi la vérité, j'ai quelqu'espoir que si, à une première lecture, il se présente quelque doute, quelqu'objection; à une seconde lecture, la réponse se présentera d'elle-même. Mais, dans les points mêmes où j'ai pu me tromper, je suis bien certain de n'avoir pas fait violence à la vérité, par des argumens contentieux, lesquels sont presque toujours de nature à donner à l'erreur une sorte d'autorité qu'ils ôtent aux véritables découvertes; l'effet du *doute* étant de donner du relief à *l'erreur,* et de faire rebuter la vérité. Au reste, je me suis rappellé cette réponse de Thémistocle, qui, entendant le député d'une très petite ville, pérorer magnifiquement, lui lança ce trait : *Mon ami, à tous ces beaux discours il manque une cité*. Certes, on pourroit m'objecter de même, qu'à mes paroles il manque un *siècle;* un siècle peut être tout entier pour *ébaucher,* et une infinité de siècles pour *achever*. Cependant, comme on a obligation des meilleures choses à ceux qui ont eu le mérite de les commencer, que ce soit assez pour nous d'avoir eu le courage de frayer la route et de semer pour la postérité.

Fin du tome troisième et de la dignité et de l'accroissement des sciences.

www.ingramcontent.com/pod-product-compliance
Lightning Source LLC
Chambersburg PA
CBHW050607230426
43670CB00009B/1299